마음이 춥고 배고플 때 가고 싶은 곳
심야 치유식당

심야 치유 식당

정신과 의사
하지현
심리 에세이

첫 번째 이야기
당신, 문제는 너무 열심히 산다는 것이다

푸른숲

세상에 혼자인 것 같을 때,
도시 생활에 지쳐 숨이 찰 때,
그래서 잠시 멈춰 서서 변화를 찾고 싶을 때,
우리는 심야 치유 식당에 간다

프롤로그

당신의 마음속 당신은 어떤 사람입니까?

 어려운 질문, 하지만 피해갈 수 없는 질문 하나. 왜 살지?
 백 명에게 물어보면 백 명 모두 다른 답을 말할 것이다. 비슷한 듯이 보여도 짧은 시간 마음속에서 일어난 갖가지 상념들을 감안하면 겉으로 얘기하는 답은 뻔한 모범답안, 혹은 사람들이 기대하는 답일 뿐, 실제로 지금 각자 마음속의 살아가는 이유는 모두 다를 것이다. 아니, 더 깊이 들어가 보면 '잘 모르겠어'라는 말을 차마 하지 못한 것뿐일지도 모른다.
 그런데 그 안의 욕망을 차근차근 살펴보면 사실은 행복하고 싶은데 지금 그렇지 못한 것 같기 때문이라는 것이 내 판단이다. 괴로움이 없는 삶을 원하는 사람들은 정신과를 찾아오고, 심리 상담을 하고, 굿을 하고, 신앙에 기댄다. 그렇지만 괴로움이 없어진다고 해서, 가슴이 뻐근한 분노가 사라진다고 해서 행복해질 수 있을까. 내 의문은 여기에서 시작한다.

진료실을 찾아오는 이들 중에는 굳이 많이 바꾸지 않고, 지금껏 살던 대로 살아도 인생에 별 지장이 없을 것 같은 사람도 있다. 그가 아주 성공한 사람이라서 그렇다는 것이 아니다. 성공하거나 잘 나가고 있는 것은 아니다. 특별히 내세울 것도 없다. 다만 자기가 하고 싶은 일을 찾고 있거나, 하고 싶은 일을 하고 있지만 사회적 보상은 그리 많지 않기 때문에 진료실을 찾게 되는 것이다. 자신에게 주어진 트랙을 가지 않는다는 이유로 '비정상'이라는 확인을 받고, 부모나 보호자가 이끄는 대로 뻔하지만 안전한 길로 돌아가게 만들어 달라고 병원으로 오는 것이다. 하지만 그들은 병리의 잣대로 보면 정상 범위 안에 있다. 정확히 어떤 방향으로 어떻게 가야 할지 몰라 헤매고 있을 뿐이다. 우리나라의 경제발전과 부모 세대의 경제력으로 이들이 안달복달 돈을 벌지 않더라도, 자기중심적인 삶을 희생하지 않고 오롯이 자기를 위해 살더라도 생존할 수 있게 되었다. 누가 이들에게 돌을 던지겠는가.

그들도 알고 있다. 답답하고 길이 안 보인다는 것을. 그러나 가기 싫은 길은 가고 싶지 않을 뿐이다. 하지만 부모의 기대 섞인 시선, "요즘 뭐 하고 지내?"라고 물어보는 주변의 시선과 압력이 부담스럽다. 자기가 잘 살고 있는지, 지금 자신이 걷고 있는 이 길이 맞는지 불안하다. 미래를 생각해보면 분명히 이래서는 안 될 것 같다는 마음은 든다. 그렇지만 지루하고 재미없는 일상으로 나를 던져버리기에는 아깝기 그지없다. 어느 한쪽의 주관이 뚜렷하면 정면돌파할 수 있다. 트랙에서 벗어나 있는 것을 인정하고 그것을 자신의 삶으로 받아들이면 된다. 그들은 행복해지기 위해 애를 쓴다. 그렇지만 어느 쪽도 되지 못할 때, 즉 확실히 하고 싶은 것이 없어서 그저 '공부하고 있어요', '준비 중' 푯말만 걸어놓고 있거나, 뭔가를 하고 있기는 하나 지금에 대한 불안감이 사라지지 않고 있을 때 삶은 행복에서 한 발짝씩 멀어져가게 된다.

하지만 나라고 뾰족한 수가 있는 것은 아니다. 고전적 정신병리의 관점에서 보자면 이들에게 어떤 정신질환도 진단할 수 없다. 하지만 사회통념의 잣대로 보자면 정상은 아니다. 여기서 내가 해줘야 할 것은 무엇인가. 정신과 의사는 무력감과 좌절감을 경험한다. 직업을 줄 수 있는 것도 아니고, 꿈과 비전을 줄 수 있는 것도 아니다. 부모에게 끌려왔다는 것만으로도 이미 부정적인 이들의 마음에 들어가기는 마징가 제트의 연구소 방어막을 뚫고 들어가는 것보다 어렵다. 결국 내 관점은 보수적인 기성세대의 관점을 따를 수밖에 없다.

다른 방법은 없을까? 이런 이들이 자신감을 갖고 살 수 있게, 비정상적 삶이라는 시선에서 자유로울 수 있게 할 길은 없을까? 이런 고민이 떠나지 않는다. 이들은 왜 나한테 오는 것일까. 사회, 가정의 기대와 충돌하는 개인의 삶의 스타일이 의료라는 영역으로 들어와 질병과 비정상, 병리의 문제로 분류되어버렸고, 21세기 정신과는 이러한 충돌을 중재와 화해, 개인적 성찰이 아닌 일방적일 수밖에 없는 '치료'로 해결하라는 요구를 받고 있다.

이것은 정신과 영역의 확대이고 문턱 낮추기라고 할 수도 있다. 그러나 실제 그들의 삶의 영역이 아닌 증상과 행동의 관점에서 말로 변화를 유도할 수밖에 없는 치료자는 기본적으로 좌절감을 갖게 된다. 모든 의사가 기본적으로 갖는 기본적인 전지적 환상이 무참히 깨어지는 아픔을 맛봐야만 하기 때문이다.

이런 사람들이 있는가 하면, 열심히 살고 있지만, 떨려나지 않기 위해 하라는 것은 하고 있지만 어딘가 미진하고, 삐걱거리고, 이건 아니라는 생각을 갖고 있는 사람들도 있다. 뚜렷한 문제가 있는 것은 아니다. 건강검진을 해도 별다른 이상은 없다고 한다. 자살을 기도하거나, 회사를 다니지 못할 정도의 불안 증상이나 스트레스에 시달리는 것은 아니다. 대인관계가 나쁘기보다 도리어 너무 좋아서 사람이 뿜어내는 독에 중독되어 있다는 느낌을 받으며 사는 사람도 있다. 그런데 문제는 성공을 해도, 많은 연봉을 받아도, 집을 장만해도, 원하는 것 이상의 성취를 해도 '하나도 행복하지 않다'는 것이다. 이들의 문제는? 너. 무. 열. 심. 히. 살. 았. 다. 는. 것.

인생은 궤적을 갖는다. 속도를 내야 할 때, 지금의 상태를 유지해야 할 때, 남에게 힘을 나눠야 할 때와 같이 적절한 타이밍과 포지션을 잡아야 하고 이때마다 카멜레온과 같이 변화해야 한다. 더불어 개인의 한계를 깨닫고 자신이 완벽한 인간이 될 수 없다는 것을 가슴속 깊이 받아들여야 한다. 물론 그 누구도 자신이 완벽한 사람이라고 말하는 사람은 없을 것이다. 그러나 마음속 깊은 곳에서는 '내가 가장 잘 났어'라는 강한 자기애의 원자로가 작동하고 있는 것도 부정할 수 없다. 이것이 꺼진다면 삶은 더 이상 앞으로 나아갈 수 없을 것이다. 그런데 이렇게 열심히 살았지만 여전히 인생은 하나도 재미가 없고, 갈수록 빡빡해지고, 조금씩 여기저기가 힘들어진다. 도리어 뒤에서 누가 지켜보면서 "더 빨리 달려. 그것밖에 안 돼? 그게 네 한계야?"라고 채근을 하는 것만 같다. 이러다가 결국 벼랑 끝이 보이고 낭떠러지로 확 떨어져버릴 것만 같은, 그게 언제 어디일지 도저히 알 수 없는 묘한 불안감. 그렇다고 멈출 수도 없다.

이때부터 증상이 시작된다. 증상은 제각각 모두 다르다. 짜증이 늘 수도 있고, 몸이 부서져라 더 열심히 일할 수도 있고, 강박적인 면이 강해질 수도 있고, 잘되던 성관계에 문제가 생길 수도 있고, 술이나 음식에 탐닉해서 조절할 수 없는 경지에 이르게도 된다. 혹은 모든 것을 다 놓고 인간 파산 선고를 하기도 한다. 그런데 이게 모두 잘못된 증상은 아니라는 것을 우리는 이해해야 한다. 결국 증상으로 보이는 이 모든 이상행동들은 어떤 면에서는 이들이 자기 나름으로는 최선을 다해 막아내다가 어느 선에서 나름 타협을 본 차선책의 결과물이다. 그렇기에 무조건 이것을 도려내야 할 병리적 대상으로 보고 없애려 달려든다면 '수술은 잘되었지만 환자는 사망'한 비극적 결과를 얻기 쉽다. 우리가 놓지 말아야 할 기본적인 관점은 이래야 한다. 오죽하면 이런 증상에 매달리게 되었을까, 그 증상이 이 사람에게 의미하는 것이 무엇인가를 파악하고 이해하려는 것에서 시작한다. 그리고 난 다음 그런 비합리적이지만 그에게는 도움이 되었던 증상적 행동을 대신할 것을 찾도록 돕는다. 그러기 위해서는 그래도 괜찮다는 믿음과 안심을 먼저 심어줘야 한다. 너무 열심히 살던 사람은 기본적으로 문제가 있는 사람이 아니고 가르쳐야 할 대상도, 모든 것을 다 고쳐야 할 대상도 아니다.

그렇기에 이들은 자존심에 받은 상처로 생긴 의심과 조기에 완벽하게 치유되고 싶다는 한없는 의존감, 두 개의 감정을 기본 태도로 동시에 갖는다. 이럴 때 일시적 증상의 치유는 가능할지언정, 삶의 태도가 전반적으로 변화하지 않는 한 행복한 삶이라는 열매를 얻는 것은 어렵다. 풍선의 튀어나온 한쪽을 누르면 다른 쪽이 부풀어 오르듯이 곧이어 다른 곳에서 문제적 행동이 발생하기 쉬운 것이다.

이런 점들이 내가 이 책을 쓰게 된 동기다. 의사로서 의료의 영역이 갖는 한계를 극복해보고 싶다는 개인적 환상, 그리고 의료의 영역에서 만나고 싶지 않고 그냥 인간과 인간으로 만나고 싶다는 일반인의 환상이 만날 수 있는 접점을 찾아보고 싶었다. 내가 정신과 의사로서 글을 쓰게 되면 결국 현실의 내가 처한 정체성에서 절대 자유로워질 수 없다. 현실 속의 내가 글 속의 나와 언행일치 되어야만 한다는 강박관념이 나를 지배할 것이다. 그래서 픽션적인 방법을 도입했다. 그것도 병원에서 벗어나 새로운 삶을 살고 있는 한 자연인의 눈과 입을 빌려 삶의 고단함을 짚어내고, 그들의 삶을 조금이라도 더 행복한 방향으로 바꿀 수 있게 되기를 바랐다. 또 병원에서 의사-환자라는 계약적 조건 안에서 이루어지는 일회성 만남이 아니라 인연이라는 끈으로 이어져 꾸준히 그들의 삶과 함께하는 모습을 글이라는 환상의 공간에서나마 실현해보고 싶다는 개인적 욕망이 투영되어 있다.

도시는 원초적 외로움을 자극하는 공간이다. "외롭다, 외롭다"고 노래를 부르지만 정작 누가 사는지도 모르는 옆집의 문을 두드려볼 엄두는 못 내고, 친구에게 선뜻 휴대전화의 '통화' 버튼을 누르지 못한다. 쿨한 관계가 현대인의 기본 태도니까. 그런데 그러다가 얼어 죽게 생겼다. 이 괴로움을 벗어나기 위한 방법은 없을까? 그래서 나는 주인공이 함께 모여 밥과 술을 먹는 식당을 차린다는 설정을 했다. 거기에 모인다고 외로움이 완전히 해결되지는 않겠지만, 최소한 얼어 죽지는 않을 온기를 나눌 수 있고, 혼자 끙끙 앓지 않고 도움의 손길을 내밀 수 있는 공간과 관계가 있으면 좋겠기 때문이다. 그러다 보면 삶이 전보다는 덜 힘들고, 더 행복해질 수 있을 거라는 희망이 생길 테니까. 지금 여기서 우리에게 필요한 것은 바로 이런 공간과 관계다.

이 공간에서 지금 우리의 현실적 고통을 해결하고, 전보다 행복하게 느끼고, 만족스럽고 흔들리지 않는 삶을 하루라도 더 늘릴 수 있도록 하는 시도를 같이 시작했으면 하는 바람이다.

인간의 행복은 현재의 나를 중심으로 나의 과거, 가까운 사람들, 내 마음속의 이상, 이 세 가지와 비교하는 것 속에서 결정된다고 나는 생각한다. 그리고 이 셋은 지금 내가 인생의 궤적에서 어디에 있느냐에 따라 매번 바뀌게 된다. 이 책은 그중에서 삼십대를 살아가는 평범한 젊은 성인이 겪는 과거의 경험에 의한 후회와 자책, 남과 비교하면서 겪는 자존심의 상처, 이상과의 괴리에 의한 좌절감 속에서 나름대로 대처를 해왔지만 그럼에도 불구하고 겪게 되는 어려움을 어떻게 풀어가는 것이 좋을지 그 방법을 같이 찾아보려고 한다.

프롤로그 당신의 마음속 당신은 어떤 사람입니까? 006

당신, 오늘 하루도 너무 열심히 살았다
감정 받아들이기

첫 번째 손님: 48일 동안 잠 못 든 남자

#1 전직 정신과 의사, 하지만 이제는 '노사이드'의 주인장입니다 020
#2 해가 지기 시작하면 걱정이 밀려든다 030
#3 브래스 패러독스, 이성으로는 절대 풀 수 없는 문제 033
#4 트랙에서 벗어난다고 삶이 무너지진 않는다 036
#5 이해는 그만, 가슴으로 느끼면 되는 세상 038

난 성취감에 중독된 게 아닐까?
24시간 전투 모드 탈출

#1 해가 저물 무렵, 나의 하루는 시작된다 046
#2 전 허전하면 배가 고파요 048
#3 쓸모없는 사람은 버림받아 052
#4 모든 중독은 강렬한 보상에 대한 욕망이다 056
#5 몸과 마음이 당신을 믿게 해주세요 065
#6 오늘 일을 내일 한다고 세상이 무너지진 않는다 073

두 번째 손님: 음식 중독에 걸린 여자

꼭 남들처럼 살아야 하나?
생긴 대로 살며 만족하기

078

세 번째 손님: 밤이 무서운 요리사

#1 우리 남자들끼리 허심탄회하게 얘기해봅시다 080
#2 해피엔딩을 믿은 순간 판도라의 상자가 열린다 085
#3 심인성, 마음에서 비롯되는 병 093
#4 당신은 여기 있을 때 빛이 나는군요 104
#5 진정한 자존감의 원자로는
　　생겨먹은 대로 성질대로 사는 것 112

성실한 사람이 걸리기 쉬운 함정
부정적 기억에 긍정적 기억 덧씌우기

#1 누구에게나 난공불락의 징크스가 있다 118
#2 죄의식과 조급함을 부추기는 사회 123
#3 열심히 의미를 찾는다고 해결될까? 131
#4 기억을 없애는 것은 불가능하다 139
#5 나를 기다리는 누군가가 있는 곳 146

116

네 번째 손님: 징크스에 갇힌 4번 타자

오늘 몇 분이나
멍한 시간을 가져봤습니까?
적극적으로 아무것도 안 하기

#1 제가 원하는 건 최선이 아니라 베스트예요 **152**
#2 난 열심히 살아온 죄밖에 없어요. 그것도 죄인가요? **160**
#3 적극적으로 아무것도 안 하기 **170**
#4 나는 사는 게 재미있다. 나는 별일 없이 산다 **176**
#5 그냥 서핑을 하듯 나를 맡기자 **185**

다섯 번째 손님: 공황장애에 걸린 남자

지금 가장
후회스러운 게 뭐예요?
짜릿한 삶과 안전한 삶 사이에서

#1 천재 예술가가 뻔한 직장인이 되어 나타나다 **190**
#2 이제 서른 살, 결국 네 인생이잖아 **205**
#3 나는 실패보다 후회가 두렵다 **213**
#4 링 안의 싸움, 링 밖의 싸움 **222**

여섯 번째 손님: 회사원이 된 천재 음악가

예민할수록
인생이 피곤하죠
행복 생산하기

#1 왜 자신을 믿지 못하는가? 228
#2 사실은 병이 두렵다 233
#3 모든 것이 부담스럽고, 두려운 까닭 237
#4 너무 많은 경우의 수가 당신을 후회로 몰아간다 241
#5 인생의 레이더 감도 줄이기 252

일곱 번째 손님: 자신감 없는 여자

뒤늦게 찾아온
사춘기 혹은 열병
수동적인 삶에서 능동적인 삶으로

#1 뒤늦게 찾아온 직장인 사춘기 266
#2 그 배우가 제 남자 친구라고요! 277
#3 두 분 서로의 거울이 되어주는 건 어떨까요? 285
#4 김단사의 삶에서 쉼표의 삶으로 291
#5 이 가게도 이제 접을 때가 되었나 297

여덟 번째 손님: 직장인 사춘기에 걸린 여자

에필로그 당신의 삶에도 변화와 행운이 함께하길! 302

당신, 오늘 하루도 너무 열심히 살았다

감정 받아들이기

"뭐든지 열심히 하면 된다고 믿어왔다. 융통성보다는 차근차근 계획대로 성취해가는 것, 그런 성취감은 인생의 모토가 되었다. 그러나 이번 보스는 그의 성실성과 근면함을 인정하지 않는 것 같다."

"머리로만 아는 것은 소용이 없다. 오히려 안다는 인식이 문제가 된다. 변화는 아는 것이 아니라 가슴과 몸이 느끼고 움직여 잠긴 문을 여는 행동에서 시작된다."

#1 전직 정신과 의사,
하지만
이제는 '노사이드'의
주인장입니다

열한 시가 가까워오고 있지만, 노사이드(No Side)는 한산하기만 하다. 가게 주인 철주는 심드렁한 표정으로 스탠드 안쪽에 앉아 있다. 그의 머릿속에서는, 오늘 매출이나 내일 내야 할 전기세, 주류 대금은 존재감 없는 아이돌 그룹의 병풍형 멤버처럼 한쪽 구석에 찌그러져 있을 뿐이고, 오직 지금 가게에 흐르는 제이슨 므라즈의 〈리브 하이Live high〉에 이어 어떤 곡을 틀까에 대한 생각뿐이다.

"그래, 제니스 이안의 〈앳 세븐틴At seventeen〉이 좋겠어."

30년의 시간을 거꾸로 거슬러 올라가 〈앳 세븐틴〉이 가게에 울린다. 그는 흡족한 듯 고개를 까닥까닥하며 얼마 전에 수입상을 꼬드겨 샘플로 받아온 보모어 싱글 몰트 위스키를 유리잔에 따르고 생수를 살짝 부어 향을 음미하기 시작한다.

"웬 열일곱? 이건 좀 아니지 않아? 갑자기 칙칙하게 말이야. 그렇지 않아도 더운데."

한 시간 전부터 바의 구석에 앉아 맥주를 홀짝거리며 문자질을 하던 영수가 급작스러운 음색의 변화에 놀라 철주에게 한마디 던진다.

"내 맘이야. 내 가게니까. 설명해줘도 이해 못 해."

"그러니까 이 모양이지."

"이 모양인데 왜 매일 와?"

"가겟세는 내고 있어? 난 매번 올 때마다 그게 궁금하단 말이야."

"그건 나도 궁금한 일이다. 가격을 확 올려볼까?"

대학가 뒷골목 지하에 문을 연 20평 남짓의 작은 가게 노사이드는 아는 사람만 아는 가게다. 철주가 가게를 얻기 위해 돌아다닐 때 첫 번째로 고려한 것은 마음껏 음악을 들을 수 있는, 그리고 충분한 음장감을 가질 수 있는 공간이었다. 일반적인 건물의 지하실 높이는 3.5미터가 기본인데 이곳은 건물주가 사진 스튜디오로 임대하려 만든 곳이라 5미터나 되었다. 복덕방에서는 냉난방에 돈이 많이 든다고 만류했고, 위치도 대로변에서 두 블록이나 들어와 있어 일부러 독특한 것을 찾는 사람 말고는 찾아올 만한 곳이 아니었지만 철주는 그게 마음이 들었다. 무엇보다 석 달째 비어 있는 공간이라 권리금이 없다는 것이 마음에 들었다. 하지만 거기까지가 끝이었다. 취한 채 찾아오면 다음 날 다시 찾기 어려울 정도로 외진 곳에 있다 보니, 밤이 되면 단골들만 좀비처럼 나타나서 마시고 싶은 술을 마시고, 듣고 싶은 음악을 듣다 간다. 처음 들른 사람들은 테이블을 놔두고 바에 옹기종기 모여 있는 사람들의 모습에 의아해하고, 테이블에 앉아 쭈뼛거리다가 나가기 일쑤다. 단골들은 이 가게가 망할까 봐 가슴 졸이지만 정작 가게 주인 철주는 태평하다. 그가 걱정하는 것은 오히려 장사가 너무 잘돼 음악에 집중할 시간이 없어지는 것이다. 가게를 연 지 석 달 정도가 지난 지금, 그는 오직 이런 한가함과 나른함이 좋다.

"아, 짜증나. 이제 끝났네."
"오랜만이에요, 보라 씨. 어디 갔다가 와요?"
"안녕하세요? 과 회식을 했는데 이제야 끝났어요. 술을 좋아하기는 하지만 회식 자리에서 마시는 술은 영……. 대장, 뭐 맛있는 술 없을까요? 딱 한 잔만 하고 가려고요."
"이거 어때? 보모어 17년산 싱글 몰트."
"웬일로 이런 걸 다? 한 잔 주세요."
"괜찮으면 들여놓을까 해서. 자, 이렇게 마셔."
유리잔을 꺼낸 철주가 위스키를 잔 바닥으로부터 3센티미터 정도 따랐다. 그리고 상온의 생수를 그 위에 1센티미터 정도 부었다.
"얼음은 안 넣어요? 이상하네."
"하루키 선생이 이래야 향이 잘 살아난다고 하더라고. 괜찮던데. 한번 마셔봐."

보라는 향을 음미하고는 술을 한 모금 넘긴다.

"전 조금 역한데요. 향이 너무 강한 것 같아요."

"아직 어린 거 아냐? 남자를 몰라서 그런 걸지도 모르고."

"저도 알 건 다 알거든요. 하여튼 저는 한국식으로 마실래요."

"한국식? 맥주랑 섞어서?"

"아니요, 언더록으로 마신다고요!"

철주가 요새 출근 도장을 찍으며 단골이 돼가는 보라의 잔에 얼음을 넣고 한 잔을 더 부어주는 순간 손님 한 명이 쭈뼛거리면서 들어왔다. 테이블은 모두 비어 있고 바에만 두 명의 손님이 앉아 있는 것을 본 남자는 조심스러운 목소리로 물었다.

"저, 어디 앉아야 하지요? 혼자 왔는데요."

"편한 대로 앉으세요. 거기 앉아도 되고, 이리 와서 같이 앉으셔도 되고요."

영수는 비어 있는 바의 의자를 가리키며 반쯤은 의도적으로 그를 바 쪽으로 유도했다.

"아…… 그럴까요."

바의 구석 자리로 향한 남자는 검은 가죽 서류 가방을 옆자리에 조심스레 올려놓고는 잠시 의자를 들여다본 뒤 자리를 잡고 앉았다.

"저, 메뉴판이 있나요?"

"있기는 한데요, 별다른 얘기는 안 쓰여 있는데. 그냥 먹고 싶은 거 말하세요. 주인장이 알아서 해줄 거예요."

"그래도 보여주세요."

보라가 일어나 다른 테이블 위에 놓여 있던 메뉴를 남자에게 건네줬다. 한동안 메뉴판을 들여다보던 남자가 말했다.

"저, 좀 독한 술 없나요? 한 잔 마시고 들어가서 잠을 좀 자려고 하는데요."

남자는 지친, 그러나 예의 바른 톤으로 말했다. 철주가 그의 말을 듣고, 유리잔을 꺼내 보모어를 부어주었다.

"잠을 자기 어려운가 봐요. 싱글 몰트 위스키예요. 약간 텁텁하지만 스트레이트하죠."

따라진 술을 뚫어지게 바라보던 남자는 탕약을 마시듯 두 손으로 잔을 쥐고 단숨에 마셨다. 다음 순간 남자는 마치 누가 등에 얼음이라도 넣은 것처럼 진저리를 치면서 얼굴을 찌푸리더니 말없이 잔을 철주에게 내밀었다. 철주가 따라주자마자 남자는 다시 한 잔을 마셔버렸다. 옆에 앉아 있던 보라가 물을 한 잔 따라 남자에게 건넸다.

"물도 같이 마셔요. 잠을 못 잔 지 얼마나 됐는데 그러세요? 술이 별로 익숙하지 않으신 것 같은데. 차라리 수면제를 먹지 그래요."

"수면제도 먹어봤죠. 잠깐뿐이에요. 약국에서 파는 것도 별 효과가 없어요. 두 시간이면 끝이에요. 개미 구덩이에 빠져 있는 것 같아요. 저녁이 되면 오늘 밤은 또 어떻게 자야 하나 걱정이 돼서 가슴이 두근거리기 시작해요. 별의별 짓을 다 해봤지만 소용이 없어요."

"이제 긴장은 좀 풀어진 것 같네요. 술도 마시다 보면 늘어요. 자,

한 잔 더 마셔요."

철주가 남자에게 또 한 잔을 따라주자 보라가 끼어들면서 철주의 손을 제지했다.

"술이 불면증에 독이 된다는 거 모르세요? 처음에는 진정 효과가 있어 잠을 잘 수 있을 것 같지만 결국은 뇌파의 구조를 흐트러뜨려서 깊은 잠을 나타내는 서파를 줄인다고요. 그래서 불면증이 더 악화될 수 있어요. 그만 따르세요."

철주는 보라의 눈을 빤히 쳐다보다가 남자에게 조용한 목소리로 필요하면 말하라고 하고는 자기 자리로 가서 앉았다. 보라가 남자 옆으로 다가가 앉으며 말했다.

"저, 술로 해결하는 것은 옳은 방법이 아니에요. 수면제도 제대로 처방을 받으면 잠을 잘 수 있어요. 약국에서 파는 약은 그냥 감기약 같은 성분이라 잠에는 별다른 도움이 되지 않아요."

"잘 아시네요."

"제가 정신과를 전공하고 있거든요. 아직 레지던트지만. 약도 여러 가지가 있고요. 수면다원검사라는 게 있는데 그 검사를 받아보면 다른 원인이 있는지 찾아낼 수 있어요. 코골이나 하지불안증후군 같은 것이 원인이 돼서 잠을 못 잘 수도 있거든요."

"나도 인터넷으로 다 찾아봤어요. 좋다는 건 다 해봤다고요. 하지만 안 되는 걸 어떡해요? 마음은 고맙지만 내 불면증은 영원히 고치기 어려운 걸 내가 알아요. 오늘로 48일째예요. 이제 난 끝이라고요.

오늘도 하루 종일 멍한 상태로 있다가 주문을 잘못해서 크게 손해를 봤어요. 이런 적이 없었는데……. 저, 여기 술 한 잔 더 주실래요?"

48일째? 정말 그렇게 오랫동안 잠을 못 잤다면 아마 지금쯤 사망했을 것이다. 종달새를 잡아다가 이틀 동안 잠을 재우지 않았더니 죽어버렸다는 실험도 있다. 수면 박탈은 고문의 일종이 된다고 한다. 5일 이상 잠을 못 자게 하면 환청이나 망상과 같은 증상이 생긴다고 알려져 있다. 그러니 정말 못 잤다면 지금쯤 돌아버렸어야 한다. 그렇게 못 잤을 리가 없다. 주관적으로 그렇게 느꼈을 뿐이라고 철주는 생각했다. 가장 오랫동안 깨어 있던 사람이 누구더라. 철주는 기억을 더듬어보았다. 1964년, 샌디에이고의 열일곱 살 고등학생 랜디 가드너가 11일 동안 잠을 자지 않고 버텨냈다. 팔팔한 십대라 그랬는지 실험이 종료된 후 145시간 40분 동안 잠을 잤고, 이어서 24시간 깨어 있는 상태가 지속된 다음에야 비로소 원래대로 여덟 시간씩 자는 정상 수면 패턴으로 돌아갔다. 어쨌든 잠을 못 자는 것은 괴로운 일일 것이다. 뭔가 도움을 주고 싶다는 생각이 들었다. 철주는 남자의 잔에 술을 따르면서 말했다.

"힘드시죠? 제가 잠을 좀 잘 수 있게 도와드릴까요? 술도 도움이 될 수 있지만 제가 아는 비방이 하나 있는데."

"그래요? 뭔데요?"

"제가 내는 문제를 오늘 밤에 들어가서 곰곰이 생각해보세요. 답을 찾아내면 잠을 잘 수 있을 거예요. 단, 인터넷을 사용해서 검색해보시면 안 돼요, 알았죠? 문제는 이겁니다. 도시에 A와 B, 두 곳의 중심지를 잇는 두 개의 간선도로가 있었습니다. 통행량이 너무 많아져서 시속 40킬로미터밖에 나지 않게 되자, 시에서는 많은 예산을 들여서 두 곳을 이어주는 세 번째 도로를 만들었습니다. 이 세 번째 도로는 과거의 도로보다 거리로는 더 짧았는데요. 그래서 시에서 생각하기로는 세 도로 모두 시속 60킬로미터로 갈 수 있게 되고, 특히 세 번째 도로는 가장 짧으니까 더 빨라질 것으로 예상했지요. 그런데, 이상하게 도로를 개통하고 난 다음에도 전체적인 통행량이 늘어나지 않았는데도 속도가 빨라지지 않았습니다. 이상하지요? 왜 그런 것일까요? 자, 이게 문제입니다. 이 문제의 답을 구하게 되면 깊은 잠을 잘 수 있을 거예요. 저도 전에 이 문제 덕분에 잘 수 있었어요. 안 되면 내일 다시 오세요. 제가 공짜 술 한 잔 드릴게요."

"그래요? 어째 잠이 더 안 올 거 같은데……. 하여튼 감사합니다. 계산할게요. 얼마죠?"

남자는 조용히 계산을 하고 가방을 들고 나갔다. 보라는 득달같이 철주에게 달려가 물었다.

"그게 무슨 말이에요? 처음 듣는 얘기인데. 그런다고 잠이 와요? 잠하고 아무런 상관도 없는 문제잖아요. 민간요법도 아닌 것 같고. 자기가 경험한 것을 다른 사람에게도 일률적으로 적용하는 것이 뭔지 알아요? 바로 일반화의 오류예요."

보라는 철주가 말도 안 되는 해법을 제안한 것이 기가 막혔다. 철주는 개의치 않고 당당히 말했다.

"불면증의 치료는 대상자에게 맞춰서 해야 해. 불면증은 뇌의 병이기도 하고, 한편으로 마음의 병이기도 하지. 인지적인 면이 중요하기 때문에 그 사람의 성격을 파악하는 것이 무엇보다 중요하다고. 정신과 교과서에는 안 나오는 얘기야, 지금부터 말하는 건."

보라는 정신과 교과서를 읽은 적이나 있느냐고 반박하려고 했지만, 철주가 워낙 자신 있게 말을 하니 한번 들어나 보자는 마음으로 잠자코 있기로 했다. 철주가 말한 내용은 이렇다.

사람을 볼 때는 옷을 먼저 보게 된다. 평일 저녁과 주말을 구별해야 하겠지만, 오늘 저녁 그의 옷차림을 보면 회사원의 정장이었다. 감색 싱글 수트. 한 벌에 바지 하나 끼워주고 20만 원 받는 저가 제품은 아니고, 그렇다고 고급 맞춤복같이 몸에 착 붙는 옷은 아닌, 적당한 가격에 눈에 띄지 않는 정장. 오늘은 무척 더운 날이었지만 그의 정장 소매 끝단으로 하얀 셔츠가 나와 있었다. 그리고 커프스 단추도 달려 있었다. 짧고 단정하게 깎은 머리에 젤을 바른 헤어스타일까지 감안할 때 그의 직업은 70퍼센트 확률로 금융계나 컨설트 업계다. 그에 반해 그가 차고 온 시계는 10만 원 정도면 살 수 있는 국산 시계였고, 구두도 잘 닦아놓은 상태이기는 했지만 뒷굽이 닳은 것이 눈에 띌 정도였다. 이건 그가 어릴 때부터 유복한 집안에서 자란 것은 아닐 수 있다는 것을 의미한다. 패션에 관심 있는 사람이라기보다 현재의 직업을 갖게 되면서 그런 복장을 하게 되었다는 말이다. 한마디로 몸에 맞지 않는 옷을 입고 사는 사람일 가능성이 있다는 것. 그래서 매번 그런 옷차림을 하고 있을 때마다 불편함을 느낄 것이다. 자리에 앉을 때에도 자세를 흐트리지 않고 가방이 떨어질까 봐 자리에 잘 놓는 것도 그의 성격 특성을 보여주는 것. 더운 날에 술을 두 잔 정도 마시고 난 다음인데도, 또 노사이드는 냉방을 딱 땀이 나지 않을 정도로만 하는 곳인데도, 그는 넥타이를 느슨하게 하지 않았다. 흐트러지면 지구가 멸망하고 자신의 존재도 흔적 없이 사라질 것이라 어릴 때부터 굳게 믿어온 스타일.

이런 사람에게 한번 불면증이 생기면 고약하다. 그는 지금까지 골똘히 고민해서 해답을 찾아내고, 그것을 통해 나름대로 성공을 했을 것이다. 지적 능력은 탁월하나 감정을 느끼고 다스리는 데에는 젬병일 가능성이 많은 성격 유형. 보라가 이리저리 찔러보는데도 동요를 느끼거나 호기심을 보이지 않고 도리어 경계의 날을 세우는 것을 봐도 감정을 느끼지 못하는 감정부전증(alexithymia)적인 면이 보인다. 이런 사람이 불면의 고리에 낚이고 나면 그 문제를 의지력으로 해결하기 위해 애를 쓴다. 그렇지만 애를 쓰면 쓸수록 불면의 고리는 깊어져서 더욱더 잠은 오지 않는다. 특히나 이 남자같이 이성적인 면이 강한 사람은 어떻게든 불면의 패턴에서 벗어나기 위해 원인을 찾으려고 하고, 또 자신의 지적 능력을 120퍼센트 발동시켜 잠을 자기 위한 방법을 찾아내려 몸부림을 친다. 그런데 잠이란 게 무서운 것이, 그러면 그럴수록 잠은 오지 않는다는 것이다.

그래서 철주가 문제를 낸 것이다. 브래스 패러독스(Brass Paradox)라고, 이성적으로 풀려고 하면 답이 안 나오고, 인간의 비합리적 행동성과 감정적 판단을 이해할 때에만 답을 찾을 수 있는 문제. 불면을 해결하기 위해서는 불면에 몰입하고 있는 그의 고민 체계를 다른 곳으로 돌려서 에너지와 집착을 분산시킬 필요가 있다. 그렇다면 오늘 밤 그는 잠을 잘 수 있을까?

#2 해가 지기 시작하면 걱정이 밀려든다

민수는 오늘도 퀭한 눈으로 아침을 맞았다. 이로써 49일째다. 이전까지는 한 번도 잠을 못 잔 적이 없었다. 완벽한 컨디션을 유지하기 위해 살아온 인생이었다. 밤 열 시가 되면 어김없이 잠자리에 들고, 다섯 시 반에 일어나 가볍게 선식을 먹고 늦어도 여섯 시에는 집에서 나와 마을버스를 탄다. 그리고 광역직행버스를 타고 광화문에 있는 회사에 도착하면 일곱 시가 조금 못 된 시간이다. 하루 일과를 마치고 불가피한 회식 자리가 없다면 바로 퇴근해서, 저녁식사를 하고 아홉 시 뉴스를 보고 나면 모든 불을 끄고 잠을 자는 생활이 벌써 5년이 넘는다. 현재 회사로 옮기고, 지금 살고 있는 아파트로 이사온 후의 삶은 단조로우면서도 나름대로 바쁜 편이었지만 그것에 대해 민수는 만족도 불만도 없었다. 남과 비교하고 싶지도 않고 그냥 원래 삶은 이런 것이려니 여겼기 때문이다. 두 달 전에 인사이동으로 본부장이 바뀌기 전까지는 최소한 그랬다.

다른 회사에서 스카우트된 본부장은 1년 내에 파격적인 실적을 올려 재계약을 해야 한다는 지상 과제를 안고 부서로 들어왔다. 본부장은 개별 면담으로 한 명 한 명을 각개격파했고, 민수에게도 이유 불문하고 영업 실적을 30퍼센트 더 올리는 업무계획서에 사인을 하라고 강요했다. 얼떨결에 사인한 민수는 지금도 열심히 하고 있는데, 현실적으로 더 많은 실적을 단기간에 낸다는 것이 어려울 것 같다는 생각이 들었다. 그런 생각이 든 것은 처음이었다. 뭐든지 계획대로 하면 된다고 여겨왔다. 어릴 때부터 그랬다. 여름방학 동안 성문종합영어를 한 번 다 풀 계획을 세웠다면 609페이지를 30으로 나눠서 20페이지씩 풀어나갔다. 독서실 벽에 붙여놓은 표에 동그라미를 하나씩 치면서 차근차근 계획대로 해나가고 성취해가는 것이 무엇보다 즐거웠다. 그때의 성취감은 그의 인생의 모토가 되었다. 그런데 이번 본부장은 그의 성실성과 근면함을 인정하지 않는 것 같았다. 더 쥐어짜면 뭐가 더 나올 것이라 여겼다. 쥐어짜서 더 나올 게 없으면 바꾸면 된다는 것을 본부장은 여러 회사를 옮기면서 익히 알고 있었기 때문이다. 오죽하면 본부장의 별명이 '스테로이드 권'이겠는가. 운동선수에게 스테로이드를 투약해 단기적으로 근육을 키우듯이 실적을 올리는 데

탁월한 능력이 있다고. 하지만 그 뒤에는 부작용으로 더 이상 선수 생활을 하기 어려워진, 버려진 낙오자들도 있었다.

그 이야기를 알고 있었기 때문에 민수는 불안했다. 지금 본부장이 강요하는 것은 쥐어짜기이고 스테로이드라고 느꼈다. 민수는 그날 저녁 집에 오는 길에 갑자기 가슴이 확 답답해지는 것을 느꼈다. 심호흡을 해도 가라앉지 않고 뭔가 걸려 있는 기분이 들었다. 그날 밤 누워서 잠을 자려 해도 잠을 잘 수 없었다. 양을 백 마리 세어보려고 했지만 일흔다섯, 일흔여섯, 일흔일곱에서 꼭 틀려서 다시 세기를 여러 번. 결국 밤을 새우고 말았다.

한번 밤을 새고 나자 그의 머릿속에서 본부장과 실적에 대한 걱정은 도리어 뒤로 밀려나버리고 말았다. 그날부터 '오늘 밤에는 잘 수 있을까?'라는 화두로 머릿속은 욕심껏 꽉 채운 쓰레기 봉투처럼 터지기 일보직전이 되었다.

해가 질 무렵이면 걱정이 생기기 시작한다. 좋다는 것은 다 해봤지만 잠은 더 오지 않는다. 밤에 제대로 자지 못하니, 낮에는 일을 해도 멍하고, 회의 시간에도 집중을 하지 못한다. 급기야 어제는 주식 거래를 하다 실수해서 몇 달 동안 벌어놓은 돈을 다 까먹고 어느새 마이너스가 되어버렸다. 민수는 자포자기 심정으로 술이라도 한 잔 마시고 자야겠다는 마음이 들었다. 마시고 죽어버릴 용기까지는 없었지만, 뭐라도 하지 않으면 안 될 것 같다는 절박한 심정이 들었다. 그래서 들어간 것이 노사이드였다. 집으로 돌아오니 술을 마셔서 알딸딸하기는 했지만 잠은 오지 않았다. 게다가 처음 본 가게 사장이 낸 이상한 문제가 계속 신경이 쓰였다. '길을 새로 냈는데 빨라지지 않는다고?' 아무리 골똘히 생각해봐도 답이 나오지 않았다. 세수를 하면서도, 침대에 누워서도 생각을 멈출 수가 없었다. 그러다 '이거다' 하고 답이 떠오르려는 순간 화들짝 놀라 깨어났다. 깜빡 잠이 들었던 것일까? 순간 답을 찾지 못한 것보다는 잠을 깼다는 사실에 화가 났다. 다시 잠을 자기 어렵고, 술을 마셔봤자 소용이 없다는 것에 낙담이 되었다.

결국 방의 불을 켰다. 멍한 상태였지만 숙제는 마쳐야 하는 모범생 민수. 서재로 가서 컴퓨터를 켜고 검색을 해보았다. 답은 쉽게 찾을 수 있었다. 브래스 패러독스였다. 아주 단순한 논리였다. 그걸 아는 순간 민수의 머릿속에서는 다시 잠들 수 없다는 공포가 엄습해왔다. 아, 이렇게 49일째가 지나가고 있다. 민수는 자포자기 심정으로 다시 그 술집에 들러 보기로 했다. 그나마 깜빡 잠이 들 뻔했던 것도 술의 도움 덕이라고 여겨졌기 때문이다.

"어떻게, 잘 잤어요?"

철주는 민수가 들어오자 자기 처방이 맞아떨어졌을 것이라는 확신에 차서 말했다. 그러나 그가 자신과 눈을 마주치지 않고 빠른 속도로 걸어와서 바에 앉자 자기 생각이 틀릴 수도 있다

브래스 패러독스, 이성으로는 절대 풀 수 없는 문제

#3

는 것을 깨달았다.

"술 한 잔 주세요. 어제 마신 술보다 더 독한 것은 없나요?"

"돌팔이 처방이 맞을 일이 있나. 어제도 못 잤죠?"

붙박이로 자리를 지키고 있던 영수가 민수에게 말을 건넸다.

"네, 그래도 가깝게까지는 갈 수 있었어요. 덕분에요. 잠이 들락말락하다가 깨어났어요. 너무 궁금해서 인터넷으로 답을 찾아봤거든요. 사람들이 모두 가장 짧은 길로 여기는 새로 생긴 길로 몰려가기 때문에 도리어 전체 속도는 개선되지 않는다는 것 말이에요."

철주가 민수에게 술을 따라주면서 말했다.

"48도짜리 리쿠어를 베이스로 한 일종의 칵테일인데, 한번 마셔보세요. 결국 인터넷을 찾아봤군요. 내가 찾아보지 말라고 했건만."

불면증에 집착하는 사람들에게는 잠에 대한 집착과 반추를 막기 위해서 전혀 다른 것에 관심을 쏟게 하는 기법이 효과적일 수 있다. 특히 완전히 모르는 문제나, 모호하거나 추상적인 철학이나 종교적 화두, 어제 철주가 내놓은 문제와 같이 답이 나올 듯 말 듯한 문제가 불면에 대한 과도한 집착의 악순환을 끊을 수 있는 기회를 준다. 그렇지만 민수가 답을 알아내버렸기 때문에 효과가 없었던 것이다.

"신경 써주셔서 고마워요. 술이 그래도 도움이 되는 것 같네요. 긴장도 좀 풀리는 것 같고. 오늘은 더 독한 술을 마시고 잠을 청해보려고요."

"이 친구가 2년 전까지만 해도 대학병원에서 교수로 있었어요. 제대로 된 정신과 의사죠. 환자를 너무 많이 봐서 같이 좀 헷가닥해서 그만두고 나와 그렇지."

"아, 그랬어요? 몰랐네요."

"그만둔 지 오래돼서 다 까먹었어요. 지금은 가게 주인이지 환자는 안 봐요. 평생 볼 환자 다 봤어요. 의사에게는 평생 볼 환자 수가 정해져 있다고 하잖아요? 그건 그렇고, 술로 해결하겠다는 건 좋은 방법이 아니에요."

보라는 영수의 말을 듣고 난 다음부터 철주와 눈을 마주치지 못했다. 그동안 여기 와서 아는 척한 내용을 철주가 들었다고 생각하니.

철주도 보라의 낯을 보고,

"그동안 말 안 해서 미안해요. 뭐 자랑할 것도 아니고 해서……."

"저, 죄송했습니다. 인사를 먼저……."

"뭐가 죄송해요."

철주는 다시 민수에게 집중하기로 했다.

철주는 어차피 자기가 누군지 알려진 마당에 드러난 권위를 최대힌 이용하는 것도 방법이라고 생각했다.

"오늘 저녁에는 제가 직접 손님 집까지 갈게요. 괜찮겠어요? 환경적인 요인이 잠을 자는 데 방해가 되는 경우도 많거든요. 전에는 진료실에서만 환자를 만나니까 그 사람이 어떻게 살고 있는지, 평소에는 뭘 먹는지 알기가 어렵더라고요. 그렇지만 이제는 의사 대 환자로 만나는 것도 아니니까 내 맘대로 해도 되는 것 아니겠어요? 정말 손님이 불면증을 고치고 싶다면 제가 도와드리고 싶은데요."

#4 트랙에서 벗어난다고 삶이 무너지진 않는다

민수의 집은 철주가 예상했던 대로 단출했다. 군더더기 하나 없이 깔끔하게 정돈되어 있는 거실과 방. 침실에 들어가자 철주의 눈에 먼저 들어온 것은 여러 개의 시계였다. 벽에 큰 시계가 걸려 있고, 침대 맡에는 자명종이 달린 시계, 그리고 건너편 탁자 위에는 라디오에 시계가 달려 있었다.

"먼저 시계부터 치웁시다."

"네? 왜요? 시계가 없으면 몇 시인지 알 수 없어요. 늦게 일어나 지각할까 봐……."

"하지만 시계가 있으면 잠을 잘 수 없어요. 민수 씨 같은 사람은 더욱 그래요. 자, 손목에 찬 시계도 풀어요. 오늘만큼은 내 말에 따르세요. 시계가 있으면 자꾸 몇 시인지 확인하고 싶은 욕망이 생겨요. 한참 자고 난 것 같은데 5분, 10분밖에 지나지 않았을 때가 많지요? 시계는 불면의 적이에요. 게다가 밤에 누워 있다 보면 이 벽시계 같은 경우 재깍거리는 소리가 귀에 다 들어올 거예요. 알람은 내가 맞춰서 방 밖에 세워놓을게요. 그 정도면 충분히 깰 수 있어요. 민수 씨는 실패를 지나치게 두려워해요. 그리고 정돈되어 있는 것이 흐트러지는 것도 무서워하고요. 민수 씨 같은 사람들은 성실하고 올곧아서 사고치지 않고 잘 살 사람들이에요. 대신 트랙에서 벗어나는 것도 힘들죠. 나도 전에 그랬던 적이 있기 때문에 이해해요. 민수 씨는 트랙에서 벗어나면 모든 것이 끝날 것이고, 지금까지 쌓아온 것이 모두 허물어져 버릴 거라 여길 거예요. 아, 그리고 책도 치웁시다. 침대에 누워서는 잠만 자는 거예요. 잠이 안 온다고 책을 보는 것도 좋지 않아요."

철주는 민수의 침대 곁에 있던 책들을 모두 집어서 방 밖으로 갖고 나갔다. 그리고 민수에게 옷을 갈아입으라고 시켰다. 그사이에 방 안을 다니면서 물건들을 조금씩 삐딱하게 놓거나 잘 정돈되어 보이는 것들을 흩뜨려놓았다. 민수가 씻고 나와 철주가 만져놓은 것들을 보고 혼비백산해서 제자리로 놓으려고 하자, 철주는 그것도 불면증 치료를 위해서 꼭 필요하니 오늘 하루만 참고 자자고 설득했다.

"자, 지금 시간이 열 시입니다. 그런데 열한 시까지는 절대 잠이 들어서는 안 돼요. 내가 지키고 있을 거예요."

"그게 무슨 소리예요? 열한 시는커녕 열두 시가 돼도 잠이 오지 않는데. 어제도 겨우 잘 만하다가 두 시부터 날밤을 샜다고요."

"그러면 잘할 수 있겠네요. 어쨌든 열한 시까지는 절대 자서는 안 돼요. 자 나와요."

철주는 부엌 의자를 마루에 갖다 놓고 민수를 거기에 앉게 했다.

"지금부터 여기 앉아서 저랑 같이 텔레비전을 봅시다. 그리고 열한 시가 될 때까지는 절대 잠이 들어서는 안 돼요. 그 시간 전에 졸기 시작하면 제가 깨울 거예요. 알았죠?"

민수는 '이 사람 정말 전직 정신과 의사 맞아?'라고 의구심을 품으면서도 밑져야 본전이라는 마음으로 의자에 앉았다. 철주는 무슨 말인지 겨우 알아들을 정도로 텔레비전 볼륨을 낮춘 채 민수를 간간히 쳐다보면서 앉아 있었다. 열 시 반이 되어도 정신이 말똥말똥한 민수는 속으로 '열한 시에 잠이 올 리 없잖아'라고 생각하고 있을 뿐이고, 철주는 간간이 반복해서 "열한 시까지는 잠들면 안 됩니다, 절대로!"라고 말할 뿐이었다.

시간은 조용히 흘러갔다. 열한 시에 가까워지고 시침과 분침이 모두 하늘을 향해 등반을 하는 모양새를 갖췄다. 절대로 잠을 잘 수 없을 것이라던 민수의 고개가 어느 순간 땅을 향하기 시작했다. 그리고 정확히 열한 시가 되자, 민수의 눈은 마치 최면에 걸린 사람처럼 스르르 감기더니 고개를 떨어뜨리게 되었다. 철주는 민수를 살짝 부축해서 방으로 데리고 들어가 침대에 눕히고는 방문을 닫고 나와 알람을 맞춰주고 집을 나왔다.

#5 이해는 그만, 가슴으로 느끼면 되는 세상

철주는 패러독시컬 인텐션 테크닉(Paradoxical Intention Technique)을 이용했다. 이런 사람의 불면증을 해결하기 위해서는 그의 잘못된 믿음을 교정해야 한다. '잠을 못 잘 것이다'라는 굳은 믿음의 해결은 '넌 잘 수 있어'라는 위로나 암시가 아니라 '너는 자면 안 돼'라는 정반대 방향의 명령으로 풀 수 있다. 역설적인 방법으로 특히 민수와 같이 강박적이고 논리적이며 상대적으로 시야가 좁은 성격의 사람에게 성공적이다.

그렇다면 이성과 감성은 조화롭게 양립할 수 있을까? 지금까지의 연구를 보면 둘의 균형은 쉬운 일이 아닌 것 같다. 민수는 강박적인 성격을 갖고 있다. 강박의 특징은 정서를 고립시킨다는 것이다. 한 가지 사고에 골똘하는 것은 바로 억압하고 있는 내재적 무의식적 정서가 의식으로 치고 올라와서 자아를 집어삼킬까 봐 두려워 이성을 적극적인 방어기제로 동원하기 때문이다. 즉, 감성을 막는 최고의 무기는 이성이다. 물과 기름 같다. 이런 성격의 사람들은 미안하다는 감정을 느껴야 할 상황에도 '왜 이런 일이 벌어질 수밖에 없었는가'에 대해 합리적인 이유를 장황하게 설명하려고 노력한다. 합리화와 주지화라는 방어기제를 이용하는 것이다. "미안해요" 한마디면 끝날 일이 수십 분 동안의 설명으로 이어진다. 이들은 미안하다는 감정과 마찬가지로, 평소와 다른 감정을 느끼면 자신이 그것으로 치명적인 타격을 받아 통제 불능의 상태가 될 것이라 무의식적으로 두려워한다. 그래서 어떻게든 그런 감정을 느끼지 않으려고 애쓴다.

감정을 가두는 것 외에도 감정을 느끼지 않기 위한 노력은 여러 가지가 있다. 민수는 매일의 일상을 똑같이 반복한다. '루틴'이 중요하다. 그것이 흐트러지는 것을 참지 못한다. 고민을 하는 것이 싫다. 강박적인 사람들에게는 '루틴'을 지키는 것이 필요하다. '루틴' 안에 있으면 고민하지 않아도 된다. 고민을 한다는 것, 융통성을 발휘해야 한다는 것은 감정적 판단을 할 가능성을 높인다. 그런데 감정적 판단은 과거의 감정과 연관된 기억과 경험을 불러일으키게 된다. 그게 싫다. 그래서 최대한 매일매일 똑같은 일상을 만들어 지켜나가려 한다. 옷을 입는 것도 마찬가지다. 같은 옷, 비슷한 색의 옷을 입으면 고민을 할 필요가 없고, 다른 사람이 자신을 어떻게 보는지에 대해 감정적인 반응을 하거나 신경을 쓸 필요가 없다. 옆에서 보면 참으로 재미없게 사는 사람이 아닐 수 없다. 그러나 그런 대가를 치른 대신 감당하기 어려운 감정을 차단하고 안정감을 느낄 수 있기에, 강박적인 사람들은 기꺼이 그런 삶을 선택한다. 어떤 면에서 볼 때 그들의 무의식 속 감정은 가두려고 노력하는 만큼 강해진, 날것의 공격성을 탑재하고 있다고 판단할 수 있다. 맹수 한 마리를 마음에 가둬두고 그 존재를 부정하고 있는 상황. 민수의 경우 아직까지는 성공했다. 그러나 이를 위해서 지나치게 많은 에너지를 들였고, 일상적 삶의 여유를 포기해야만 했다. 더 나아가 잠까지 못 자게 되었으니, 민수의 경우 자기가 만든 덫에 빠져버린 셈이었다. 민수의 불면을 해결하는 길은 궁극적으로는 이런 문제를 해결하는 것에서 시작된다. 봉인된 감정을 서서히 풀어서 숨구멍을 트는 것. 그렇게 함으로써 감정을 느껴도 자신이 휩쓸려가지 않는다는 사실을 깨닫고, 그런 것을 두려워할 게 아니라 진짜로 살아 있음을 느낄 수 있는 기회로 받아들여야 한다. 그러나

머리로만 아는 것은 소용이 없다. 이들도 머릿속으로는 이러한 사실을 충분히 알고 있다. 오히려 안다고 인식하는 그 자체가 그들의 병리적 증상의 배경이다. 그러므로 변화는 아는 것이 아니라 행동에서 시작해야 한다. 행동을 통해 머리가 아니라 가슴과 몸이 느끼면서 봉인의 문을 열어보는 것이다.

다음 날 밤 노사이드로 민수가 찾아왔다.
"오늘도 독주를 드릴까요?"
"아니요, 맥주나 한 잔 주세요. 잘 마실 줄도 모르는 술을 마시니 머리가 아파요. 그런데 저기, 도대체 제게 뭘 하신 거예요?"
"그건 알 거 없어요. 어떤 방식으로 그렇게 된 것인지 알게 되면 민수 씨에겐 더 이상 효과가 없을지 몰라요. 내가 첫날 밤에 했던 방법이 실패한 것처럼요. 그건 그렇고, 오늘 굳히기를 했으면 하는데, 저를 한 번만 더 믿어줄 수 있어요?"
"뭔데요? 무려 50일 만에 잠을 자게 해주셨는데, 뭐든지 해야죠."
"윗옷을 벗고 이 티셔츠를 입어봐요."
철주는 민수의 넥타이를 풀어버리고, 와이셔츠의 단추들도 끄르고, 그 위에 셔츠를 입혔다.
"자, 음악에 맞춰 한번 놀아봐요. 논리로는 설명할 수 없는 세상이 있어요. 이해하려고 하지 말고 그냥 느끼면 되는 그런 세상. 민수 씨에게 필요한 건 그거예요."

이어서 철주는 롤링스톤즈의 〈새티스팩션Satisfaction〉을 틀고 볼륨을 올렸다.

"자, 따라해봐요."

철주가 고개부터 흔들흔들, 서서히 그루브를 탔다. 철주도 잘하는 편은 아니었다. 반면 학습 능력이 뛰어난 민수는 곧 알아차렸다. 처음에는 머뭇거리다가 고개를 까닥까닥하기 시작하더니 조금씩 리듬에 몸을 맡기게 되었다. 굳어진 표정이 서서히 풀어지는 것 같아 보였다. 이런 민수의 모습을 보며 영수가 소리쳤다.

"너 단골 하나 또 잡았구나. 이 돌팔이야."

"내가 돌팔이라니, 난 환자 치료한 적 없어. 의료 행위를 한 게 아니라고. 최적의 서비스를 제공했을 뿐이야. 영혼을 구제했다고 하면 뭐, 받아들일 수 있지만 말이야. 저 친구는 논리와 이성만 한껏 가분수로 자라나 균형을 잃어버린 상태였어. 그러니 불면의 늪에 빠져서 허우적거리며 빠져나오지 못했던 거지. 자기 감정이 뭔지, 그것이 어디서 어떻게 운용되고 있는지 하나도 못 느끼니 화가 날 만한 일도 화를 내지 못하고, 부당한 일을 당해도 아니라고 말도 못 하고 살아온 거야. 조금은 불쌍하기도 해. 결국 자기가 자초한 일이기는 하지만 말이야. 나도 꽤 오랫동안 저렇게 살았지. 그런데 어느 날 보니까 그게 사는 게 아닌 것 같더라고."

"너무 한 번에 방향을 튼 거 아니야? 저 친구도 뚜껑 열리면서 다른 데로 팍 튀어 가면 어떡해?"

"그럴 수 있을까? 그거야 내 사정이 아니니 난 모르겠고. 그런 것까지 책임질 거면 내가 계속 병원에 남아 있지 뭣하러 여기서 술장사를 하고 있어? 자, 술이나 한 잔 하라고. 그런데 네 병원 점방은 아직도 안 망했냐? 원장이 만날 밤마다 술집에서 떡이 되는데 환자들이 뭐라고 안 해?"

"할머니 환자들은 내가 맨 정신이면 싫어해. 당뇨 관리 안 한다고 혼내고 막 화내고 엄하게 한다고. 그러니 걱정하지 말라고. 이 기러기 3년차를 맞아주는 곳이 바로 여기뿐이니까."

민수는 그동안 감정이라는 것을 괴물로 여기고 무서워했다. 감정에 사로잡혀 주화입마에 빠질까 봐 봉인했던 것이다. 감정을 마구 날뛰는 로데오 종마로 여긴 민수는 아예 보지 않으려 했다. 대신 이성에 철저히 의지했다. 그의 감정부전증상은 여기에서 비롯한 것이었다. 로봇처럼 살아온 민수는 감정을 느끼는 방법을 잊어버리고 있었다. 그 희미한 기억이 철주를 만나 작은 불씨와 같이 되살아나고 있다. 이것은 판도라의 상자였을까? 내일부터 민수의 삶은 조금 달라질 것이다. 감정이라는 맹수를 길들여서 자신을 지키는 충견으로 만드는 것이 이제부터 민수가 해야 할 일이다. 쓰러지고, 할퀴어지고, 물릴지도 모른다. 그 아픔을 민수가 견딜 수 있다면 그의 인생은 신세계로 나아가게 될 것이다.

두 번째 손님: 음식 중독에 걸린 여자

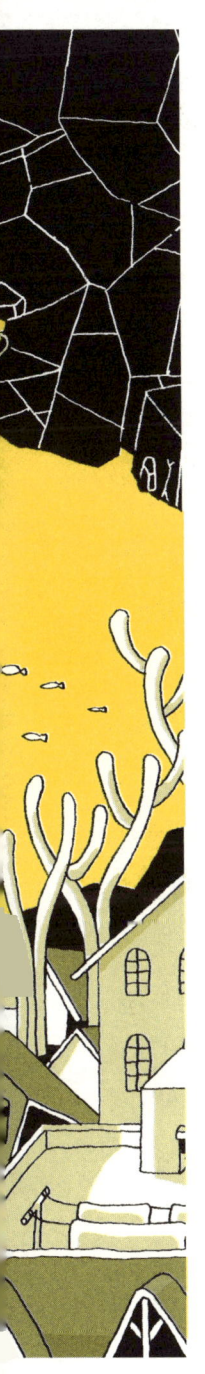
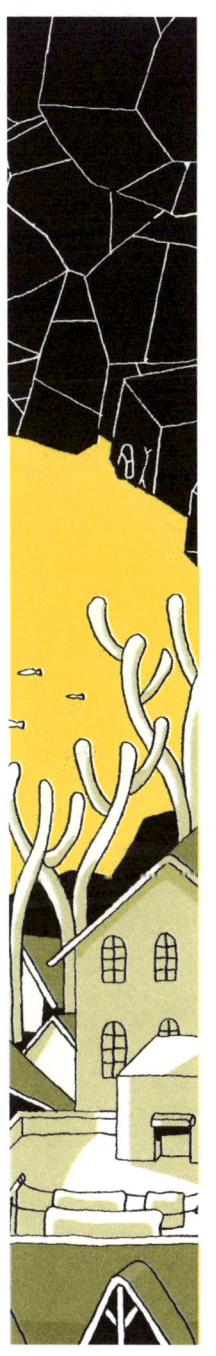

난 성취감에
중독된 게 아닐까?

24시간 전투 모드 탈출

"절대 경계를 늦추면 안 돼. 실패하면 버림받으니까."

"우리가 진짜 바라는 건 인간관계의 친밀함 속에서 느끼는 정서적 충만함이다. 아이가 엄마 품에서 느꼈던 안전함과 하나됨, 그 원초적 경험."

#1 해가 저물 무렵, 나의 하루는 시작된다

이 동네의 하루는 해가 서서히 지면서 시작된다. 밤새 불을 밝힐 가게들은 오후가 돼야 문을 열고 청소를 하며 하루를 시작할 준비를 한다. 철주의 삶도 그렇다. 회사원들이 점심을 먹을 즈음 깨어나 간단히 요기를 하고 집에서 책을 읽거나 음악을 듣다가 오후 네 시가 넘어야 밖으로 나온다. 급할 건 하나도 없다. 몇 년 전만 해도 상상할 수 없었던 삶이다. 대학 병원에서 일하는 의사의 삶이란 거의 다 비슷하다. 모든 스케줄은 늦어도 아침 여덟 시에는 시작하고, 컨퍼런스와 회진이 끝나고 나면 아홉 시부터 외래를 보는 일정의 연속. 어쩌다가 밤 약속이 늦어지면 다음 날 걱정에 불안해지기 일쑤였다. 체질적으로 올빼미형 인간인 철주에게 그런 삶은 괴로울 따름이었다. 이제야 자신의 생리적 체질에 맞춰 살게 되어 더욱더 지금 삶에 만족하고 있는지 모른다. 매일 어두운 지하에서 담배 연기를 마시고 술을 마시는데도 컨디션은 반대로 좋아지는 것을 보니 사람은 원래 생긴 대로 살아야 한다는 것, 억지로 바꾸려고 할수록 마음과 몸에 무리가 갈 수밖에 없다는 확신이 든다. 하지만 이렇게 느긋한 라이프 스타일을 즐기는데도 여전히 불편한 것들이 남아 있다.

매일 들르는 식당에 간 철주는 비빔밥을 시켰다. 병원을 그만두고 나서 가장 적응이 안 되는 것이 혼자 밥을 먹는 일이었다. 부대찌개를 먹고 싶어도 일인분은 안 되는 집이 많고, 배달을 시킬 때에도 일인분은 거절당하기 일쑤였다. 특히 식당에 들어가 뻘쭘하게 혼자 앉아 있는 시간에 익숙해지는 게 쉽지 않았다. 철주는 난생 처음으로 자신에게도 누군가를 그리워하는 면이 있다는 것을 깨닫기도 했다. 이제는 혼자 먹어도 어색하지 않을 곳을 찾는 데 도가 텄지만 말이다. 가령 책이나 잡지가 비치되어 있거나 아주 빨리 음식이 나오는 집, 자기 말고도 이미 혼자 밥 먹는 사람이 있는 식당 등이 그런 곳이다. 그래서 그런지 철주는 음식이 나오면 가능한 빨리, 그릇에 최대한 가까이 시선을 두고 음식을 흡입하듯이 먹었다. 그러다 보니 어쩌다 친구들과 함께 밥을 먹을 때마저도 먼저 그릇을 비우고 느긋하게 다른 사람들이 다 먹기를 기다리다가 핀잔을 듣기도 했다. 처음에는 그랬다. 그런데 어느 순간 깨달았다. 그렇게 급히 먹지 않아도 된다는 것을. 아무도 혼자 들어온 철주를 신경 쓰지 않는다는 것도. 그때부터 철주는 책

한 권 들고 밥을 먹으러 가서 아주 천천히 먹고 커피까지 마시고 나온다. 서비스를 최대한 즐기게 된 것이다.

#2 전 허전하면 배가 고파요

"저기, 뭐 요리 되는 거 있나요?"
두 명의 여성이 노사이드로 들어왔다. 티셔츠에 헐렁한 바지를 입은 생머리의 여자와 회사에서 퇴근하자마자 바로 온 것 같은, 정장을 입은 단발머리 여자였다.
"간단한 요리는 되는데요. 뭐 해드릴까요?"
"저녁식사를 아직 못 해서요. 맥주 안주 할 만한 것으로 좀 부탁할게요."
"간단한 걸로 원하시면 소면 같은 거 해드릴까요? 튀김은 기름 온도 올리려면 시간이 좀 걸려서."
우선 맥주를 두 병 갖다 주고 난 철주는 주방에 들어가 소면을 삶을 물을 끓이기 시작했다. 끓기를 기다리면서 양념장을 만들고, 냉장고에서 김치를 꺼내 고명을 만들며 테이블을 지켜봤다. 생머리가 맥주를 병째 꿀꺽꿀꺽 마시는 데 비해 단발머리는 친구가 마시라고 권하는데도 입에만 살짝 갖다 댈 뿐이었다. 그러더니 담배를 연거푸 세 대를 몰아서 피운 다음에야 맥주를 손에 쥐었다. 그녀는 컵에 맥주를 반쯤 따른 후 10센티미터쯤 들고 뚫어지게 쳐다봤다. 그러고는 뭔가 중요한 결심을 한 듯, 사약을 마시는 장희빈처럼 목을 약간 뒤로 젖히고 입을 벌려 단숨에 털어 넣었다. 이후 담배를 몇 대 더 피우고 나서는 다시 좀 전과 같은 식으로 맥주를 마셨다.

"오늘 필 좀 받나 보다. 여기 맥주 다섯 병 더 주세요. 그나저나 미수야, 새로 옮긴 회사는 어때? 연봉 많이 받고 갔으니 밥값 하라고 쪼이니?"

"남의 돈 버는 게 쉽지 않더라고. 첫 달에는 죽는 줄 알았는데, 이제야 좀 감이 잡혀."

"그래, 너야 어디서나 똑 부러지게 일하니까. 앞가림도 못 하는 내가 괜히 물어봤다."

철주가 테이블로 다가가 국수와 맥주를 내려놓았다.

"우리 식당 처음 오시나 봐요? 제가 만든 특제 비빔국수입니다. 드시고 모자라면 얘기하세요. 면은 넉넉하게 삶아놓았어요."

어느새 한 입 먹어본 생머리가 호들갑을 떤다.

"어머, 이거 대박이다. 정말 맛있어요. 미수야, 먹어."

"그래, 난 괜찮아. 천천히 먹지 뭐. 먼저 먹어."

"그런데 사장님, 여기가 왜 식당이에요? 보기에는 바 같은데."

주변을 둘러본 생머리가 철주에게 물었다.

"그냥 우리끼리는 식당이라고 불러요. 원래는 바가 맞고요. 제가 실력이 모자라서 식당이라고 하기는 뭣하죠. 그런데, 전 식당이란 말이 참 좋더라고요. 같이 모여서 먹는 곳이라는 뜻이잖아요. '바'라는 말은 너랑 나랑 사이에 넘을 수 없는 막대기가 있는 것 같고요. 아무리 바에서 부드럽게 어루만져주는 바텐더가 있다 해도 서양식의 보이지 않는 라인이 느껴진다고 할까요? 그래서 말이라도 식당이라고 해요. 술이건 밥이건 국수건, 모여서 먹으면 식당 아닌가요? 하하."

미수는 젓가락을 들고 맥주를 마실 때 그랬듯이 쳐다보기만 하다가 한 젓가락 들고는 냅킨으로 입을 씻고 더 이상 먹지 않았다. 미수를 앞에 두고 생머리는 그날 음식을 처음 먹는 것마냥 국수를 비벼서 게걸스럽게 먹고 있었다. 그런 모습을 지켜보기만 하던 미수에게 철주가 물었다.

"옛날에 수영하셨나요?"

"어떻게 알았어요? 얘가 고등학교 때 체전에도 나갔어요. 지금이야 안 하지만."

"아, 그랬구나. 어깨를 보니까 수영했던 분 같아서요. 어릴 때 수영 많이 한 분들이 어깨가 남들보다 좀 더 벌어져 있거든요."

"어머, 사장님. 내 친구 콤플렉스를 건드리셨어요. 그거 얼마나 싫어하는데요."

"아, 그랬나요? 미안해서 어쩌죠. 서비스로 맥주 한 병 드려야겠네요. 잠깐만요."

철주가 냉장고에서 맥주를 꺼내 갖다 주면서 너스레를 떤다.

"이거 북한 맥주인데, 꽤 맛있어요. 대동강이라고. 생각보다 상큼하고 깔끔해요. 한번 드셔보세요. 제가 따라드릴게요."

철주가 미수에게 맥주를 따랐다. 그런데 따르다 보니 거품이 많이 일어, 엉겁결에 잔을 들고 있는 미수의 오른손을 잡아 잔을 기울였다. 이때 철주의 손끝에 미수 손등에서 2센티미터 정도의 굳은살이 느껴졌다. 이어서 철주가 생머리에게도 맥주를 따라주려는 순간, 휴대전화 벨이 울려 생머리가 전화를 받으러 밖으로 나갔다. 그 사이에 미수는 테이블 가운데 놓여 있는 소면을 바라보다가 마침내 결심을 한 듯, 자기 앞으로 갖다 놓고 젓가락질을 시작했다. 1분이 채 되지 않아 그릇을 거의 비운 미수가 철주에게 물어본다.

"아까 국수 남아 있다고 하셨죠? 친구 돌아오기 전에 좀 채워주실래요? 너무 맛있어서 제가 다 먹어버렸어요. 친구가 화낼 것 같아요."

"물론이죠. 금방 드릴게요. 마침 제가 출출해서 먹으려고 비벼뒀거든요."

철주가 주방으로 들어간 사이 미수는 화장실로 향했다. 철주가 국수를 테이블에 내놓자 생머리가 돌아왔다. 20분이 지나도록 미수가 돌아오지 않아도, 생머리는 별로 궁금하지 않은지 휴대전화를 갖고 놀면서 맥주를 마셨다. 철주가 맥주를 몇 병 더 가져다주면서 물었다.

"화장실 간 지 꽤 됐는데, 어디가 안 좋으신가? 국수가 상했던가요?"

"아, 그 친구가 한번 가면 좀 오래 있다 와요. 변비라나 과민성 대장 증상이라나, 뭐 하여튼 같이 밥만 먹고 나면 바로 화장실 가는 게 버릇이라, 저는 그런가 보다 해요. 상하지 않았으니까 걱정하지 마세요."

사장님 음식 솜씨 끝내줘요!"

생머리가 철주에게 관심을 가진 듯 눈길을 줬지만 철주는 자리로 돌아와 음악을 틀었다. 알라니스 모리셋의 〈퍼펙트Perfect〉. 철주는 왠지 모르게 갑자기 이 노래가 듣고 싶었다.

캐나다 가수인 모리셋은 십대 시절에 몇 년간 거식증으로 치료를 받았는데, 〈퍼펙트〉는 자신의 개인적인 경험을 노래로 만든 것으로 알려져 있다. 모리셋은 8~10킬로그램 사이는 쉽게 찌고 빠지고 했다. 몇 달간 거의 먹지 않으면서 하루 종일 어지럼증에 시달리기도 했다고 한다. 이어서 카펜터스의 〈클로스 투 유Close to you〉까지 한 곡을 더 틀고 난 다음에야 미수는 자리로 돌아왔다. 이후 두 사람은 맥주를 몇 병 더 마시다가 자리를 정리하고 나갔다.

그날 장사가 끝난 후 철주는 오랜만에 화장실 청소를 하러 올라갔다. 평소 청소를 자주 하지 않는데 화장실이 너무 깨끗해서 놀라지 않을 수 없었다. 마치 누가 물청소를 깨끗하게 하고 간 것 같았다. 노사이드에 우렁각시라도 서식하고 있는 걸까?

#3 쓸모없는 사람은 버림받아

"강미수 씨, PT 자료 내일 아침까지 수정 가능하겠어요?"

"그래야죠, 본부장님. 믿고 맡기시고 퇴근하세요."

"미수 씨야 베테랑이니까 알아서 하겠지. 임원 PT 전날에 이메일로 수정 사항을 바꾸는 경우가 어디 있어! 내가 전화해서 그럴 거면 그만두겠다고 하려고 했다고. 하여튼 오늘 같이 있어주지 못해 미안! 중요한 손님과 약속이 있어서. 내일 아침 여덟 시까지 이메일로 파일 보내고, 갖고 갈 자료 내 책상 위에 올려놔줘요."

본부장은 높은 연봉에 걸맞게 부린다는 듯이 미수에게 한 페이지가 넘는 수정 사항이 담긴 이메일을 포워딩하고 나서는 퇴근을 해버렸다. 미수는 한 달 만에 감을 잡았다. 오너의 조카인 본부장이 말하는 중요한 손님이 고등학교 동창이고, 빠질 수 없는 저녁 미팅은 비슷한 수준의 2세와 3세 모임이라는 것. 사업적으로 중요하다는 게 맞는 말인 것 같기는 하다. 미수같이 아무 연줄도 없는 집에서 태어난 사람과 달리 구름 위의 끼리끼리 모임들은 모여서 먹고 마시다가 사업거리를 핑퐁 하듯이 주고받으니 말이다.

문제는 아무리 윗선에서 "이번 일은 너네 회사가 먹이라" 하고 신심 쓰듯이 정해준다고 해도, 요즘은 세상의 눈이 무서운지라 기본적인 입찰과 공개 프레젠테이션은 거쳐야 한다는 것이다. 따라서 너무 질이 떨어져서는 안 된다. 겉으로 볼 때에는 안도 미키와 아사다 마오의 피겨 스케이트 점수 차이만큼이나 아슬아슬해야 한다. 하지만 또한 김연아와 안도 미키의 차이만큼 확연히 눈에 띄어서도 안 된다는 게 이 업계의 암묵적 룰이다. 진정한 사기 바둑꾼은 누구랑 바둑을 둬도 한 점 차이로 이기고 진다고 한다는데, 이곳에서 바라는 것이 바로 그런 것이었다. 미수는 상대 회사의 눈높이에 맞게 튜닝해서 화려해 보이지만 간결하고 세련된 프레젠테이션 자료를 만들어 내놓는다. 진정 패배를 모르는 승부사. 그래서 지난달에 나이에 비해 높은 연봉을 받고 세 번째 이직을 한 것이다. 미수는 자신의 일에서 맛볼 수 있는 긴박감과 승리 후의 쾌감을 사랑한다. 어릴 때 운동선수를 하면서 몸에 밴 지기 싫어하는 경쟁심을 본격적으로 발휘할 수 있기 때문이다.

지금은 그 누구도 고등학교 1학년 때 교통사고로 운동을 그만두고 하루 열두 시간씩 독서실에서 살면서 순식간에 80킬로그램까지 솟구쳤던 미수의 과거 몸매를 기억하지 못한다. 운동선수들의 몸은 운동을 그만둔 후에도 일반인에게 필요한 것 이상의 열량을 기본적으로 요구하도록 세팅되어 있다. 그렇지만 운동량이 절대적으로 줄어든 상태이기에 그 열량은 대부분 체내에 축적된다. 그래서 운동선수들 중에서 운동을 그만둔 뒤에도 자기 체중을 유지하는 사람은 상상할 수 없는 인내와 의지력의 소유자인 것이다.

비록 몸은 망가졌지만 미수는 원하는 대학에 들어갈 수 있었다. 그렇지만 누구도 그녀에게 눈길을 주지 않았다. 심지어 고등학교 동창들도 반쯤은 의도적으로 그녀를 피하는 것 같았다. 집에서도 대학에 들어갈 때에는 기뻐하는 것 같더니, 이젠 노골적으로 그만 좀 먹으라고 하며 같이 다니는 것을 부끄러워하는 것 같았다. 그녀는 공부할 때처럼 독한 마음을 먹고 살을 빼기로 결심했다. 1학년 1학기를 마치고 과감히 휴학한 후 아무도 만나지 않은 채 하루 종일 운동을 하고, 죽지 않을 만큼의 열량만을 섭취하면서 지냈다. 단식원에도 들어가고, 좋다는 시술은 다 받았다. 반 년 만에 그녀의 몸무게는 운동을 그만두기 직전보다 더 마른, 날씬한 몸매로 돌아올 수 있었다. 그녀는 이 세상의 모든 난관은 의지력으로 극복할 수 있다는 것을 두 번의 시련을 통해 배울 수 있었다. 그리고 그 마음을 지금까지 고수한 끝에 연전연승, 공개 프레젠테이션의 절대지존으로 불리게 된 것이다.

그렇지만 미수는 언제나 조이고 쫓기는 기분이다. 조금만 먹으면 바로 살로 가는 체질이라는 것을 알기 때문에 일이 힘들다고 해도 양껏 먹을 수 없다. 클라이언트와 만나 인사를 하는 자리에서도 언제나 먹는 것을 조심할 수밖에 없다. 조금만 살이 찌면 경쟁력이 없어져버릴 것이기 때문이다. 어쩌다 많이 먹은 날에는 집에 들어와서 몸무게를 재보고 마음속으로 정해놓은 한계 체중에서 5백 그램이라도 넘으면, 아무리 피곤해도 운동복으로 갈아입고 밖으로 나가 뛴다. 하지만 일이 많아지자 그럴 여유도 없어졌다. 그러던 어느 날 야구에 들른 미수의 눈에 들어온 것이 변비약이었다. 그때부터 미수의 책상 안쪽에는 언제나 둘코락스가 비치되어 있다. 정 급할 때에는 한밤중에 좌약이라도 써서 한계 체중 이하로 줄인다. 그러지 않으면 그 살들이 영원히 빠지지 않을 살처럼 느껴지기 때문이다.

'절대 경계를 늦춰서는 안 돼'

뚱녀로 살면서 사람들의 따가운 시선과 무시를 경험해본 적 있는 미수는 다시는 그런 처지가 되고 싶지 않았다. 그러느니 차라리 죽는 게 나았다. 여유 있게 사는 것보다 바쁘고 정신없고, 먹고 놀 시간이 없는 지금의 삶이 차라리 나은 것이다.

아마 오늘도 미수는 새벽까지 밤을 새워 일해야 할 것이다. 본부장이 친구들과 술을 마시고 룸살롱에서 아가씨를 끼고 노래를 부르고 있을 시간에, 사과 반 개와 양배추 한 접시를 씹어 먹으면서 모니터와 눈싸움을 할 것이다. 지면 쓸모없는 사람이 되고, 쓸모없으면 버림받고, 버림받으면 누구도 인정해주지 않을 것이니.

옳은 사람이 이기는 것이 아니라, 이기는 사람이 옳은 것이다. 그리고 이긴 사람만 인정받고 살아남는다. 미수가 지금까지 살아온 좌우명이다. 옳고 그름보다는 승리와 패배가 생존에 직결된다. 무시당하지 않고, 버림받지 않으려면 이겨야 한다. 하지만 그렇게 살려니 너무 힘들었다. 너무 열심히 해야 하고, 능력의 한계를 매번 넘어서야 한다. "여기까지면 됐어"라고 말해주기를 바라지만 "더 할 수 있잖아"라고 요구하는 사람만 있다. 성취가 아니라 고갈되는 느낌이 드는 것, 미수의 요즘이다.

#4 **모든 중독은 강렬한 보상에 대한 욕망이다**

혼자 놀기에도 급수가 있다. 아주 초급일 때에는 극장부터 혼자 간다. 조금 지나면 서서히 끼니를 혼자 때울 수 있게 된다. 기사 식당이나 동네 분식점에서 시작해서 나중에는 괜찮은 레스토랑에 혼자 앉아 웨이터의 서빙을 받으면서 음식을 즐기는 경지에 이른다. 물론 이때에는 디지털 카메라로 사진을 찍고 셰프나 매니저를 불러 음식에 대해 꼬치꼬치 캐물어 마치 파워블로거인 듯 위장하는 테크닉이 필요하다. 그런데 혼자 먹기의 최고봉은 아마도 '저녁에 혼자 고깃집에서 고기 구워 먹기'가 아닐까. 최소한 철주에게는 그랬다. 고기를 좋아하는 철주는 혼자 가게에서 스테이크를 구워 먹는 것도 귀찮고, 식당에서 파는 제육덮밥이나 뚝배기 불고기를 먹는 것에도 신물이 났다. 그렇다고 한적한 점심시간에 고깃집을 가기에는 그의 라이프 스타일이 허락하지 않았고, 파리나 날리는 한적한 가게에는 들어가고 싶지도 않았다. 어차피 한번 먹는 고기, 좋은 것을 먹어야 하지 않겠는가. 처음에는 어색하기 짝이 없었다. 혼자 온 손님을 어색해하기는 식당 주인도 마찬가지였다. 그렇지만 몇 번의 시도 끝에 마음에 드는 가게를 하나 발견했고, 식당 사장이 노사이드에 놀러와 친해진 다음부터는 그 식당을 애용하게 되었다. 철주는 오늘도 며칠 동안 고기를 먹지 못했다는 결핍감에 오후 내내 시달리다가 해가 지기 시작하자 냄새가 덜 밸 만한 티셔츠를 입고 배달된 신간 소설을 한 권 들고 단골 고깃집으로 향했다.

벌써 한두 테이블에서는 부지런히 소주잔이 오가고, 고기 굽는 냄새가 가게 안에 은은히 퍼져 있어서 철주의 입 안에는 어느새 침이 고였다. 철주는 평소 앉던 구석 자리로 향했다. 그런데 누가 이미 앉아서 고기를 먹고 있는 것이 아닌가. 여자 혼자였다. 여자는 익은 고기를 입에 집어넣느라고 철주의 인기척을 느끼지 못하는 것 같았다. 철주는 조용히 뒤로 물러나 다른 자리에 앉았다. 자기 자리를 빼앗긴 것이 아쉽기는 했지만 튀니지의 어느 식당에서 우연히 한국 사람을 만난 것 같은 반가움이 더 컸다. 그래서 지켜보기로 했다. 연통과 불판에 가려 잘 보이지 않던 여자의 얼굴이 왠지 모르게 낯이 익었다. 어디서 봤더라. 그래, '단발머리'다.

미수는 조직적으로 고기를 굽고 있었다. 불판의 왼쪽에서 어느 정도 익은 고기를 뒤집어서 오른쪽으로 옮긴다. 옮긴 고기의 반대편이 익는 동안, 불판 왼쪽에 새 고기를 세심하게 올려놓는다. 이어서 앞 접시에 미리 내려놓아 적당히 식은 고기를 젓가락 사이에 모두 끼워놓고는 한입에 몰아넣는다. 볼 안으로 밀어 넣은 고기를 씹으면서 물을 한 모금 마시고는 바로 집중해서 오른쪽에 올려둔 고기가 충분히 익었는지 관찰한 후 집어 들어 앞접시로 옮긴다. 그리고 이전 과정을 되풀이한다. 한두 번 먹어본 솜씨가 아니었다. 한 번에 빨리 많이 먹기 위해 앞접시에 올려놓아 적당히 식히는 행동까지, 철주의 눈에는 아름답다고 느껴질 정도로 숙련된 연속 동작이었다. 고기테리언으로 보기에 손색이 없었다. 일족을 만난 기분이랄까.

철주는 그녀를 관찰하느라 자기 고기를 태워먹을 정도였다. 추가 주문에 냉면마저 먹고 난 미수는 일어나 화장실로 가서 한동안 나오지 않았다. 그리고 나와서는 바로 계산대로 갔다. 그런데 미수의 얼굴에서는 오랜만에 고기를 포식한 이에게서 볼 수 있는 포만감과 안도감, 너그러움이 관찰되지 않았다. 여전히 긴장된 표정이었다. 마치 생쥐 한 마리밖에 잡아먹지 못한 보아뱀 같은.

철주는 미수를 뒤쫓아 나갔다. 그녀의 다음 행보가 궁금했다. 식당을 나온 미수는 길 건너 제과점에 들어가 여러 종류의 빵과 스폰지 케이크, 아이스크림, 그리고 우유 세 팩을 집어 들고 나왔다. 미수는 양손에 봉지를 들고 근처의 공원으로 향했다. 자그마한 공원은 저녁 시간이지만 아직 산책하는 사람도 적고, 아이들은 모두 집으로 돌아간 다음이라 한산했다. 가로등 빛이 잘 비치지 않는 공원 안쪽 벤치에 자리 잡은 미수는 조용하고도 꾸준하게 풀어놓은 음식을 먹기 시작했다. 빵 한 조각 먹고 우유 마시고, 삼키고 나면 바로 스폰지 케이크를 손으로 뜯어먹고 우유를 마시는 동작을 반복했다. 불룩했던 봉지는 어느새 비었고, 미수는 잠시 숨을 고르고 난 후 벤치 뒤의 풀숲으로 사라졌다. 철주는 멀리서 미수의 행동을 지켜보다가 그녀가 좀처럼 나타나지 않자 풀숲 쪽으로 다가갔다.

"욱, 욱."

미수는 어깨를 웅크리고 오른손 가운데손가락을 입 속으로 밀어

넣어 억지로 토하고 있었다. 뒤에서 철주가 보고 있는 것도 모른 채 미수는 마지막으로 위액이 나올 때까지 쉬지 않고 목젖을 자극해 토를 했다. 겨우 다 끝난 다음에야 주섬주섬 봉지 끝자락을 여미고 돌아서다가 철주를 발견했다.

"누구세요!"

"놀라지 마세요. 혹시 저 기억하세요? 며칠 전에 친구하고 제 식당에 놀러 오셨는데. 제가 맥주도 따라드렸죠."

"아, 예. 그런데 여기는 어떻게……. 다 보셨어요?"

"예, 어떻게 하다 보니 그렇게 됐네요."

"비켜요. 아저씨하고 상관없는 거니까요. 제가 법을 어긴 것은 아니잖아요. 죄 받을 짓을 했을 뿐이에요. 비켜주세요."

"잠깐만요. 제가 도와드릴 수 있을 것 같아서요."

"뭘 도와줄 수 있다는 거죠? 제가 무슨 도움이 필요하다고요!"

미수는 어떻게든 그 자리를 벗어나고 싶을 뿐이었다.

"폭식증이 있잖아요. 그것도 꽤 심하게. 그날 식당에 왔을 때부터 짐작은 했어요. 잠깐만 앉아서 저랑 얘기 좀 해요. 이 정도면 곧 통제하기 어렵게 될 수 있어요. 몸도 망가지고요. 제가 전직 정신과 의사거든요."

"네? 전직 국회의원, 전직 기자는 들어봤어도, 전직 정신과 의사는 처음이네요. 선무당이 사람 잡는다고 심리학 책 몇 권 본 거 가지고 사람 이상하게 보지 마요. 그리고 정신과 의사를 떠나서 최소한 양식

있는 사람이라면 남의 사생활 침범은 하지 않는 게 기본 아닌가요?"

"그렇죠. 그런데 아가씨는 심한 폭식증을 앓고 있어요. 이 손이 첫 번째 증거예요."

철주는 미수의 오른손을 잡아 손등을 볼 수 있게 비틀어 올렸다. 손등 가운데에 굳은살이 켈로이드같이 솟아 있고 가운데는 살짝 패어 있었다. 인위적으로 구토를 하기 위해 입 속으로 손가락을 집어넣어 목젖을 자극했고, 그러는 중에 손등이 앞니에 닿아 눌려서 생긴 자국이다. 그런 행동을 반복하면서 한두 번 눌리기만 하던 자리에 아예 굳은살이 생긴 것이다. 이것을 러셀 사인이라고 한다.

철주는 작정한 듯 그녀를 앉혀놓았다. 얼굴을 바라보며 양손을 들어 턱 밑을 만지니, 양쪽 귀 밑부터 앞쪽으로 볼록 튀어나와 있는 침샘이 만져졌다. 반복해서 먹고 토하면서 침이 많이 분비되어 자연스럽게 침샘이 과다 증식한 결과다. 이번에는 그녀의 입을 벌리게 하고는 휴대전화를 꺼내 그녀의 앞니 안쪽에 대고 사진을 찍었다.

"뭐 하는 거예요!"

"자, 이걸 보세요. 이게 이 안쪽이에요."

철주가 바로 휴대전화로 찍은 사진을 보여줬다. 그녀의 앞니 안쪽이 누렇게 변색되어 있었다.

"토할 때마다 위산이 역류합니다. 위산은 흔적을 남기죠. 바로 여기 이렇게. 위산에 의해 치아가 부식돼 변색된 것입니다. 반복해서 토하다 보면 자칫 식도가 찢어지는 응급 상황이 벌어질 수도 있어요."

"그래서, 어떻게 하라고요? 도저히 조절할 수가 없는데요!"

미수가 체념한 듯 말했다. 〈소년 탐정 김전일〉 같은 만화에서 완강히 혐의를 부정하던 범인이 탐정이 모든 증거를 들이대자 순식간에 태도를 바꿔서 모든 혐의를 인정하고, 더 나아가 자기가 왜 그럴 수밖에 없었는지 구구절절하게 이유를 대듯이 그녀가 자신의 상황에 대해 말하기 시작했다.

"어제도 밤을 샜어요. 갑자기 들이닥친 일을 끝마치려면 어쩔 수 없어요. 새벽이 돼서야 요구되는 모양새를 만들 수 있었죠. 그래서 오늘은 일찍 들어가서 쉬고 싶었는데 내용 파악이 안 되는 본부장은 PT 하는 데 배석해야 한다는 거예요. 정말 깔끔하고 일목요연하게 만들어서 미리 한 번 보면 고등학교만 졸업해도 알 수 있을 내용인데도 본부장은 쪽팔릴 정도로 거지같이 발표를 하더군요. 추가 질문은 모두 제 차지였어요. 아무것도 모르는 본부장은 실무자에게 물어보라면서 무조건 제게 토스를 했죠. 저는 멍한 상태였지만 그래도 성의껏 대답했어요. 알지요, 이건 사실 어떻게 해도 우리가 따게 돼 있다는 것을. 요식행위 같은 프레젠테이션이었는데, 그게 불만이었는지 실무자가 아주 날카롭게 치고 들어오더라고요. 저도 질 수 없었어요. 그래서 맞받아쳤죠. 그렇게 한 시간이 지나갔어요. 회의가 끝났지만 아무도 내게 잘했다고 칭찬해주는 사람이 없더군요. 또 독한 년이 한 건 했다고만 여기겠죠. 본부장은 상대방 회사 윗사람과 저녁 약속 잡기 바빴고요. 그렇게 차오르는 불안이 사라지고 나니 갑자기 밀려오는 게 있었어요. 잠을 자야 하는데도 더 급히 해결해야 할 일이 있는, 그런 마음 이해하겠어요?"

쉴 새 없이 방언을 하듯 쏟아내던 미수가 한숨을 돌리며 철주를 바라보았다. 철주는 미수 옆에 앉아 고개를 끄덕이고 있었다.

"전 이상하게 헛헛하면 배가 고파요. 그래서 뭔가를 채워 넣지 않으면 견딜 수 없어요. 친구를 만나서 먹으면 양껏 먹을 수 없어요. 그렇게 먹으면 미친년처럼 보이겠죠. 그러니 혼자 먹는 게 나아요. 하지만 저는 살이 찌는 체질이라 먹으면 바로 다음 날 살로 가요. 그래서 먹기는 먹어야 하는데 이걸 몸 안에 간직할 수는 없는 노릇이라, 어느 날부터 먹고 나서 바로 토하기 시작했어요. 처음에는 목까지 차도록 먹다 보니 괴로워서 토했는데, 토하고 나니 신기하게 시원하고 후련한 기분이 들었어요."

음식 중독에서 시작해 폭식증으로 이어지는 전형적인 상태였다. 마약이나 알코올 중독은 들어봤지만 어떻게 음식 중독이 가능하냐고? 가능하다. 우리의 현묘한 뇌는 먹는 것에도 중독이 될 수 있다. 어떤 사람은 단 것, 어떤 사람은 빵이나 밥, 국수와 같은 탄수화물 계통, 어떤 사람은 기름진 것에 중독된다. 계통 없이 아무거나 배가 차게 먹는 것이 중요한 사람도 있다. 2007년 미국정신의학회지에는 비만도 뇌 질환의 하나로 포함시켜야 한다고 주장하는 논문이 발표되었다. 이 논문에서는 술이나 담배, 마약을 섭취했을 때 일어나는 뇌의 변화

및 이와 유사한 중독 상태가 음식을 먹을 때에도 생길 수 있다고 지적했다. 이런 경우 포만감을 느끼는 음식의 양이 점점 늘어나고, 다이어트 중에는 불쾌감과 스트레스를 느끼다가 폭식을 하면 잠깐 기분이 좋아지지만, 곧 다시 죄책감에 빠지면서 긴장감이 높아지는 악순환에 빠진다. 객관적으로는 적당한 양을 먹었지만 더 먹어야 한다는 욕망에서 자유롭지 못하고, 폭식이 몸과 마음에 좋지 않다는 것을 알지만 참을 수 없는 상태가 된다.

더욱이 미수처럼 경쟁적인 성격의 사람은 기질적으로 도파민 시스템이 활발히 작동하고 있을 수 있다. 일을 할 때에도 일중독자같이 하고, 먹는 것도 운동을 하는 것도 한계치까지 가야 비로소 만족감을 느낀다. 그때 분비되는 도파민의 짜릿함은 보통 사람들이 평균적으로 느끼는 것보다 훨씬 크다. 그래서 일이나 스트레스로 소진되어버렸다는 느낌이 들 때 서서히 회복되면서 에너지가 차오르기를 기다리기보다 최대한 빨리 보상받기 위해 부단한 노력을 하며 뭔가를 찾아 헤매게 된다.

그 보상의 방법을 찾는 과정에 문제가 발생한다. 최고의 보상은 인간관계의 친밀함 속에서 정서적 충만감을 느끼는 것이다. 아이가 엄마의 품 안에서 안전함과 하나됨을 느끼는 그 원초적 경험. 그런데 어른들의 인간관계에서 그 감정을 다시 경험하기란 쉬운 일이 아니다. 믿을 만한 사람을 만나는 것은 물론이거니와 그런 사람이 있다고 해도 바쁜 도시 생활에서 지속적으로 관계를 유지해나가는 것이 어렵다. 내가 원하는 시간과 장소에 그가 있어준다는 보장이 없다. 또한 친밀함을 느낄 수 있는 관계가 되기까지는 관계의 숙성을 위한 시간이 절대적으로 필요하다. 그 기간 동안 수많은 의례적인 절차를 거쳐야 한다. 어색함을 이겨야 하고, 상대방을 배려하고 기다려야 한다. 그런데 만일 원할 때 손만 내밀면 얻을 수 있는 것이 있다면, 최선이 아니라 차선이라도 그것을 자주 찾게 된다. 미수가 먹는 것에 집착을 하게 된 것도 그런 이유였던 것이다. 인간관계의 친밀감을 눈에 보이는 즉물적인 것, 당장 배가 터질 듯 포만감을 느낄 수 있는 먹는 것으로 대신한 것이다. 미수의 폭식과 구토는 결국 정서적 허기를 채우기 위해 유령 위장(phantom stomach)에 음식을 채워 넣어 물리적으로라도 해소하려는 노력이었던 것이다.

#5 몸과 마음이 당신을 믿게 해주세요

철주는 미수를 데리고 영수의 병원으로 갔다. 근처에서 내과를 운영하고 있는 영수는 철주의 전화에 문을 닫지 않고 기다려주고 있었다. 간호사가 모두 퇴근한 병원 안은 한산했다.

"미안하다. 급한 환자가 있어서. 네 도움이 필요해."
"이따 밥이나 사라. 뭐가 필요하다고?"
"기본적인 혈액 검사에 아밀레이즈, 갑상선 검사를 했으면 하고,

내시경도 해줄 수 있냐?"

"뭐 너 때문에 집에도 못 가고 있는데 뭘 못 하겠냐. 자, 앉아서 잠시 기다리세요. 야, 그리고 너 이리로 좀 와봐."

영수는 미수를 진료실에 두고 준비실로 가면서 철주를 불렀다.

"누구야?"

"우리 가게에 오는 손님인데 폭식증이 심해. 좀 도와주려고. 그런데 아무래도 증상이 심한 것 같아서 미리 랩을 해야 할 것 같아서."

"너 그런 거 싫어하잖아?"

"야, 내가 병원과 지금의 의료 환경이 싫다는 것이지 의사가 아닌 건 아니잖아. 좀 도와줘."

영수는 미수의 피를 뽑아 혈액 검사기를 돌렸다. 다행히 혈액 검사에서 이상 소견은 없었고, 내시경에서도 위염이 있거나 식도가 헐지도 않았다. 억지로 여러 번 구토를 하다 보면 식도가 찢어지는 맬러리-바이스 증후군이 발생할 수 있다. 식도는 생리적으로 위에서 아래로 음식을 내리도록 설계되어 있다. 따라서 토한다는 것은 식도의 생리적 운동 방향을 거슬러 올라가도록 강요하는 셈이기 때문에 강제적으로 하다 보면 식도가 견디지 못하고 찢어지는 대형 사고가 일어날 수 있다. 또한 산도가 높은 위액이 식도를 자극하기 때문에, 찢어지는 정도까지는 아니더라도 점막이 헐어서 염증이 생길 수 있다. 한편 폭식을 오랫동안 하다 보면 위가 많이 늘어나 웬만큼 먹지 않고는 물리적 포만감을 느낄 수 없는 경지에 이르게 된다. 그러나 아직 미수의 몸이 그런 상태까지는 아니었다. 그렇다면 정신적 문제에 집중을 할 시기다.

신체적인 부분에 대한 파악이 끝난 다음, 철주는 미수와 함께 본격적으로 음식 중독에서 벗어나기 위한 훈련에 돌입하기로 했다.

"미수 씨가 살이 찌는 체질이라는 건 알아요. 또 어릴 때 운동을 해서 조금만 체중이 늘면 더 커 보이는 것이 콤플렉스라는 것도요. 하지만 그렇다고 무작정 안 먹는 건 활시위를 세게 당기는, 위험한 짓을 하는 거예요."

"활시위라뇨?"

철주가 미수에게 가져온 활을 들려줬다.

"자, 한번 당겨보세요."

미수가 활시위를 반쯤 당겼을 때, 철주가 소리쳤다.

"이제 놓아요."

활대에서 화살이 튀어나갔다. 반쯤 당긴 화살은 몇 발 앞에서 힘없이 떨어졌다.

"자, 이번에는 시위를 끝까지 당겨보세요. 힘껏, 있는 힘을 다해서."

미수는 활대에 화살을 꽂고 다시 당겼다. 끝까지 팽팽하게 당긴 후 활시위를 놓자 화살은 꽤 멀리 날아갔다. 팽팽하던 활시위는 팅 소리를 내면서 제자리로 돌아왔고, 반동에 익숙하지 않은 미수는 왼팔에 쥐고 있던 활의 반동에 몸이 앞쪽으로 쏠렸다.

"반동이 크죠?"

"네, 놀랐어요. 몸이 따라가네요."

철주는 미수에게서 활을 받아 활시위를 당겨 보이며 말했다.

"식욕이란 활시위와 같아요. 세게 당기면 활은 멀리 날아가고, 약하게 당기면 바로 앞에 떨어지죠. 식욕 중추도 마찬가지예요. 너무 오래 먹고 싶은 욕망을 참는 것은 마치 활시위를 어깨 뒤까지 확 당긴 채 손이 부들부들 떨릴 정도로 팽팽한 상태를 유지하는 것과 같아요. 손이 활시위를 놓치는 순간, 활은 걷잡을 수 없는 속도로 멀리 날아가버리죠. 마찬가지로 언제나 먹는 것에 대해 참는 것만 생각하다 보면 어느 순간 한계를 넘어서서 손을 놓게 되고 자기도 모르는 사이에 배가 터질 때까지 먹어버리는 일이 벌어져요."

"그러면 어떻게 하라고요? 저는 한번 입에 음식을 대기 시작하면 끝을 봐야 해요. 그러지 않으면 먹은 것 같지도 않다고요."

"바로 거기서 시작하는 거예요. 재미는 없을지 모르지만, 배고픔을 활시위라고 생각하고 조금씩 당겨주는 거예요. 너무 세게 당기면 몸이 딸려가버리게 되잖아요. 그렇게 되지 말자는 거죠. 조금씩 자주 먹는 버릇을 들여서 미수 씨의 몸과 마음이 내 몸 안에 음식이 들어올 일이 곧 있을 것이라는 신뢰를 갖도록 하는 거죠. 그동안은 몸과 마음이 미수 씨를 믿지 못했어요. 아니, 세상을 믿지 못한 거죠. 그러니까 메

뚜기도 한 철이라는 마음으로 양껏 끝까지, 곳간이 터질 때까지 채워 놓으려고 한 거예요."

철주는 미수의 집에 가서 식단을 조정하면서 먼저 그릇부터 모두 바꿨다. 밥그릇은 평소 미수가 쓰던 그릇의 반 정도, 반찬용 그릇은 작은 종지로 바꿨다. 그렇게 하니 적은 양의 밥을 담아도 마치 고봉으로 쌓아올린 것 같았고 반찬도 괜히 많아 보이는 효과가 났다. 그리고 미수를 식탁 앞에 앉힌 다음 모래시계를 놓고 젓가락 한 벌과 티스푼 크기의 숟가락을 놓았다.

"이 모래시계는 뭐죠?"

"이건 30초짜리 모래시계예요. 자, 이제 이 모래시계의 모래가 다 떨어질 때까지 천천히 씹다가 삼키는 거예요. 알겠죠? 미수 씨는 빨리 먹는 버릇부터 고쳐야 해요."

미수가 밥 한 숟가락을 입에 넣고 반찬을 집어 들기 위해 젓가락을 들었다. 그런데 젓가락이 휘는 재질로 되어 있어서 나물을 집거나 생선을 바르기가 여간 어렵지 않았다.

"이 젓가락도 미수 씨를 위해 제가 직접 깎은 거예요. 휘어지기 쉬워 젓가락질을 하기 어렵죠. 하지만 그만큼 오래 걸려서 반찬을 집으니 적은 양이라도 오랫동안 음미하면서 먹을 수 있을 거예요."

철주는 병원에서 환자를 치료하면서 매번 밥을 천천히 자주 먹어라, 식단을 적어와라, 그렇게 시켜본 적은 있지만 실제로 제대로 하는

지 확인할 길이 없었다. 그래서 꼭 한 번 자기가 생각했던 방식을 적용해보고 싶었는데 이번에 기회가 온 것이다. 지금까지 정신과 치료의 원칙은 미국에서 나온 것 위주였다. 다른 건 몰라도 식습관 교정이 치료의 중심인 폭식증이나 거식증의 경우 그대로 적용하는 데 어려움이 있었다. 치료적인 대용 음식으로 제시되는 것들이 한국에서 구하기 어렵거나 흔히 먹는 음식이 아닌 경우가 많다. 자기 접시에 덜어서 먹는 서양식과 달리 밥과 국을 제외하고는 식탁에 반찬을 놓고 공유하는 한식은 자기가 먹는 양의 실체를 분명히 파악하는 것도 어렵다. 포크와 나이프가 아닌 수저와 젓가락을 쓰는 한국적 식습관이나 식사 문화를 이해하고 그에 따라 변형시킬 필요가 있었다.

꽤 오랜 시간이 걸려 미수는 밥을 다 먹었다. 생각해보면 매우 적은 양이었지만 그래도 조금 지나니 포만감이 드는 듯했다. 전 같으면 게 눈 감추듯 먹어버렸을 양이었는데 말이다.

"자, 지금부터 두 시간 정도 있다가 다시 한 번 먹을 거예요. 이번에는 간단한 스낵 종류를 먹는 거죠."

철주는 두세 시간 간격으로 조금씩 계속 음식을 섭취하되, 다양한 영양분을 모두 골고루 섭취하도록 했다. 몸이 다시는 음식이 들어오지 않을 거라는 의심을 하지 않게 하는 데에는 아마도 꽤 많은 시간이 걸릴 것이다. 이를 위해 무엇보다 선행되어야 하는 것은 공복감을 덜 느끼게 해주는 것이다. 위는 배가 부르다는 포만감을 느끼지는 않게 될지 모르나, 충분한 수준의 혈당이 지속되면 굳이 헛헛하다는 느낌은 들지 않을 것이라 철주는 생각했다.

"먹는 것은 사실 현상적인 문제입니다. 근본적으로는 미수 씨의 삶의 태도를 변화시켜야 해요. 그게 이어지지 않으면 다른 곳에서 문제가 생길 거예요."

"삶의 태도라뇨? 제가 뭘 잘못하고 있나요?"

"네, 아주 잘못하고 있는 면이 있어요."

"네?"

"너무 열심히 살고 있어요. 그게 문제예요. 열심히 사는 것도 문제예요. 24시간 전투 모드."

"그건 여자를 이해하지 못해서 하는 말이에요. 인정받으려면 그 정도는 기본이라구요. 조금만 허점을 보이면 바로 태클이 들어와요. 무능하다, 자기만 챙긴다."

"그런 생각을 이용해서 이득을 보는 하이에나들도 있죠. 지금 먹는 문제를 해결하고 미수 씨 삶을 변화시키려면 전투 모드를 벗어나야 해요. 미수 씨는 충분히 잘하고 있어요. 한 템포 쉬어가도 되고요. 오늘 일을 내일 한다고 해서 세상이 당신을 무능하다고 욕하지 않아요. 제가 그랬어요."

만성적으로 스트레스를 받으면 몸이 먹는 양의 대부분을 소모하지 않고 도리어 일정 양을 지방으로 축적하는 기현상이 벌어진다. 이는 악조건 하에서의 몸의 반응과 유사하다. 산에서 조난을 당했을 경우,

장기전으로 들어가고 있다고 판단한 몸은 며칠 동안 비박을 하면서 대기 상태로 있어야 할지 모르기 때문에, 그동안 전혀 음식물 섭취가 안 될 것이라고 가정한다. 이에 악조건에서도 최소한 생명만은 이어나가기 위해 흡수한 음식물을 모두 당으로 만들어 소모하지 않고 상당한 양을 지방으로 전환해서 체내 곳곳에 숨겨놓는다. 그래서 스트레스를 많이 받고 있을 때에는 먹는 양을 줄이고 운동량을 늘려도 뱃살이나 허벅지 살이 줄어들지 않는 일이 벌어진다. 이것이 바로 만성적 스트레스에 살이 빠지기는커녕 도리어 살이 찌는 비극이 벌어지는 메커니즘이다.

미수에게 폭식은 현상적인 문제일 뿐이다. 남극에 떠 있는 빙산은 실체의 91.7퍼센트가 물속에 잠겨 있다. 시작은 폭식 습관의 교정이었지만 이제 그 밑으로 들어가서 본질적인 문제를 해결해야 한다. 먼저 스트레스 관리다. 스트레스는 박멸하거나 해소할 대상이 아니다. 스트레스 없는 삶은 중력이 없는 지구, 백혈구 없는 혈액과 같다. 스트레스는 객관적인 현상이다. 안팎에서 벌어지는 자극에 대한 내 몸과 마음의 반응이다. 좋은 일에도 스트레스를 받고, 나쁜 일에도 스트레스를 받는다. 스트레스는 인풋과 아웃풋을 잘 조절하고 관리하면 평소 운동을 통해 체력을 키우듯, 도리어 건강한 몸과 마음을 유지할 수 있는 힘이 된다.

하지만 오랜 기간 만성적인 스트레스를 받게 되고, 삶이 불확실하고 모호해서 안개 낀 곳을 지나는 것 같을 때, 상황에 주도권을 갖지 못하고 끌려가는 것 같을 때는 객관적인 양보다 훨씬 더 강도가 센 스트레스를 경험하게 된다. 그럴 때 미수처럼 폭식을 통해 일시적으로 차올라온 스트레스를 해소하는 나쁜 습관이 생길 위험이 있다. 나쁜 습관의 교정은 부풀어 오른 풍선의 한쪽을 누르는 것과 같다. 풍선의 바람을 적당히 빼지 않은 상태에서 한쪽을 누르면 결국 또 다른 약한 곳이 튀어나올 뿐이다. 그러므로 풍선이 차오르지 않도록 그 원인을 찾아내는 것이 나쁜 습관을 근본적으로 치유하는 지름길이다. 삶을 꽉 채워서 살지 않도록 하는 것, 70퍼센트 정도만 채우고 약간의 여유를 의도적으로 두려고 하고, 삶의 주도권을 갖는 것만큼 스트레스 경영에 중요한 것은 없다.

이제 철주는 미수와 함께 그녀의 라이프 스타일을 바꾸는 작업을 하려고 한다. 허덕이면서 끌려가고, 인정받기 위해 완벽을 추구하면서, 120퍼센트를 향해 앞뒤 보지 않고 달려가던 그녀 삶의 호흡을 바꿔보려는 것이다.

#6
오늘 일을
내일 한다고
세상이
무너지진 않는다

얼마 지나 본부장이 미수를 불렀다.
"미수 씨, 이거 내일까지 되겠지?"
"뭔데요, 본부장님?"
"별거 아니야. 다음 주에 새로 들어가는 입찰 건 내일 아침 사장님 들어오시는 임원회의에서 보고해야 하는데, 내가 오늘 저녁에 중요한 약속이 있어서 말이야. 전에 내가 얘기했던 회사가 보내준 자료 있지? 그것 그대로 하면 돼. 알아서 앞뒤에 그 회사 정보 나오는 것은 다 없애고, 우리 부서에서 리서치해서 준비한 것처럼 하면 되거든. 여러 번 해봐서 잘 알지?"

본부장은 오늘도 접대다. 접대를 하러 가는 건지 받으러 가는 건지, 아니면 접대와 영업을 빙자해서 애인의 매상을 올려주러 가는 건지. 본부장은 평소 그에게 많은 정성을 들인 업체에서 올린 예상 수입 자료와 백 데이터를 그대로 이용해서 사장에게 보고하고 이번에 들어갈 신사업의 파트너를 선정하려고 하고 있다. 그런데 그건 아닌 것 같았다. 예전 같으면 그냥 그대로 갔을 것이다. 어차피 오더를 내리는 사람의 명령에 잘 따르는 것, 그것이 영혼 없이 사는 직장인의 최고의 덕목이라고 생각했다.

철주와 만난 후 지금과 같은 방식으로 사는 것이 영혼을 어떻게 조금씩 갉아먹는지 깨달을 수 있었다. 이제 조금씩 먹고 자주 먹는다. 그러나 위에서 쏟아져 내려오는 부당한 일들은 '이건 아니야'로부터 자유로워지기 어렵게 만들고 있었다. 그 순환을 깨려면 용기가 필요했다. 그러나 무작정 부리는 용기는 만용이 되기 쉽고 다치기만 한다. 미수는 지금이 무르익은 타이밍이라는 생각이 들었다.

새벽 한 시, 미수는 이메일을 썼다.

To : 본부장

From : 강미수

Title : 임원회의 보고자료

Attached file : 임원회의 보고_신수종사업_2011.ppt

본부장님,

지시하신 대로 수정하여 보내드립니다.

내용 확인하시고, 보고하시기 바랍니다.

강미수 드림

다음 날 아침, 본부장은 겨우 출근을 했다. 어제 먹은 술이 아직 깨지 않았다. 이른 아침 회의를 좋아하는 사장 때문에 평소보다 두 시간은 일찍 출근한 본부장은 겨우 컴퓨터에 접속해서 미수가 보낸 메일을 확인하고, 첨부된 파일을 열어보지도 않고 그대로 USB로 옮겨 허둥지둥 회의실로 갔다.

그날 오후 회사에서는 뒤숭숭한 소문이 돌았다. 임원회의에서 본부장이 사장에게 보고를 하다가 특정 업체와의 유착 가능성에 대해 질문을 받았고, 그룹 감사실에서 감사가 나오기로 했다는 것이다.

"제가 손을 보기는 했는데 그래도 본부장님이 한 번 보실 줄 알았죠. 그래야 되는 거라."

미수는 본부장에게 일이 이렇게 되서 미안하다는 의사 표시와 위로의 말을 남겼다. 본부장은 지금 미수를 질책할 마음의 여유가 없었다. 그럴 시간에 스케줄북을 지우고, 개인 통장과 여러 자료, 회사 이메일 계정을 정리하는 것만으로도 머리가 복잡했다.

미수는 자신이 이런 행동을 할 수 있는 용기가 생긴 것이 놀라웠다. 본부장의 방을 나와 심장이 두근두근한 상태로 엘리베이터를 기다리는데 혹시 본부장이 뒤쫓아오지 않을까, 뒤통수로 레이저 광선이 날아오지 않을까 하는 두려움에 온몸이 부들부들 떨렸다. 그런데 별일 없이 자리로 돌아올 수 있었고, 이메일을 확인해도, 문자를 확인해도 별다른 것이 없었다. 전 같으면 불안해서 견디기 어려웠을 것이다. 어떻게든 두 눈이 놀라 휘둥그레질 만한 프레젠테이션 자료를 만들어갔을 것이다. 그의 비리를 아주 깔끔하게 세탁해줬을 것이다.

철주의 가이드를 받으면서도 불안은 완전히 사라지지 않았다. 힘이 들 때마다 철주가 보내주는 문자 메시지를 읽었다.

"오늘 일을 내일 한다고 해서 세상이 무너지지 않는다."

"너는 지금 충분히 잘해 나가고 있어."

"욕망의 리듬을 한 템포 늦추면 사는 여유는 한 뼘 넓어진다."

미수는 더 이상 많이 먹지 않는다. 그런데 이상할 정도로 먹고 싶은 생각도 들지 않는다. 적당한 양을 먹고 적당히 즐길 수 있다. 친구들과도 식사 약속을 할 수 있게 되었다. 조금씩 천천히 먹는 연습은 아직도 노력하는 중이지만. 오늘 저녁에도 몇 년 만에 대학 때 친구들을 만나기로 했다. 좀 출출하여 미수는 지하철 역 앞의 오뎅을 파는 포장마차에 들렀다. 오뎅 하나에 국물을 마시고 가려고 한다. 미리 배를 조금 채워놓으면 식욕의 활시위를 당기지 않아도 된다는 것을 배웠기 때문이다.

  오늘 친구들을 데리고 노사이드에 갈까 한다. 철주를 필요로 하는 친구가 분명 있을 테니. 탐욕도 경쟁도 부정하려는 것은 아니다. 쉽게 무소유의 삶을 살 수 없다. 대신 일희일비는 하지 않으려고 노력한다. 묵묵히 내 페이스대로 가려는 것이다. 친구의 성공, 연애에 흔들리지 않을 것이다. 이제는 조금씩 천천히 묵묵히 자신이 생각하는 약간 느리다 싶은 호흡과 속도로 가려고 한다. 그때까지는 뒤도 돌아보지 않고, 옆도 보지 않을 것이다. 그래야 다시는 폭식의 늪에 빠지지 않을 테니까.

꼭 남들처럼 살아야 하나?

생긴 대로 살며 만족하기

"똑똑한 아내를 얻고서 흥이 사라졌다. 여자의 요구가 힘들었다. 언제부터인가 섹스를 할 때도 눈치를 보게 되었다."

"사람은 해야 하는 것하고 하고 싶은 것 사이에서 갈등을 하면서 살아요. 해야 하는 것만 하면서 살면 너무 힘들죠. 성공을 원한다면 당연하지 않냐고 하겠지만 모든 사람이 그래야 하는 것은 아니에요. 최소한 당신은 그래요."

#1 우리 남자들끼리 허심탄회하게 얘기해봅시다

"이렇게 잡는 거 맞아요?"
"아니, 그렇게 잡으면 밥이 너무 뭉쳐요. 마치 병아리를 손안에 쥐는 듯한 그런 느낌으로 쥐어야 하는데……. 뭐라고 설명을 못 하겠네. 하여튼 아니야."
"아, 이거 정말 어렵네. 내가 먹어봐도 맛이 없어."
철주의 식당이 갑자기 스시 학원이 되었다. 바 안쪽에 선 철주는 밥통을 앞에 놓고 서서 초대리를 한 밥을 집어 들어 와사비를 살짝 바르고 한치를 얹어서 앞에 앉아 있는 남자에게 보여줬다. 170센티미터 정도의 키에 마른 체형, 짧은 머리에 길쭉한 두상의 상진은 철주가 내미는 스시를 입에 대지도 않고 냉정하게 한 번 만져만 보고 돌려줬다. 보통 때의 철주와 달리 잔뜩 주눅이 들어서 쩔쩔 매는 것이 영수와 보라는 웃길 뿐이다.

"야, 그냥 나가서 사 먹지. 우리 이 사장 가게 가면 맛있는 게 쌓였는데, 뭐하러 초밥 쥐는 건 배우려고 해?"

"그래도 초밥 쥐는 남자 멋져요. 〈미스터 초밥왕〉 보고 열광한 사람으로서 말하자면요."

"거기까지 가려면 얼마나 오랜 시간이 걸리는지 알아요? 게다가 이 친구는 막손이라 손놀림은 젬병이야. 그래서 정신과 갔다니까."

"그래요? 몰랐어요."

"보라 샘은 철주 이 친구가 뭐 인간의 무의식을 탐구한다는 거대한 꿈을 실현하기 위해, 아니면 한국의 프로이트가 되겠다는 야심, 뭐 이런 이유로 간 줄 알고 있지? 후배들한테 구라가 장난 아니거든. 그거 아니야. 내가 본과 1학년 때 쥐 실험할 때부터 알아봤는데, 손이 정말 서툴러요. 시체 해부할 때도 중요한 신경이랑 동맥을 다 쥐 파먹듯이 잘라먹어서 같은 조에서 칼을 뺏어버렸잖아."

"정말요?"

"그러니, 할 것이 정신과밖에 더 있겠어, 안 그러냐?"

"야, 조용히 안 해. 하늘은 공평하다는 말 하려는 거지? 나의 지적 능력이 그만큼 상대적으로 탁월하다는 얘기 아니겠냐. 그건 그렇고, 집중 좀 하자. 이번 건 어때요?"

이번에는 상진이 철주가 건네준 초밥을 입안에 넣었다. 하지만 잠시 입안에 머금고 씹어본 다음 접시 앞에 뱉고는 말한다.

"아까보다는 나은데 쌀들이 따로 놀아요. 입안에서 탁 하고 한 번에 바스라지는 듯하면서도 자기들끼리 찰진 기운들이 헤어지지 않으려고 발버둥을 치는 양면의 긴장감이 있어야 하는 건데. 하루에 5백 번씩 몇 년만 하면 될 것 같네요."

"어휴, 좀 빨리 할 수 있는 방법 없겠어요?"

"제가 지금 서른다섯인데요, 초밥 인생 몇 년째인 줄 아세요? 20년입니다. 오래 걸려요. 대신 전 공부도 짧고 다른 건 하나도 할 줄 모르잖아요, 사장님에 비하면요. 가끔 요기 와서 옆에 앉은 분들이 하는 얘기 들어보면 신기할 뿐 반도 못 알아듣겠는걸요. 무식을 통감합니다. 분위기도 좋고 술도 좋고, 또 옆자리에서 그런 대화를 듣는 게 공부도 돼서 여기 오는 거예요."

"어휴, 저희라고 뭘 알고 하는 게 아니에요. 이 친구들이 워낙 스놉들이라…… 아니, 먹물에 속물이 섞인 인간들이라. 잘난 척하고 지기 싫어서 모르는 것도 아는 척하면서 떠들어서 그런 거예요. 그런데, 가게 아직 영업 중이지 않나요?"

"아, 요새 장사가 잘 안 돼서요. 일찍 문을 닫아요. 저녁에는 예약 손님 위주로 받는데, 오늘은 방 하나가 들어왔는데 아홉 시쯤 갔어요. 그냥 마무리하라고 하고 저는 여기로 바로 온 거죠. 여기 위스키 온더록으로 한 잔 더 주세요."

신디 로퍼의 〈타임 애프터 타임Time After Time〉이 흘렀다. 마치 그때가 좋았다는 듯한, 그러나 깊은 속에는 설명하기 어려운 삶의 건강함이 깃든 그녀의 목소리가 작은 가게 안을 울렸다. 음악을 듣던 보라가 느릿느릿 말한다.

"열한 시네요, 벌써. 내일 아침 컨퍼런스 발표 준비를 마무리해야 해서."

"지금 이 시간에, 술까지 마시고 들어가서…… 무슨 준비?"

"제가 정한 윤리적 경계라고 할까요? 사실 준비할 건 없어요. 다 해놔서. 그래도 교수님들이랑 다른 전공의들 앞에서 술에 전 다크 서클이라니, 그건 아니잖아요? 여기서 마무리란 충분한 수면을 뜻할 뿐이죠."

보라가 짐을 챙겨 들고 평소보다 일찍 가게를 나갔다. 보라가 나가기 무섭게 혼자 조용히 술을 마시고 있던 상진이 어깨를 영수 쪽으로 돌리더니 한 손을 들어 영수의 귀 근처로 가져가 평소의 호탕한 목소리에서 볼륨을 다섯 단계는 낮춰 말했다.

"저, 요 앞에서 내과 하신다고 하셨죠?"

"네, 구멍가게 하나 하고 있죠."

누구나 다 아는 얘기를 왜 이리 은밀히 물어보니 궁금해진 영수가 눈을 반짝였다. 대개 이런 접근은 밖에서 사고를 치고 병이 옮았는데 비뇨기과에 가기에는 쑥스러운 경우가 많기 때문이다.

"왜요? 사고라도 치셨수? 아니면 혹시 직원들 검진 필요하세요? 출장 검진도 해드리는데요."

"아, 네. 그건 얼마 전에 계약된 업체랑 했고요, 아까 그 여자 선생님 있어서 부탁을 못 드렸는데요, 혹시 그거 있잖아요……. 그거 처방이 되는지."

"뭐요?"

"그 뭐죠? 비아그라……. 비뇨기과 아닌 데서도 처방이 되나요?"

"아, 그거요. 처방이야 가능하지만…… 젊은 분이 왜 그런 게 필요하세요? 하루에도 몇 번씩 불끈불끈할 나이신데. 괜히 잘못 먹으면 복상사해요."

"네?"

"이게 혈관확장제인데요, 성기 부위가 피가 많이 몰리는 곳이라 약효가 작용하는 거예요. 그런데 혈압이 높은 경우에 섹스하다 보면 심박수가 올라가잖아요. 자칫하면 심장마비가 올 수 있다는 거죠."

"아, 그렇구나. 위험한 약이군요."

"말이 그렇다는 거구요. 필요하시면 내일 오전에 찾아오세요. 처방전 써드릴게요."

철주가 음악을 틀다가 그들의 얘기를 듣고는 한마디 거든다.

"역시 내과 의사군. 뭐든지 약으로 해결하려고 든단 말이야. 진단이 정확해야 할 거 아니야, 돌팔이. 이 사장님, 이거 한 잔 드시고 왜 그런지 우리 남자들끼리 허심탄회하게 얘기해봅시다. 자 이거 마셔봐요. 내가 요새 칵테일 공부도 한다우."

철주가 상진에게 칵테일 한 잔을 따라준다.

"이게 뭐예요? 달콤하고 시원한 기분인데요?"

"'타이 미 투 더 베드포스트'라는 칵테일인데, 이름 죽이죠? 나를 침대 난간에 묶어주세요. 코코넛 럼, 레몬 보드카, 스위트 앤드 사워 믹스 같은 걸 넣어서 작업주로 쓰는 거라고 해서 한번 만들어봤어요. 뭔가 은밀한 얘기를 할 때에는 하루키 소설에 등장한 동네 바에서 I. W. 하퍼의 언더록을 마시며 거인과 야쿠르트의 야구 중계라도 봐야 하는데. 아, 거기서도 신디 로퍼의 음악이 흐른다고 했죠. 우리는 여기서 맛있고 야한 칵테일을 마시며 잘만 킹 감독의 〈레드 슈 다이어리〉 같은 은밀함을 즐겨볼까요."

상진은 현학적인 철주의 얘기가 3분의 1도 이해되지 않았다. 그래도 달달한 술이 한 잔 들어가자 쪽팔린 것도 없어지는 듯했다. 철주가 명석을 깔아주자 상진은 살아온 이야기를 풀어놓기 시작했다.

#2 해피엔딩을 믿은 순간 판도라의 상자가 열린다

상진은 중학교 졸업식이 그렇게 기다려졌다. 초등학교 때부터 이미 알고 있었다. 공부하고 상극이라는 것을. 남자가 부엌에 들어가면 불알이 떨어진다고 생각하는 집이었다. 그래도 몰래 부엌에 들어가 엄마 일을 돕는 것이 그렇게 즐거웠다. 시험을 볼 때 네 개 중에 하나를 찍으면 번번이 빗나갈 정도로 운이 없는 그였지만 엄마가 어쩌다가 계란찜에 다른 소금을 쓰면 그걸 맞힐 정도의 감각을 갖고 있었다. 어릴 때 유일하게 칭찬을 받은 것이 요리였다. 피그말리온 효과라고 했던가, 초등학교

실과 시간의 요리 실습은 상진의 차지였다. 중학교 3년은 너무 길었다. 요리사가 되겠다는 그를 부모는 제발 중학교만이라도 졸업하라고 말렸다. 그가 생각하기에 요리사가 되려면 굳이 학교는 다닐 필요가 없는데, 그래도 영어로 된 요리책은 봐두면 좋을 것 같다는 마음에 꾹 참고 뒷자리에 앉아서 3년을 보냈다.

중학교를 졸업한 뒤 요리 학원을 거쳐 대형 일식집의 주방 보조로 취직을 했다. 맞기도 무던히 맞았다. 새벽부터 일어나서 재료를 나르고, 다듬고, 접시에 깔 무채를 깎는 것만으로 3, 4년이 후딱 지났다. 요리를 조금 배우고 난 뒤 취사병으로 군대를 마치고 나서 그동안 모은 돈을 모두 들고 무작정 일본으로 날아갔다. 어쩌다 우연히 가게에 들렀던 재일교포 식당 주인의 명함 한 장과 한 달 생활비뿐이었다. 운이 좋았는지 그의 소개로 일식당에 취직했다. 하지만 외국인 주방 보조의 삶은 중학교 졸업 후의 삶과 다를 게 없었다. 인고의 시간 5년을 보내자 더는 배울 게 없다고 느끼는 순간이 찾아왔다. 자기도 알고 있었다, 건방지다는 것을. 그렇지만 더 배울 게 없다는 것보다 자기 일을 직접 해보고 싶은 욕구가 인내하라는 압력을 뒤집었던 것이다.

사장에게 예고도 없이 큰 절을 올리고, 돌연 한국으로 돌아왔다. 처음부터 취직을 하고 싶은 생각은 없었다. 천성이 호기심이 많고 남의 말 듣는 것을 싫어하는 상진은 작게라도 자기 가게를 열 생각이었다. 그동안 먹을 것 먹지 않고, 쉬는 날에도 몰래 아르바이트를 하면서 악착같이 모은 돈은 서울에서 번듯한 식당을 열기에는 턱없이 부족했다. 주변 사람들은 일단 취직을 해서 한국 분위기도 좀 익히고 나서 개업을 하라고 했지만, 한번 고집을 세워 항로를 정하면 콜럼버스가 미국을 인도인 줄 알고 갈 때까지 죽이 되든 밥이 되든 항해를 했듯이, 밀어붙이는 성질인 상진은 개업을 강행했다.

그가 찾아낸 곳은 일식집이라고는 있을 법하지 않은 한적한 주택가 안쪽 중학교 건너편의 분식집 자리였다. 열 평 남짓한 공간 안쪽에 작은 쪽방이 있어서 살림도 가능하다는 점이 상진의 마음에 들었다.

상진은 무엇이든 할 수 있다고 생각했다. 분식집 간판 위에다 그냥 '일본요릿집'이라고 쓰고, 자기 전화번호만 달랑 적었다. 갖고 있는 돈을 가게를 얻고 최소한의 조리 기구를 사는 데 다 썼기 때문에 인테리어에 신경 쓸 여유도 없었다. 일본에 있을 때 한두 번 왔던 한국 손님들의 명함으로 전화를 돌려 한 번 오라고 부탁을 한 것이 전부였다.

남들 다 가는 곳은 싫어하는 특이한 인간들이 어디든 있기 마련이다. 조금씩 사람들이 모이기 시작했다. 일본에 있을 때 요릿집에서 최상의 요리는 '모리아와세'라고 주방장이 그날의 가장 좋은 재료로 만들어 내놓는 창작 코스 요리였다. 상진은 그 코스에 착안해서 가격표만 만들어놓고 대담하게 '주인장 마음대로'라는 단일 가격 제도를 도입했다. 작은 칠판을 하나 사서 그날의 메뉴를 적었다. 점심 장사는 하지 않고, 오후 세 시까지 전화로 예약을 받되, 두 테이블 이상은 받지 않고 똑같은 시간에 시작해서 같은 시간에 끝나도록 세팅을 했다. 일종의 배짱 장사였다. 배짱이라기보다 종업원 한 명 두지 않고 하는 장사로서는 어쩔 수 없는 선택이기도 했다. 그런데 이 똥배짱이 신기함으로 비쳤는지 몇 달 지나지 않아 그럭저럭 가게가 굴러가게 되었다.

"킥킥킥!! 역시 나는 풀리는 놈이야!"

그의 경박해 보이는 웃음소리는 트레이드마크와 같았다. 처음 듣는 사람은 질색을 했지만, 자꾸 듣다 보면 경박함 속에 홀가분함과 자유로움이 느껴진다고 할까. 일종의 중독성이 있는 웃음이었다. 자기가 기대한 대로 손님이 음식을 먹고 좋아하면 예능 프로그램의 방청객이나 출연자 저리 가라 할 정도로 요란하게 킥킥대는 웃음소리와 함께 리액션을 해주는 것이 또한 이 집의 특징이었다. 거기다가 인터넷에 식도락 동호회 같은 것이 우후죽순 생기기 시작하면서 특이한 음식점으로 한두 번 소개되고 나자 신비의 아우라를 지닌 괴짜 요리사로까지 알려지는 일이 벌어졌다. 상진은 기대하지 못한 것이었지만, 인생이란 이렇게 조금씩 한 핀트 옆으로 새나가다 보면 한 번도 가보지 못한 곳으로 흘러가기 마련이었다.

상진은 사람들과 대화하면서 그날그날 매번 새롭게 요리를 내놓는 것이 즐거웠다. 그렇지만 타고난 기질이란 어쩔 수 없는 법인지, 1년 정도 지나자 슬슬 지겨워지기 시작했다. 매일 문을 열고, 밑준비를 하고, 요리를 하고, 문을 닫는 생활이 단조롭게 여겨지고 답답했다.

인간의 에너지는 유동적이다. 어느 한 곳이 막히는 듯하면 어디든 물꼬를 터서 다른 쪽으로 흘러가게 마련이다. 젊은 남자가 일에서 정체감을 느낀다면 다음 수순은 넘치는 에너지가 리비도로 전환되어 페르몬이 분비되는 곳으로 쏠리게 된다.

모든 일은 타이밍이다. 마침 손님 중에 눈에 들어오는 여자가 한 명 생겼다. 그녀는 주로 친구와 함께 왔다. 친구는 적극적으로 상진에게 관심을 보였다. 그래서 여자도 상진의 가게에 자주 오게 되었다. 상진은 치근대는 친구보다 이상하게 그녀에게 호감을 느꼈다. 그래서 친구에게 더 서비스도 잘 해주고, 이런저런 농담도 건넸는지 모른다. 퇴근하고 오는 것인지 싱글 정장을 입고 단정한 단발머리, 수수한 화장에 조근조근 서울 말씨를 쓰는 여자. 둘의 대화를 들어보니 그녀는 시내의 외국인 회사에서 컨설팅을 하며 꽤 인정받는 것 같았다. 그에 비해 친구는 같이 회사를 다니다가 그만두고 공부를 계속하겠다고 대학원에 진학했지만 교수와 갈등이 있어서 이도 저도 아닌, 공중에 붕 뜬 상태인 듯했다.

늦은 시간까지 술을 마시다가 친구가 쓰러지자, 여자는 당황해하면서 데려가려 했다. 상진은 잠시 쉬게 하자며 자기가 쉬는 방에 누이고 여자와 차를 마시면서 늦은 시간까지 대화를 나눴다. 상진은 처음으로 지적인 여자와 손님과 요리사가 아닌, 남자와 여자로 말을 섞는 경험을 했다. 상진이라고 여자 경험이 없는 것은 아니었지만, 대부분 그와 처지가 비슷하거나, 밤에 일을 하는 여자들이었다. 그런데, 이렇게 지적으로 차지게 다져진 여자를 만나니 마치 속이 꽉 찬 시샤모를 보는 것 같은 충만감을 느낄 수 있었다. 어딘지 모르게 태생적으로 채워지지 않을 것이라 여겼던 부분이 이 여자와 함께한다면 해결될 것이라는 미망이 갈고리촌충이 돼지고기를 통해 몸 안에 들어와 뇌 속에 박혀 단단히 똬리를 틀듯이 생겨버렸다.

상진은 노골적으로 대시했고, 여자도 적극적으로 거부 의사를 밝히지는 않았다. 이상하게도. 나중에 알고 보니, 바로 한 달 전에 교포 2세랑 결혼 직전까지 갔다가 돌연 남자가 본국으로 발령이 났다며 떠나버려 황당한 상태였다. 복수심이랄까, 아니면 벽치기의 반동이랄까. 뭐 그런 여자의 무의식의 작동은 상진이 말한 식으로 하자면 세칭 '아다리가 맞았다'였다.

두 사람의 결혼은 세간의 화제였다. 엽기 요리사와 미녀 컨설턴트의 결합. 얼마 지나지 않아 여자는 상진에게 가게를 넓혀보라는 제안을 했다. 요식업을 컨설턴트 입장에서 진단한 것이다. 식당에 손님으로 왔을 때는 A급 요리사의 음식을 두세 시간 동안 거의 독점으로 먹고 마시니 돈을 버는 느낌이었다. 그러나 안사람이 되고 나니 이처럼 손해 보는 일이 없었다. 몸 하나로 살아가는 요리사가 한창 떴을 때 뽑을 것 뽑는 것이 경제 논리로 보면 너무 당연한 일이었다. 이건 굳이 컨설턴트가 아니라 〈생생경제〉만 한 달 시청하면 누구나 내릴 수 있는 결론이었다. 상진이라고 욕심이 없는 것은 아니었다. 귀찮아서 하지 않았을 뿐. 그런데 다른 누구도 아닌 아내가 하자고 하니 마다할 이유가 없었다.

여자가 회장님이라고 모시고 온 전주(錢主)를 만나, 꾸벅 인사를 하고 한껏 신경 써서 음식을 대접하고 난 다음에 그가 갖고 있는 빌딩의 1층이 비어 있다는 전갈을 받고 나자, 그다음 일은 일사천리였다. 열 평 남짓한 분식집 개조 식당에서 삽시간에 백 평이 넘고, 밑에 요리사만 다섯 명, 종업원이 열 명이 넘는 식당으로 점핑 업그레이드.

처음에는 신이 났다. 크고 화려한 식당에서 멋지게 장식한 음식을 방마다 갖고 들어가서 유래를 설명하고, 평소 같으면 만나지도 못할 사회 저명인사들과 인사를 나누고 술 한 잔 받아 들고 나오는 것이 재미있었다. 스포트라이트의 중앙에 선 기분이었다. 이 정도면 되겠다 싶었다.

그런데 반년이 지나고 식당이 안정을 찾나 싶자, 여자는 상진의 식당 운영에 컨설팅을 하기 시작했다. 자기가 모시고 오는 손님들이 실제 손님의 대부분이니 방을 더 많이 만들고, 저녁에는 1인분에 10만 원 이하는 받지 말자는 것이었다. 그리고 재료를 너무 좋은 것으로 쓰지 말고, 단가를 낮춰 마진을 높이자는 것이었다. 상진은 지금까지 남는 것 없더라도 그냥 무조건 최고의 재료를 가져다 쓰는 것에 자부심을 가져왔다. 일식이란 어떻게 장난을 치고 기술을 부려도 좋은 재료를 이길 수 없다고 믿었다. 그런데 똑똑한 컨설턴트인 아내가 그렇게 하라고 하니 자기가 그동안 해온 것이 모두 틀린 일로 느껴지기 시작했다. 군소리 없이 그렇게 하겠다고 했지만 재료에 신경 쓰면서 사전 검열을 하고, 예전에 자주 오던 손님들을 가려서 받게 되고, 너무 비싸졌다는 군소리를 여기저기서 듣게 되니 일에서 흥이 사라졌다. 한

번은 손님이 맛있게 먹기에 "킥킥킥! 맛을 아는 손님!" 하며 웃었더니 아내가 방을 나온 뒤 눈을 흘기며 "사장님 웃음소리가 그게 뭐예요? 좀 진중하게 못 해요? 사무라이 같은 기분으로"라며 핀잔을 줬다.

데이트를 할 때에는 몰랐는데 결혼을 하고 보니 이렇게 무식하고 단순한 남자는 처음이라고 판단한 여자는 어차피 데리고 살아야 할 사람, 최대한 자기 수준에 맞춰 환골탈태시키려고 작정했다. 그렇지만 스스로 사무라이는커녕 닌자도 못 되는 장돌뱅이 쌈마이라고 생각하는 상진은 식당의 포지션에 맞춰 웃으라는 아내의 지시에, 전과 같은 웃음을 짓지 않으려고 하니 사는 게 더욱더 재미없어져버렸다. 코미디 프로그램은 모두 없어지고 오직 다큐멘터리와 시사교양 프로그램만 남은 텔레비전처럼.

그때부터 상진은 다른 취미가 생겼다. 일은 건성건성, 술은 신나게, 라는 생각에 노사이드의 한 자리를 차지해 구라를 푸는 재미를 붙인 것이다. 그곳에 가면 재미가 있었다. 그래서 일하는 시간보다 빨리 하루가 끝나기만을 바라는 월급쟁이적 마인드가 커졌고, 상진의 이런 보이지 않는 변화는 손님의 반응으로 이어졌다. 서서히 손님 수가 줄어들고, 영업수지는 점점 더 안 좋아지고, 컨설턴트이자 매니저는 밤마다 가게로 찾아와서 모든 것을 관장하는 직영 모드로 가면서 분위기는 점점 어두워졌다.

그리되면서 어느 날부터인가, 밤 생활도 힘들어진 것이다. 원래 왕성한 리비도를 자랑하는 상진이었다. 어릴 때부터 식당에서 남은 좋다는 음식은 다 먹으면서 지낸지라 아랫도리는 야한 생각을 하지 않아도 그냥 불끈불끈했다. 그런 면을 여자도 좋아하는 것 같았다. 여자도 보기와 달리 적극적이었다. 속궁합은 좋은 커플이었다. 그런데 가게가 이 모양이 되면서 저녁에 그런 분위기가 만들어져도 모든 게 싫었다. 그냥 술이나 마시고 자고 싶었다. 그러던 어느 날 심하게 노골적인 사인이 와서 시도를 하려 하는데 전혀 되지 않는 경험을 했다. 너무 무서웠다. 난생 처음 경험하는 일이었다. 처음에는 술을 많이 마셔서, 너무 피곤해서 그런 줄 알았다. 그런데 두세 번 실패하고 나니 밤이 무서워졌다. 여자의 눈초리도 모두 그 일과 관련된 것 같고, 여자가 텔레비전을 보면서 "그거 하나 못 하나?"라고 하는 말만 들어도 자기한테 하는 말로 들리는 것이었다.

#3 심인성, 마음에서 비롯되는 병

"일단 이걸 가져가봐요."

철주가 10센티미터 길이의 종이 한 장을 상진에게 건넸다.

"이게 뭔데요?"

"밤일이 안 되는 원인은 여러 가지인데, 가장 쉽게 감별할 수 있는 방법이에요. 이걸 가져가서 오늘 밤에 성기 주변에 두르고 자요. 끝이 포스트잇처럼 되어 있어서 잘 붙어요. 자연 발기가 되는지 알아볼 수 있는 좋은 방법이에요."

상진은 철주가 건네준 엉뚱한 종이 한 장을 들고 집으로 돌아왔다. 여자는 벌써 자고 있었다. 옷을 갈아입고 화장실에 가서 소변을 본 후 종이를 성기 주변으로 돌려 붙였다. 아래를 내려다보니 오늘따라 한없이 보잘것없어 보였다.

어떻게 되겠지. 천성이 낙천적인 상진은 될 대로 되라는 심정으로 침대로 들어갔다. 아내를 깨우지 않으려고 조심스레 이불을 들추고 들어간 상진은 여자와 30센티미터의 간격을 두고 바깥쪽으로 등을 돌리고 누웠다. 최대한 거리를 두는 것이 안전하다.

꿈도 꾸지 않고 일어난 아침, 여자는 이미 출근한 뒤였다. 집 안은 적막했다. 일어나서 화장실로 갔다. 잠옷을 내리고 팬티를 벗자, 종이가 툭 떨어졌다. 찢어져 있었다. 야한 꿈을 꾸지도 않았다.

"이런 걸 심인성 발기부전이라고 하죠."
"심인성?"
"마음에서 비롯되었다는 거예요. 생리적으로 혈류가 정상이면 밤중에 발기가 여러 번 자동적으로 일어나요. 야한 생각을 하지 않더라도 말이죠. 그런데 발기가 일어나지 않는다면 혈류 이상이거나 다른 신체적 문제일 가능성이 많아요. 지금 얘기를 들어보면 그건 아닐 것 같네요. 기계는 제대로 작동하고 있는데, 소프트웨어가 의지대로 움직이지 않게 되었다는 거죠. 이걸 고치는 건 쉽다면 쉽고 어렵다면 어려워요. 도리어 기계 문제면 약도 있고, 주사도 있고, 보형물을 넣어도 되고…… 돈으로 해결이 돼요. 그런데 마음의 문제는 그렇게 간단한 게 아니니까요."

"어떻게 하면 좋죠? 뭐든지 할게요."

상진은 전형적인 심인성 발기부전이었다. 원래 그저 두 쪽만 믿고 나름대로 자기 바운더리 안에서 즐기며 사는 사람이었다. 그러다가 감당하기 어려운 여자랑 결혼하고, 곧 이어서 자기 욕심이 아닌 아내의 제안으로 생각지 않던 큰 식당까지 하게 되었다. 호랑이 등 위에 탄 사람의 마음이다. 한번 타면 호랑이가 가는 방향으로 가게 될 뿐 멈추는 방법도 모르고, 만일 멈추거나 등에서 떨어지면 물려죽을지 모른다는 공포는 사라지지 않는다. 그러니 이러지도 저러지도 모른 채 호랑이 등 위에 앉아 있게 된다. 속도를 즐기지도 못한 채. 일본 만화〈이누야샤〉를 보면 싱고가 키라라를 크게 변환시켜 호랑이 같은 요괴의 등을 타고 날아다니는 장면이 나온다. 그 정도 능력은 돼야 호랑이를 타도 탈이 없는 법이다. 뭐든지 소화하기 어려운 음식, 먹어보지 않은 음식을 먹으면 탈이 나기 마련. 살아가면서 모든 난관은 자기 극복해왔다고 여겼고, 힘들어도 힘들다는 생각은 해본 적 없고, 복잡하게 사는 것이 너무 싫었던 상진에게 지금 더블 펀치가 인생사와 사회생활 양쪽에서 한 번에 날아왔다.

"버자이나 덴타타(vagina dentata)라는 말이 있는데……."

상진은 크게 물렸다. 이빨같이 강한 여성 성기에 물려서 옴짝달싹 못하는 상태. 야심도 많고 지기 싫어하는 여자에게 상진은 질투를 유발하는 대상이었다. 여자는 상진이 자기 친구와 좋은 관계인 것이 싫었다. 자기가 친구에게 조금도 뒤지지 않는다고 여겨왔다. 처음에는 불쌍하다고 생각해서 잘되라고, 도와준다는 마음으로 왔다. 그런데 상진의 빛나는 모습, 자유인적인 태도가 다르게 보였다. 한 번도 먹어보지 못한 이국적인 음식이 눈앞에 아른거리는 기분.

타이밍에 민감하고 찬스에 강한 여자는 결국 친구가 잠든 사이 상진을 자기 것으로 만들 수 있었다. 엎어치기 한 판. 그의 마음을 뺏는 것쯤은 일도 아니었다. 한편으로 남자가 좋은 투자 대상이라는 것을 깨달은 여자는 이제 상진을 이용해 성공을 해보려고 했다. 남편에게 투자하는 것만큼 확실한 재테크는 없다는 것을 주변 사람들을 통해 학습한 바 있는 여자였다.

이런 여자의 요구가 상진은 힘이 들었다. 점점 섹스의 주도권도 넘어갔다. 여자가 원하는 날, 원하는 시점에 할 뿐이었다. 어느 한쪽의 요구보다는 합의에 의해서 이루어져야 한다는 너무나 합리적인 요구에 상진은 머리를 끄덕일 수밖에 없었다. 가방끈이 짧아서 논리로는 이길 수 없다는 것이 각인되어 언제나 몸으로 살아온 상진이었다.

언제부터인가 섹스를 할 때에도 눈치를 보게 되었다. 심리적으로 위축된다. 정신분석에서는 여성에게 수세로 몰려 일종의 거세 공포에 휩싸인 남성의 심리를 '버자이나 덴타타'라 부른다. 마치 이빨이 있는 여성의 성기에 거세를 당할지 모른다는 공포가 무의식에서 강하게 작용하여 의식적으로 성에 대한 흥미를 잃어버리게 된다는 것이다. 프로이트가 처음 여성의 성기와 입을 상징적으로 유사하게 풀이하면서 도입되었는데 이후 그의 후학 칼 아브라함이 유아기 리비도의 구강 공격성의 핵심으로 규정하면서 이론적으로 한때 각광을 받았었다. 깊이 들어가면 어릴 때 아버지와의 경쟁 속에서 경험하게 되는 거세 공포가 전형적인 오이디푸스 콤플렉스라면 강하고 권위적인 어머니와 아들 사이에서 발생하는 것이 버자이나 덴타타로 알려져 있다. 성교를 하면 다시 어머니의 자궁 안으로 돌아가는 원초적 퇴행과 함몰의 순간이 올 것이라는 공포적 환상이 버자이나 덴타타의 핵심인데, 어릴 때 극복하지 못한 무의식적 거세 공포나 어머니와 아들 사이의 환상은 무의식 안에 잠복되어 있다가 성인기에 배우자와의 관계에서 주도권을 잃으면서 다시 전의식 수준으로 떠오른 것이다.

 동성 부모에 대한 오이디푸스 콤플렉스의 극복은 거세 공포를 건전한 방향으로 승화하는 것으로 해결된다. 동성 부모와 싸워 이기는 것이 현실적으로 어렵고, 괜히 대항을 하다가는 자칫 존재의 붕괴가 일어나기 십상이라는 것을 깨달은 아이는 전략을 180도 수정한다. 이기지 못하면 차라리 닮는 게 낫다는 이상화와 동일시의 전략이다. 동성의 부모를 갑자기 따라하고 흉내 내고 이상화한다. 그런 식으로 에너지가 몰리면서 아이의 오이디푸스 콤플렉스 속의 거세 공포는 물속 깊이 들어가버려 청소년기까지 다시 떠오르지 않는다. 그런데 상진의 경우는 그보다 더 심층에 있던 심리가 솟아오른 것 같다.

성인이 되어 배우자를 선택하는 심리는 여러 가지다. 그중에 하나가 자아 이상의 실현이다. 사람들은 '나는 이런 것이 되고 싶다'라고 여기는 자아 이상이 있기 때문에 동기를 갖고 노력하게 된다. 그런데 개인의 노력으로는 태생적으로 한계가 있을 수밖에 없는 경우가 있다. 인생을 살다 보면 이 간극을 일거에 메울 수 있는 한두 번의 기회가 오는데, 그중 하나가 배우자를 고르는 것이다. 자신감이 강하고 자기가 하는 것으로 충분한 사람이라면 자신을 잘 뒷바라지할 사람을 고를 것이고, 시너지를 원한다면 비슷한 일을 하는 사람을 고를 것이다. 아직 심리적으로 부모로부터 벗어나지 못한 사람은 부모와 어딘지 모르게 닮은 사람을 고른다. 이에 반해 평소 열등감을 억압하며 의식하지 않으려 부정하며 살고 있던 사람은 열등감과 낮은 자존감을 자기보다 나은 배우자를 통해 해결하려 한다. 결혼이 잃어버린 반쪽을 찾아 자아를 완성하는 것이라는 환상은 유아가 갖고 있는 전능감의 환상만큼 강렬하다.

상진의 모험은 그러나 아직까지는 성공한 것 같지 않다. 그리고 여기에는 상진의 배우자가 아마 갖고 있을 다른 심리기제도 한몫하고 있을 것이다. 버자이나 덴타타의 이론은 여성이 갖고 있는 거세공포증에 대한 무의식적 복수로 도리어 공격적인 여성 성기의 이용으로 반동 형성이 되어 표현된다는 설명도 있다. 정리하자면 상진과 부인의 무의식적 환상이 빅뱅과 같은 폭발을 일으킨 것이다. 그러므로 정신분석적 설명은 개인의 무의식뿐 아니라 가장 큰 영향을 미치는 상대의 정신 역동을 이해하는 것도 필수적이다.

상진은 결혼을 하면서 전능 환상이 현실에서 이루어지는 것으로 짐작했다. 인생은 해피엔딩. 그러나 그것이 반대로 오랫동안 숨겨왔던 판도라의 상자를 여는 사건이 될 줄은 예상하지 못했다. 그냥 일만 힘들고, 장사가 마음대로 안 되는 문제가 아니라 자신의 삶에 큰 벽을 만나게 된 것이다.

발기부전은 무의식이 의식에 보내는 신호인지 모른다. 상진이 소중하게 여기는 것을 빼앗아 문제의 심각성을 깨닫게 하려는 것이다. 프로이트는 부정하려는 욕구가 심한 곳의 심층을 두드려보면 무의식적 갈등의 핵심으로 찾아갈 문이 열릴 것이라고 했다. 증상이란 무의식적 충동과 자아의 타협의 산물이다. 무조건 나쁜 것이 아니라 그 정도 선에서 차악 혹은 차선을 선택하고 버텨내고 있는 자아의 노력의 결과물이다. 그런 면에서 발기부전의 문제를 그저 비아그라와 같은 약물을 통해 증상적으로 해결하는 것보다는 그의 인생을 막고 있는 것을 찾아내 해결하는 것이 무엇보다 중요하다.

"난 복잡한 건 몰라요. 그저 밤 생활이 잘되기를 바랄 뿐이에요."

철주는 그러지 않으려고 노력했지만 자기도 모르게 옛날 가닥이 나와 복잡한 얘기를 머릿속에 떠올린 것이 부끄러웠다. 자신에게 쉽다고 해서 상대방도 쉬울 것이라 여기는 것만큼 오만한 게 없다는 것을 병원을 그만두고 나와 식당을 하면서 '진짜 사람들'을 만나 배웠다.

안에 있을 때에는 몰랐다. 최대한 쉽게, 초등학교만 나와도 알아들을 수 있게 설명했다고 믿었다. 그러나 병원을 나와서 전해 듣는 얘기는 충격이었다. 열심히 소통했다고 믿었지만 막상 그가 얘기하려고 했던 의도는 반도 전달되지 않았다. 진정한 소통은 말로 지식을 우겨넣는 것도, 이해했다는 자백을 듣는 것도, 고개를 끄덕이면서 깨닫게 하는 것도 아니다. 상대의 행동을 변화시키는 것, 삶의 방식을 바꾸게 하는 것, 마치 자기가 결정해서 하는 것이라 여기고 다른 곳에서도 같은 방식으로 생각하고 말하게 하는 것이 진정한 소통의 성공이다. 그런 면에서 지금 철주가 머릿속에 떠올린 설명은 상진에게는 10퍼센트도 전달되지 않을지 모른다. 아직 멀었다는 좌절감이 레미 본야스키의 플라잉 니킥처럼 순식간에 날아와 철주의 머릿속을 강타했다. 최고의 설명은 어려운 개념을 쉽게 설명하는 것이고 최악은 쉬운 얘기도 어렵게 하는 것이라는데, 그는 어디에 속해 있었단 말인가. 일본의 극작가 이노우에 히사시의 서재에는 이런 글이 책상 위에 붙어 있었다고 한다.

어려운 것은 쉽게
쉬운 것은 깊게
깊은 것은 유쾌하게

쉽고 깊게 그리고 유쾌하게 상진의 문제를 해결해줄 수 있는 길은 무엇일까.

보라가 끼어들었다.
"정신치료 받아야 하잖아요."
"정신치료요?"
"프로이트가 말한 무의식을 의식 차원으로 끌어올려 인식하게 만들어 성격과 증상의 변화를 가져오게 하는 치료법이에요. 말을 통해 치유를 받는다고 해서 토킹 큐어(talking cure)라고도 해요. 아마 말씀하려는 게 그거 아닌가 싶은데요. 주 2회 정도 45분씩 상담을 하면서 자유연상도 하고 방어기제도 해결하고 그러다 보면 이 사장님의 오이디푸스 콤플렉스나 무의식적 억압도 해결이 될 거예요."
"얼마나 걸리는데요?"
"한 2, 3년? 잘 모르겠지만, 증상에 따라 다르대요. 원래 정신분석은 주 4회 이상 받아야 한다는데요."

보라가 옆에 앉아 있다가 상진에게 나름대로 자기가 아는 얘기를 했다. 철주도 상진을 병원에서 만났다면 분명히 정신분석적 정신치료를 받아보라고 권했을 것이다. 아마도 근본적인 문제 해결은 무의식적인 문제를 의식에서 이해하고 자아가 잘 다룰 수 있을 정도로 튼튼해지는 것에서 올 것이기 때문이다. 그런데 상진에게도 그게 통할까? 철주가 판단하기에 그에게 정신분석적 정신치료를 권하는 것은 쉬운 것도 어렵게, 얕은 것도 깊게, 유쾌해질 수 있는 것도 불편하게 만들 일이 될 것 같았다. 전가의 보도란 없다. 철주는 다른 방법으로 가기로 결정했다.

"보라 선생, 정신치료를 받기 좋은 기준이 뭔지 아나?"
"네? 왜요?"
"이거 술 먹으러 온 자리에서 갑자기 컨퍼런스 분위기를 연출해서 미안한데 그래도 한번 생각해보면 좋을 거 같아서."
"정신분석적 정신치료를 받기 좋은 대상은 젊어서 아직 성격이 완전히 굳어지지 않고, 자신의 문제가 심리적인 부분에서 왔다는 것을 이해할 수 있어야 하고, 시간과 금전적인 여유가 있어야 하고, 이왕이면 심한 성격 장애적 문제보다는 신경증적인 이슈가 좋고요. 자기 일이 있고, 꾸준히 좋은 관계를 유지해본 경험이 있어야 하고……. 음, 생각나는 건 이 정도인데, 그런 점에서 보면 좋은 대상자 아닌가요?"
"결정적인 게 빠졌지."
"뭐요?"
"이 사장은 이성적으로 판단하고 자기 마음을 들여다보고 자기 감정을 말로 표현하는 게 익숙하지 않아. 몸으로 느끼고 손으로 만져봐야 아는 사람이야. 고전적인 정신분석적 정신치료는 어찌 보면 먹물들을 위한, 지식인과 세칭 교양이 있는 사람들을 위한 치료법인지 몰라. 비엔나의 귀족 사회에서 시작했고 2차대전 이후에는 초창기 정신분석가들이 유대인 박해를 피해 미국으로 망명해서 뉴욕에 정착했지. 오륙십 년대 뉴욕 상류층의 큰 소일거리 내지는 파티에서 주고받는 소재가 자신의 정신분석가에 대한 품평이자 분석 진행에 대한 애기였다는 후문이 있어. 우디 알렌이 아마 그런 세대 끝물에 십대와 청년기를 보내서 그렇게 정신분석에 대해 냉소적인 태도를 가지면서도 정신분석에 대한 주제로 점철된 영화를 만드는지 몰라."

"그럼 어쩌자고요."

"나도 전에는 그렇게 생각했을 거야. 그런데 정신분석적 정신치료를 하면 자칫 빠지기 쉬운 함정이 있어"

"뭔데요?"

"치료자가 만든 프레임에 환자를 집어넣는 거야. 애초에 이 사람은 이럴 것이다, 라고 가설을 만들지. 그건 중요한 과정이야. 그런데 그 프레임에 환자를 가둬놓고 조지는 거지. 넌 이런 사람이야, 맞지? 그렇지? 인정을 하란 말이야, 라고. 환자는 기본적으로 치료자의 마음에 들고 싶어 해. 그만큼 의지하고 신뢰하는 대상이니까. 자기는 잘 모르고 어떻게든 변화하고 싶고 달라지고 싶거든. 그러니 치료자가 그렇다고 하면 그렇다고 믿고 싶어지지. 심리적 진실이 무엇이건 간에 말이야. 난 그게 싫었어. 프로이트가 말했다고, 환자의 정신 역동에 대한 설명은 치료가 끝나 봐야 정확히 알 수 있다고. 치료 과정에서 끝없이 가설을 수정하는 과정을 반복해야 해. 물론 그렇지만 처음 세운 가설의 파워는 무시할 수 없어. 보라 선생도 앞으로 치료를 하면서 이 부분 잊지 말았으면 해."

상진이 기다리다 지쳐 말했다.

"저기…… 저기요, 외계어 좀 그만들 하시고, 난 급하다고요. 어떻게 하면 좋겠어요?"

"제가 생각해본 방법이 있어요. 내일 저녁에 가게로 좀 일찍 오세요. 제가 준비를 해놓죠."

#4 당신은
여기 있을 때
빛이 나는군요

상진의 식당은 썰렁하다. 손님이 없는 것은 아니다. 방 안에서는 은밀한 회식 자리가 있는 것 같다. 평소 같으면 상진이 들어가서 분위기를 잡아야 하지만, 별로 그럴 기분이 아니다. 일찍 회사를 마치고 식당으로 출근한 여자가 보다 못해 주방에 들어가 요리 지시를 하는 상진을 찾아온다.

"3번 방에 오영돈 회장님 일행 오신 거 아시죠?"

"어…… 곧 음식 나갈 거야."

"한번 찾아가서 인사도 하고 그러세요. 자주 오시는 분이잖아요."

"자주 오기는, 올해 들어 처음 오시는데. 당신이야 자주 뵙는 분이겠지만."

"그러니까, 더 자주 오시라고 한번 서비스 좀 들고 가서 드리라고요. 김 부장님, 오늘 참치 머리 하나 큰 거 들어온 거 있죠? 그거 준비해주세요."

"그거 이따가 써야 하는 건데. 이전 가게 친구들이 온다고 해서 미리 예약 걸어놓은 건데."

"친구니까 나중에 더 좋은 거로 드린다고 하면 되잖아요. 자, 들어가세요."

결국 상진은 여자가 하라는 대로 할 수밖에 없었다. 더러운 기분이었다. 회장 앞에 무릎 꿇고 앉아서 여자가 회장에게 술을 따르는 모습을 보는 것도 별로고, 참치 머리를 해부해서 좋은 부위만 골라 올리며 농담을 지껄이는 것도 별로였다.

옛날에는 농담하는 게 재미있었다. 가수가 히트곡을 수백 번 부르다 보면 지겨워지고, 개그맨이 자판기에 동전 넣고 나서 버튼 누르듯이 시키면 아무 자리에서나 유행어를 해야 하는 것에 진저리치듯이 이런 반복되는 농담이 지겨웠다. 여자의 감시가 무서운 상진은 회장 앞자리에 앉아 있던 남자가 경멸스러운 눈빛으로 자신을 내려다보며 지갑에서 지폐 몇 장을 꺼내 두 손가락 사이에 껴서 건네주자 너무나 감사하다는 듯이 고개를 조아리고 두 손으로 받아 들었다.

"감사합니다! 서비스는 계속 이어집니다, 주욱!"

상진은 방 밖으로 나와 한숨을 쉬었다.

"수고했어요."

여자는 상진에게 한마디 던지고 다시 방 안으로 들어갔다. 회장 접대를 하기로 마음을 단단히 먹었나 보다. 주방으로 들어온 상진은 진행 사항을 파악하고 별다른 문제가 없을 것 같자, 더 이상 여기 있어서는 안 되겠다고 결심했다.

"김 부장, 나 요 앞에 좀 갔다 올 테니까, 문제 있으면 전화해. 아내가 찾으면 잠깐 볼일 보러 나갔다고 해."

밤이 깊어가는 유흥가는 조금씩 달떠 오르고 있었다. 일찍부터 밤을 시작한 사람들은 벌써 흐느적거리면서 다음 술집을 찾아 눈을 번득이고 있다. 커플로 보이는 남녀가 어깨를 두르고 가는데 여자는 고개를 숙이고 취한 것같이 보이려 하고 있고, 남자는 그녀의 상태를 걱정하는 말을 자상하게 하면서 순간순간 고개를 돌려 스캔을 하고 있다. 자연스럽게 들어가기 좋은 모텔을 찾는 레이더 망. 상진은 전에는 이 동네의 분위기가 좋았다. 그런데 요즘은 불편할 뿐이다. 동참하고 싶어도 그러지 못하는 말 못할 고통을 갖고 난 다음부터는 이 지역 편의점 판매 순위 1위가 콘돔이리는 편의점 사장의 농을 들어도 웃어줄 수 없었다.

상진은 어제 철주가 한 말의 10퍼센트도 이해하지 못했다. 비아그라라도 찾아야겠다고 결심한 정도인데, 이미 쪽은 팔릴 대로 팔린 상태이니 뭘 못 하겠는가라는 마음이 들었다. 어차피 몸으로 때우면서 살아온 인생이었다. 공부를 하라고 하면 때려죽여도 못하겠지만 그런 건 아니라고 하니 한번 믿어보기로 했다.

노사이드 안으로 들어가는데 A4 용지에 어수룩한 손 글씨로 쓰여 있는 것이 눈에 들어왔다.

"스시 바 개시"

들어가 보니, 벽 한쪽에 허리 높이로 긴 테이블이 놓여 있었다. 그리고 횟감과 도마, 칼이 놓여 있었다.

"왜 이제 와요? 한참 기다렸네."

"이게 다 뭐죠?"

"오늘 오전 내내 준비하느라 얼마나 고생했는데요. 이 사장 가게에 가서 재료도 얻어오고 칼도 빌려왔어요. 자, 여기 빨리 들어가서 옷 갈아입고 나와요."

철주가 건네준 옷을 얼떨결에 받아 든 상진은 안으로 들어가 주방 옷으로 갈아입고 나왔다. 스시 테이블 앞에는 젊은 여자 손님들이 벌써 앉아 있었다. 철주가 상진에게 그제야 자기 의도를 이야기했다.

"지금까지 자기가 하고 싶은 대로 살아왔죠? 그런데 요즘 사는 게 그렇지 못했어요. 사람은 해야 하는 것하고 하고 싶은 것 사이에서 갈등을 하면서 살아요. 해야 하는 것만 하면서 살면 너무 힘들죠. 게다가 이 사장은 다른 사람과 달리 해야 하는 것보다 하고 싶은 것 위주로 살았어요. 그러니 부인이 요구하는 것을 지켜나가기가 힘들었을 거예요. 부인은 그 정도는 누구나 할 수 있는 것이라고 여겼겠죠. 결혼한 성인이라면, 애도 낳고 가정을 꾸릴 사람이라면 그래야 한다고, 성공을 원하지 않느냐고, 그게 당연하지 않느냐고 하겠지만 제가 볼 때는 모든 사람이 그래야 하는 것은 아니에요. 최소한 이 사장은 그래요. 살아가는 것이 살아지는 것은 아니죠. 그래요, 이 사장은 살아가던 사람이 갑자기 살아진다는 느낌이 들어서 활력을 잃은 거예요. 자, 옛날같이 마음 편하게 놀아보세요. 누가 쳐다보고 감시하고 있지 않아요. 바텐더는 바에 서서 부드럽게 사람들의 마음을 어루만져주는 사람을 뜻한다고 생각해요. 바텐더가 있는 스시 바, 내가 생각해낸 처방전이에요. 또한 우리 식당 노사이드의 신규 프로그램이기도 하고."

상진은 머뭇거리면서 모자를 쓰고 바에 섰다. 새로울 것 하나 없는 스시 잡는 일이 어떻게 치료가 된단 말인가. 한껏 기대를 했는데, 김새는 면이 없지 않았다. 그나마 위안이라면 늙수그레한 할아버지 사장님들만 대하다가 오랜만에 젊은 이십대 아가씨들을 만날 수 있다는 것? 아내의 눈이 무서워 간혹 들어오는 손님들이 있어도 막상 말을 붙이거나 농을 넌시기도 어려웠던 그녀들이 지금 여기 와서 자신만 쳐다보고 있는 것이다. 상진은 초롱초롱한 눈으로 자기만 쳐다보는 여성들을 보고서 어디 한번 해보자고 마음먹었다.

"자, 스시 처음이세요? 뭐부터 해드릴까요?"

"전 몰라요, 아무거나 해주세요."

"그럼 먼저 흰 살 생선부터 시작하겠습니다요. 이게 광어 살을 오전에 해체해서 잘 숙성시켜놓은 거예요."

"바로 잡아서 먹는 거 아닌가요? 횟집 가면 그렇게 하던데."

"아가씨, 팔팔 튀는 통통한 여자도 매력이 있지만 성숙미도 무시 못 하죠. 그렇듯이 갓 잡은 회가 꼬들꼬들하고 탱글탱글한 맛은 있지만 스시 재료로는 별로예요. 밥하고 어울리는 게 중요한데, 여덟 시간 정도 저온 숙성해놓으면 생선살이 고소해지고 씹을 때 이빨이 딱 들어가는 게 아주 섹시해집니다. 자, 이거 한 점씩 먼저 시작합시다."

스시를 집어든 여자가 입안에 넣고 오물거렸다. 반신반의하던 표정이 밝아졌고, 눈을 감고 씹던 스시를 목 안으로 넘기고 나자, 여자의 눈은 아까의 두 배로 반짝이며 상진을 향했다.

"어머, 스시가 원래 이런 맛이었어요? 몰랐어요. 만날 회전초밥집만 가봐서요."

"킥킥킥! 맞습니다. 한번 업그레이드하면 다운그레이드하기 어려워요. 남자도 그렇고, 오디오도 그렇고, 이 스시도 그렇습니다! 킥킥킥!"

몇 달 만의 경박한 웃음이란 말인가. 자기도 모르게 그 웃음이 터져 나오자, 상진은 잠시 배꼽을 잡고 1분이 넘게 배가 아플 정도로 웃음을 터뜨렸다 참을 수 없었다. 오랫동안 막혀 있던 둑이 터져버린 듯한 통쾌함이 가슴을 훑고 지나가는 기분이었다. '아, 이거구나'라는 '아하'의 경험.

능숙하게 스시를 쥐는 상진의 손은 물 만난 고기 같았다. 큰 가게의 종업원들, 밑의 요리사들 눈을 의식하지 않고 그냥 혼자 재미로 하는 것이 즐거움을 준다는 걸 상진은 정말 오랜만에 느꼈다.

다음 날부터 상진은 자기 가게는 뒤로 두고 노사이드 안의 스시 바로 출근하기 시작했다. 며칠 후 철주가 상진의 식당으로 찾아가 부인을 만나 그녀를 노사이드로 데리고 왔다. 상진의 떠들썩한 목소리와 활기찬 표정.

"저이가 여기서 뭐 하는 거죠?"

"일단 자리에 앉으세요."

철주는 스시 바로 여자를 데리고 가서 앉혔다.

"손님 한 분 더 있어요."

"아, 어서 오십시오. 무슨 고민으로 오셨습니까?"

"고민이라뇨? 상진 씨, 나예요."

"네, 알아요. 자, 먼저 이것부터 드세요. 제가 준비한 겁니다. 제가 개발한 특제 스시 캐논입니다."

스시를 맛본 여자는 상진을 쳐다보았다. 두 사람의 눈이 마주쳤고, 여자는 오랜만에 입안 가득 밥알이 잘 섞이면서 목젖 뒤로 넘어가 혀 위에 아무것도 남지 않을 때까지 생선과 밥의 조화를 경험했다.

"이 스시 이름이 뭐라고요?"

"캐논입니다, 캐논."

"카메라 이름인데."

"일본말이기도 하죠. 관음보살의 관음을 일본 말로 하면 캐논이죠. 캐논볼의 캐논도 되고. 대포알같이 강한 힘으로 관음보살의 미소를 짓게 할 정도의 맛이라는 뜻인데. 아, 조낸 어렵네. 더는 설명 못 하겠다. 역시 난 못 외워. 일단 아무 말 말고 먹어봐."

"정말 맛있네요."

"킥킥킥!! 바로 그 표정, 좋아요! 내가 처음 만났을 때 맛나게 스시를 먹던 당신의 표정!"

여자는 상진이 다시 한 번 쥐여준 스시를 먹고 한동안 말을 할 수 없었다. 미리 먹어본 영수와 보라가 상진에게 스시의 이름을 지어주고 멋진 설명을 붙여줬다. 하지만 백 마디 설명보다 여자는 상진이 쥐어서 건네줄 때의 자신감, 그리고 눈빛이 모든 것을 설명하고 있다는 것을 바로 깨달았다. 그리고 지금까지 뭘 잊고 있었는지도.

"오늘 밤에 일 잘 끝내고 오세요. 기다리고 있을게요. 당신은 여기서 있을 때 빛이 나는군요. 이제야 알았어요. 당신이 원하는 게 무엇인지를."

그날 밤 상진은 정말 오랜만에 아내와 사랑을 나눌 수 있었다. 마치 처음 그녀와 자던 날 밤 같았다. 여자는 자신의 관점에서만 바라보던 상진이 다시 보였다. 오랜만에 애인으로 그의 바 앞에 앉으니, 친구와 경쟁할 때가 아니라 아내로서, 삶의 동반자로서, 부부라는 이름으로 같이 살다 보니 잊고 있던 그만의 매력을, 그가 생겨먹은 모습을 온전히 받아들여야만 한다는 것을 그녀 또한 몸으로 느낄 수 있었다. 그의 이런 야생적인 면이 좋았던 것이지, 성공한 일식집 사장을 원한 것이 아니었다.

#5 진정한 자존감의
원자로는
생겨먹은 대로
성질대로 사는 것

　한 달 후 상진은 하던 식당을 정리하고 노사이드 옆 열 평 남짓한 옷집 자리를 인수해 작은 식당을 개업했다. 식당 이름은 '쌈마이'. 주인이 쌈마이니까 부담 갖지 말고 찾아오라는 상진의 고집이었다. 가게 이름을 컨설팅 받아야 한다고 염려하던 여자도 이번에는 상진이 하자는 대로 하기로 했다. 경박스러워 보이지만 자기가 살던 대로, 하고 싶은 대로 살기 시작한 후로 상진의 밤 생활은 다시 정상이 되었다. 아니, 너무 활발해져버렸다.

　상진의 심인성 발기부전의 해법은 약물이나 수술이 아니었다. 그의 축 처진 성기의 해면체에 들어갈 혈액은 바로 자신감이라는 이름의 보이지 않는 마음의 힘이었다. 커지려고 해도 그의 무의식과 뇌는 '힘주지 마'라는 명령을 하달해버렸다. 상진의 버자이나 덴타타 환상은 부인의 변화가 아니라 자신의 변화, 자존감의 회복을 통해 해결될 수 있었다. 사회가 인정하는 성공이 자존감의 유일한 원천은 아니다. 남이 나를 바라보는 삶은 밖에서 끊임없이 연료 주입을 받지 않으면 자존감이라는 엔진이 지속적으로 돌아가기 어렵다. 지속 가능한 최고의 솔루션은 자가 발전이다. 생겨먹은 대로, 성질대로 살면서 만족할 수 있는 삶, 살아 있다는 생동감을 매일 느낄 수 있는 삶, 아침에 눈을 떴을 때 '아, 오늘이 시작되는구나'라는 기분 좋은 두근거림을 경험할 수 있는 삶, 남들이 볼 때 멋져 보이는 삶보다 내가 재미있고, 즐겁고, 나를 신나게 하는 삶이 진정한 자존감의 원자로가 될 수 있다.

아내는 상진을 변화시키려고 했다. 부부의 삶은 일심동체를 추구한다. 그러나 그것은 현실적으로 불가능하고 또한 그래서도 안 된다고 철주는 생각했다. 철주 본인도 경험한 일이었다. 누구나 결혼하고 배우자가 생기면 일심동체가 되기를, 그것도 평소 자기 존재감이 강한 사람이었을수록 배우자가 자신에게 어울리는 사람이 되기를, 혹은 자기가 바라는 존재가 되기를 원한다. 상대방이 지니고 있는 고유의 빛깔이 자체 발광하는 것을 온전히 받아들이기보다, 자신이 원하는 색으로 변하기를 바란다. 상진의 아내가 그랬다.

그러나 사람을 바꾸기란 쉬운 일이 아니다. 남을 변화시키느니 자신이 변하는 것이 훨씬 쉽다는 것을 우리는 여러 번 경험한다. 이제 상진은 변할 것이다. 어울리지 않는 옷을 벗고 평소의 옷차림으로 돌아올 것이다. 아내도 상진의 그런 모습을 이해해야 할 것이다. 그렇다고 후회스럽고, 손해 보는 일만 있는 것은 아니다. 만일 상진이 아내의 권유로 큰 일식집을 경영해보지 않았다면 아마도 매일 선택의 순간이 올 때마다 망설이게 되었을 것이다. 이제 최소한 '이건 아니야'라는 것은 확실해진 셈이다. 그것만으로도 충분한 의미가 있다고 생각해야 한다. 돌아간 길이 아쉽고 안타깝고 열 받을 때마다 그 화살은 아내를 향했을 것이다. 그리고 한편으론 적응해내지 못한 자신의 무능을 탓했을 것이다. 자존심에 난 상처를 아물게 놔두지 못하고 자꾸 헤집고 소금을 뿌려대 덧나게 했을 것이다. 그럴 필요가 없다. 그저 좀 비싼 수업료를 치렀다고 여기면 된다. 만일 거기서 멈추지 않았다면 더 큰 수업료를 내야 했을 것이라고. 이렇게 현재를 잘 정리해야만, 과거의 기억과 경험도 정당한 의미를 갖게 되고, 미래에 대해서도 낙관적인 자세를 유지할 수 있다.

상진과 아내에게 지금부터 필요한 것은 현재 상태를 부정적으로만 판단하지 않는 것이다. 하나의 부정적인 사건이 인간의 마음에 미치는 부정적인 영향을 중화시키기 위해서는 무려 다섯 번의 긍정적인 사건이 있어야 한다고 한다. 이미 엎질러진 물은 할 수 없다면 지금이라도 실시간으로 벌어지는 일들의 부정적인 측면을 최소화해야 한다. 그렇다고 사실을 왜곡하라는 건 아니다. 일반적으로 발생하는 부정적인 사건을 과장해서 왜곡하거나 확대 해석하지 않고 액면 그대로의 사실로 받아들이는 것, 그것이 우리가 할 수 있는 최선이다. 거기서부터 시작하는 것이다. 뇌의 시냅스는 부정적인 사건에 더 빨리 반응하고 쉽게 뉴런의 강화가 일어난다. 상진은 그런 일들이 반복되면서 심인성 발기부전까지 왔고 그로기 상태로 내몰린 것이다.

이제 그것을 다시 풀어내는 것은 성공의 기억, 만족스러운 몸의 기억과 경험에서 시작해야 한다. 머리로만 풀어내는 기억의 재구성보다는 몸의 경험이 주는 홀리스틱한 짜릿함이 뇌 전체에 제공하는 각성과 시냅스의 재구성이 훨씬 효과적이고 오래간다. 누군가 말했다. 우리 마음의 정원을 가꾸는 것은 우리 자신이라고. 방치해두면 마음은 부정적인 기억의 잡초들로 가득 차버린다. 우리가 해야 할 일은 잡초를 뽑아내고 그 위에 다른 긍정적인 기억과 경험이라는 꽃을 심고 물을 줘서 가꾸는 것이다. 이것이 본질적인 인간 변화와 성장의 과정이다. 멀리 돌아온 상진의 마음에 오늘 밤 꽃 한 송이가 새로 심어졌다. 이제 머지않아 그 주변의 잡초들은 말라죽을 것이다.

네 번째 손님: 징크스에 걸린 4번 타자

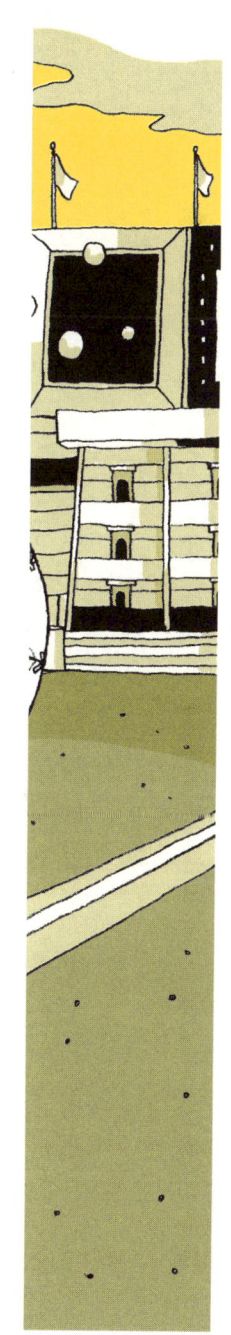

성실한 사람이
걸리기 쉬운 함정

부정적 기억에 긍정적 기억 덧씌우기

"이건 훈련으로 좋아지는 게 아닙니다. 더 악화시킬 수도 있어요. 결혼 아직 안 하셨죠? 제 얘기는 사생활이 너무 없다는 거예요."

"삶의 좋은 징크스를 만들 수 있을까. 당신의 오늘을 어떻게 판단하느냐에 따라 내일이 결정될 것이다. 당신에게 행운이 있기를……."

#1 누구에게나
난공불락의
징크스가 있다

"텔레비전 좀 틀어봐라."

"야, 다른 손님들 있잖아."

"어디? 눈을 돌려봐라. 나하고 보라 선생밖에 없는데. 파리 날리는 주제에, 나는 손님 아니냐?"

"좀 있으면 단체 손님이 우르르 들어와서 양주도 시키고 맥주도 시키고 해서 매상 올려줄 것 같은 느낌이 팍팍 온단 말이야. 여기는 고품격 음악으로 도시 생활에 지친 영혼을 위로하는 곳이지, 너같이 일확천금의 꿈에 빠져 스포츠 토토에 미친 인간을 위한 장소가 아니란 말이다."

"웃기지 마. 보라 선생도 야구 좋아하지 않나? 오늘 엘지하고 롯데야. 엘지 박태조가 오늘도 헛질을 하는지 궁금하지 않아?"

"헛질이요?"

"주자가 누상에 있을 때 말이야, 스리볼 들어오고 난 다음에 조금만 더 기다리면 걸어 나갈 수 있는데 꼭 어설픈 스윙을 해서 병살타 치는 거 말이야. 벌써 여섯 번 연속이라고. 나야 고맙지. 가을에도 롯데가 야구를 할 수 있게 해주니까. 한번 보자고."

"좋아, 그러면 술 한 병 시켜. 너 요즘 여기 와서 맥주 한 병 가지고 한 시간인 거 알아?"

"경제관념이 이제야 좀 생겼냐? 알았어. 조니워커 블랙 한 병."

보통 때에는 뮤직비디오나 옛날 무성영화를 틀어놓는 빔프로젝터를 텔레비전 수신기와 연결해 케이블 텔레비전 경기 중계를 틀었다. 엘지와 롯데의 경기가 8회 말로 넘어가고 있었고, 2대 4로 뒤지고 있는 홈팀 엘지의 공격이었다. 주자는 1루와 2루, 마침 4번 타자 박태조가 나왔다. 롯데 팬들은 벌써 "병살 병살!"을 소리치고 있고, 해설자는 디테일 생각할 때가 아니라는 해설을 하고 있었다. 시즌 타율 3할 5푼 7리에 홈런 30개를 넘게 친 수준급 타자 박태조는 데뷔 이후 올해까지 열 시즌이 넘었는데, 한 번도 2할 대로 떨어져본 적 없는 기복 없는 타자로 유명했다. 그러나 올해 들어 최악의 한 해가 시작되었다. 누상에 주자가 없을 때에는 평소와 다르지 않게 잘 쳤다. 문제는 주자가 점수를 낼 수 있는 포지션에 있고, 또 볼카운트가 극도로 타자에게 유리할 때였다. 스리볼까지 가면 포볼로 나가도 되고, 치기 좋은 공이 올 때까지 기다려도 되는데 어이 없이 손을 대 헛스윙을 하거나 병살타를 당했다. 그리고 마침내 올스타전에서 스리볼에서 욕심을 내 배트를 휘두르다가 배트가 손에서 빠져나가는 헛스윙을 해서 관중들의 웃음거리가 되고 말았다. 다음 날 포털 사이트는 '박태조의 굴욕'이라는 사진으로 도배가 되었고, 일주일 동안 모든 스포츠 프로그램, 심지어 예능 프로그램의 개그맨들까지도 엉덩이를 뒤로 빼고 머리가 돌아가는 그의 우스꽝스러운 스윙 장면을 흉내 내어 박태조는 고개를 들고 다닐 수 없는 상황이 되었다. 하지만 박태조나 코치들은 며칠 지나면 금방 잊힐 것으로 생각했다.

　올스타전 이후 휴식기가 끝나고 후반기가 시작되었다. 처음 박태조의 컨디션은 별 문제가 없어 보였다. 그런데 누상에 주자가 있고 스리볼만 되면 또 어이없는 타격을 하는 것이었다. 매번 병살타를 치게 되니까 도리어 의도적으로 공을 띄우려고 하게 되었고, 그러니 머리가 먼저 들리는 바보 같은 스윙이 나오면서 삼진이 되거나 투수 앞 땅볼로 아웃된 것이 벌써 열 번째다. 이렇게 되니 상대 투수들은 일부러 스리볼로 만들어놓고 승부를 시작하는 일까지 벌어졌고, 감독도 박태조가 부동의 4번 타자임에도 이런 상황이 되면 대타를 생각하는 상황에 몰리게 되었다.

"야, 오늘도 같은 상황이네."
"징크스도 이런 징크스가 없다. 번트라도 대지."
"전에는 번트도 대더라고. 그런데 그것도 파울플라이로 끝나. 저

선수가 언제 번트 연습을 했겠어. 못 먹어도 고에 스쳐도 외야 플라이로 점수를 낼 수 있는데."

"어머, 또 헛방이네요."

박태조는 무기력하게 삼진 아웃으로 덕 아웃으로 들어가고 공수 교대가 되었다. 관중들은 먹던 물병을 덕 아웃을 향해 던졌고, 롯데 쪽 응원석은 〈부산 갈매기〉를 부르기 시작했다.

"징크스가 대단한데. 저거 극복하기가 쉽지 않을 텐데."

"징크스는 누구나 있는 거 아니에요? 저는요, 주말 당직할 때 첫 콜받고 응급실 갈 때, 엘리베이터를 타서 중간에 한 번도 안 서고 내려가면 그날은 평화로운 밤이 되고, 서는 일이 생기면 일이 배배 꼬여서 그날 밤은 꼴딱 새요. 정말이에요."

"보라 선생도 그런 거 있구나. 오늘은 환자가 별로 없네, 라고 말할 때에는 내공 샌다고 꼭 나무를 붙잡고 해야 하는 거, 그거 아직도 믿나?"

"맞아요. 선배들이 꼭 그러라고 하더라고요. 저는 미신이라고 무시했는데 그날 밤 인턴 숙소에서 저한테만 밤새 콜이 와서 한잠도 못 잤어요. 그 후로는 꼭 나무를 붙잡고 얘기하죠."

"나는 개업 초기에 첫 환자가 누구인지 맞히는 놀이를 했는데, 처음 문을 열고 들어오는 환자가 여자고 검은 치마를 입고 있으면 꼭 그날은 파리 날리는 날이었어. 몇 번 그러고 나니까 검은 치마 입은 여자가 들어오면 화가 나고 막 대하게 되더라고."

"다들 징크스에 단단히 빠져 있군. 제일 대표적인 게 월드컵 국가대표 축구는 생중계로 못 보는 거 아니야? 내가 생중계 보면 꼭 진다고."

그 말에 두 사람은 한목소리로 외쳤다.

"당연한 거 아니야?"

"여하튼 징크스는 없는 게 좋아. 어떻게든 만들지 않도록 노력해야지, 그거 한번 꽂히면 쉽게 벗어나기 어려워."

"그래도 박태조 선수 너무 불쌍해요."

"난 하나도 안 불쌍하다. 크하하, 롯데 만세!"

세 사람은 곧 박태조의 징크스에 대해서는 잊어버리고 영수가 쏜 위스키에 몰두해 손님이 아무도 없는 식당을 지키며 밤을 지새웠다.

그날 밤 박태조는 덕 아웃을 나온 뒤 집으로 가지 않고 선수단 숙소로 돌아가 태어나서 처음으로 죽고 싶다는 생각을 했다. 잠이 오지 않자 연습이 부족해서 그렇다는 생각에 옥상으로 올라가서 몸이 부서지게 스윙 연습을 했다. 온몸이 땀으로 흥건히 젖었지만 정신은 갈수록 또렷해지면서 그날 상황이 하나하나 상세하게 복기가 되어 잠을 들 수 없었다. 어디서부터 잘못된 것일까. 덕 아웃에서 걸어 나와 열다섯 발자국을 걸어서 홈 플레이트까지 갔다. 장갑이 제대로 손에 밀착되도록 찍찍이를 조였다. 칙칙이를 두 번 더 뿌려서 좀 찐득하다 싶을 정도로 만들어 배트가 미끄러지지 않게 조심했다. 전에 속옷이 바지에 끼어서 좀 찝찝할 때 스윙이 안 좋았던 적이 있었기에 화장실에 들러 바지도 고쳐 입었다. 왼쪽 팔꿈치 보호대도 너무 새것이면 안 좋을 것 같아서 낡고 조금 헐겁지만 올스타전 이전에 쓰던 것으로 바꿨다. 이 정도면 된 것 같은데, 왜 스리볼만 되면 스윙이 안 되는 것이지.

이 귀신이 곡할 상황이 태조는 견딜 수 없었다. 누가 머릿속 컴퓨터를 다시 리셋해주든지 확 밀어버리고 윈도우부터 새로 깔아줬으면 좋겠다는 절박감마저 들었다.

#2 죄의식과 조급함을 부추기는 사회

"야, 내가 패밀리 레스토랑에 오다니. 사건이야."

"미안해, 플레이 룸이 있는 곳이 여기 밖에 없어서 할 수 없이 오자고 한 거야. 다른 데루 갈까?"

"소심하게 왜 그래? 옛날에 전공의 때 생각이 나서 그래. 해피 아워 때 맥주를 원 플러스 원으로 줘서 샌드위치나 프렌치프라이 하나 시켜놓고 맥주만 진창 먹었거든."

"진희 생각나서 그런 건 아니고? 아, 미안."

"괜찮아. 잘 지내겠지 뭐. 생각해보니 지금쯤 한창 이런 데 다니겠구나. 자, 맥주부터 한 잔 하자."

"밤새 술 마시면서 또 마시냐?"

"야, 내가 병원 나와서 제일 좋은 게 뭔지 알아? 프리랜서에 자영업자라서 불안정한 삶이지만 낮술을 마음대로 마실 수 있는 특권이 있다는 거지. 그런 의미에서 또 한 잔 해야지."

철주는 대학교 때 동아리 친구였던 혜윤이 오랜만에 전화해서 일요일에 만났다. 몇 년 전 이혼하고 혼자 딸 수지를 키우며 변호사 일을 하고 있는 혜윤은 염려했던 것보다 얼굴이 밝아 보였다. 철주의 경험으로 몇 년 만에 불쑥 전화해서 만나자고 하는 사람의 유형은 딱 두 가지였다. 하나는 돈 문제, 다른 하나는 "내 친구가 있는데 말이야"라는 식으로 돌려 말하면서 상담을 청하는데 알고 보면 자기 일인 경우였다. 변호사니까 돈 문제는 아닐 듯해서 어떤 안 좋은 일이라도 생긴 건가 걱정했는데, 얼굴도 밝고 컨디션도 좋아 보여서 한숨을 돌렸다.

"건배, 이거 몇 년 만이냐. 그나저나 갑자기 웬일이야?"

"음, 단도직입적으로 말할게. 그게 수지 때문에……. 수지가 이번에 초등학교에 들어갔어."

"벌써 그렇게 됐나?"

"그런데 담임선생님이 얼마 전에 한번 오라는 거야. 정말 걱정이 된다면서 수지가 주의력결핍…… 그 무엇이냐."

"ADHD? 주의력결핍과잉행동장애?"

"응, 그거. 그거 아니냐는 거야. 애가 멍 때리고 자꾸 까먹고 그런대. 다른 애들 괴롭히지는 않는데 산만하게 막 돌아다니고 물어보면 잘 대답 못 하고."

"그래? 여자애들 ADHD는 그럴 수 있어. 충동적인 것보다 주의력 결핍 쪽이 더 우세해 보이거든."

"그러니? 하여튼 그래서 나는 혹시 얘가 혼자 지내는 시간이 많고, 내가 잘 못 해줘서 정서적 문제로 그런 게 아닌가 해서. 소아정신과에 데려갔더니 ADHD도 있지만 엄마랑 관계에 문제가 있다면서 나보고 무조건 일을 그만두고 몇 년 동안 아이랑 같이 지내라는 거야. 산만한 것보다는 애착에 문제가 있다면서."

"원리 원칙적인 사람이네. 목구멍이 포도청인 소녀 가장한테 그건 너무하잖아."

"내가 뭘 잘못하고 있는지 모르겠어. 그래서 답답해서 너한테 온 거야. 내가 시간 내기가 너무 힘들어서 친정 엄마가 약도 먹이고 놀이치료도 데리고 다니는데 보통 일이 아니더라."

많은 워킹맘들이 갖는 고민이다. 아이와 함께 보내야 할 시간에 일을 해야 한다는 것. 그래서 전업주부들에 비해 겸쟁력이 떨어지고, 그렇기 때문에 출발선이 다르다고 생각한다. 아이가 조금만 뒤처지거나 행동에 문제가 생기면 아이 자체에 문제가 있다고 여기기보다 자기가 아이와 함께 보내는 시간이 적어서 그렇다는 생각부터 떠오른다. 아이에게 해줄 것을 해주지 못해서 그렇다는 죄의식이 발동되는 것이다. 그 죄의식을 일부 소아정신과 의사, 심리학자, 육아서적들이 부추긴다. 그렇지 않은 책들도 많고 대부분 중립적인 태도를 유지하는데도 불구하고 읽는 사람 눈에는 자기 가슴을 찌르는 내용만 눈에 들어오고 마음에 남는다. 꿋꿋하게 자기 일을 하면서 아이를 방목해서 키우며 자기주도형 학습을 시키고서도 민사고, 아이비리그에 보냈다는 책들을 보면 한숨만 나올 뿐이다. 이렇게 드문 일이니 책을 쓰는 것이지 보통 사람들에게는 꿈과 같은 일이다.

　이렇게 주눅 들어 있고 뭔가 찔리는 구석이 있는 워킹맘들은 아이에게 조금이라도 문제가 생기면 자기가 일에서 힘들고, 밀리는 것보다 더 아파한다. 남자들이라면 고민하지 않을 존재적 고민의 끝까지 간다. '일을 그만둬야 하나.' 실제로 상당수의 여성이 이 시기에 일을 그만둔다. 이는 부메랑이 되어 남아 있는 워킹맘들에게 돌아온다. '역시 여성에게 일을 맡기면 안 돼'라는 사람들의 심증이 굳어진다.

　혜윤은 일을 그만둘 처지가 안 된다는 것이 그나마 그런 고민을 하지 않을 수 있다는 위안이다. 그렇지만 더욱이 그렇기에 아이에게 갖는 부채의식은 클 수밖에 없다. 전문직 워킹맘들은 이 마음의 빚을 금전적 보상으로 균형을 맞추려는 경향이 크다. 혜윤도 마찬가지였다. 그런데 이번에는 달랐다. 지금까지 피하고 싶어 했던 근본적인 문제에 직면한 느낌이었다. 혼비백산한 혜윤은 '올 것이 왔다'라는 운명론적인 각오까지 하게 되었다.

　철주와 혜윤은 플레이 룸에서 놀고 있는 수지를 보러 갔다. 수지는 처음 만난 아이들과 어울려서 잘 놀고 있었다. 볼풀에서 공을 던지고 놀고, 미끄럼틀도 좋아하는 것 같았다. 데리고 나와 밥을 먹는 동안 왜 엄마가 이 아저씨와 밥을 먹는지에 대해 잠시 궁금해하는 것 같더니 바로 가져온 그림 그리기 책에 색칠을 하느라 여념이 없었다.

"여덟 살치고 마무리가 좋네. 색칠하기가 쉬운 게 아니거든. 크레파스 잡는 것도 괜찮고. 똘똘한 것 같은데. 뭐가 문제 있다고 하는 거지?"

근처의 공원으로 자리를 옮겨 둘은 커피를 마시고 아이는 오랜만에 엄마와 외출을 나온 게 신이 났는지 마구 뛰어다녔다.

"엄마, 나도 이거 사줘."

수지가 다른 아이가 갖고 노는 바람개비를 보고 혜윤에게 졸랐다. 철주가 선심 쓰듯이 아이를 데리고 가서 바람개비를 사줬다.

"수지야, 우유 좀 먹고 또 놀아. 땀 봐라."

혜윤이 아이를 자리에 앉혀서 우유를 줬다. 아이는 우유를 마시고 난 다음에 바람개비를 갖고 놀기 시작했다. 들고 뛰어야 하는데 그러지 못하니 거꾸로 들고 바람을 불어 바람개비를 돌렸다. 후 하고 바람개비를 불다가 아이가 잠시 멍해지는 것이 철주의 눈에 보였다.

"수지야."

아이는 몇 초간 철주의 말에 반응하지 않았다.

"수지야! 애가 또 멍 때리네. 이런 식이야. 봐, 맞지? 산만한 거."

철주는 갸우뚱하더니 다시 수지에게 바람개비를 불어보라고 시켰다. 아이가 살짝 불자 더 세게 불라고 했다. 세게 여러 번 불자 아이가 몇 초간 멍해지는 현상이 나타났다.

"체력도 약한가 봐. 입김 몇 번 세게 불었다고 이렇게 지치고. 철주야, 한약도 같이 먹이는 게 좋겠지? 용을 몇 첩 해서 먹여야겠어."

"글쎄, 이건 딴 문제 같은데. ADHD하고는 좀 다른 거 같아."

주의력결핍과잉행동장애는 21세기의 문화 질환이라는 얘기가 있다. 없던 병이 생긴 것도 아닌데 왜 현대사회에서 ADHD가 이리 많이 늘어나고 있단 말인가. 환경호르몬처럼 환경 영향적인 면이 아니라면 문화적인 영향이 발병률을 높이고 있다는 데에 이의를 제기하기 어려울 것이다. 진화심리학자들은 ADHD가 남자아이에게 몇 배 더 많은 것에 주목한다. 그들은 ADHD가 있는 아이들이 '먼저 움직이고 나중에 생각하는' 기질을 갖고 있다고 본다. 그리고 리처드 도킨스의 《이기적 유전자》를 인용하면서 수렵사회에서는 이들의 유전자가 주도적인 유전인자였을 것이라고 추측한다. 인간 사회는 1만 년 사이에 급격한 발전을 이룩했지만 안타깝게 1만 년이라는 시간, 짧게는 문명이 발달한 2, 3천 년의 시기는 유전자가 적응하기에는 너무 짧은 시간일 수밖에 없었다. 인간이 환경에 적응하는 과정은 세 가지 축으로 나눠서 볼 수 있다. 첫째는 안전과 위험, 둘째는 자원의 풍부함과 모자람, 셋째는 시간을 선택할 수 있느냐와 맞춰야 하느냐다. 이때, 위험한 상황에 자원은 부족하고 시간에 맞춰 빠른 대응을 해야 하는 환경에 처한다면, 평소보다 각성이 과다하게 되고, 빠른 검색을 하며, 몸이 먼저 움직이는 '즉각 반응형'의 기질을 가진 사람이 생존을 하기에 나왔을 것이다. 예를 들어 동물을 잡기 위해서 창이나 화살을 쏠 때 심사숙고해서 전략적으로 던지기보다는 그냥 일단 부스럭 소리가 나면 던져보는 것이 확률적으로 낫기 때문이다. 그래서 그런 기질을 타고난 사람들이 상대적으로 수렵을 잘했을 것이고 더 많은 씨를 뿌릴 수 있었을 것이다. 이 기질은 특히 남성에게 많이 남을 수밖에 없었다. 수렵을 맡은 것은 그들이었으니까. 그런데 농경사회로 발전하고 이후 대단위 사회생활을 하게 되면서 상대적으로 이런 기질은 열성인자가 되어간다. 이제는 몸부터 먼저 반응하기보다 계획을 세우고 신중하게 행동하는 기질이 대접을 받는 시기가 된 것이다. 반대로 안전하고 자원이 상대적으로 풍부하고, 시간을 선택할 수 있는 환경에 있다면 충동을 제어하면서 상황을 충분히 분석하고 에너지의 배치를 조절하고 신중히 대응하는 '문제 해결형'의 기질이 적응에 더 유리할 것이다. 이런 기질은 수렵사회 때부터 공동체 생활을 하면서 아기를 키우고 남성이 잡아온 동물을 잘 보관하고 관리하는 역할을 맡았던 여성들에게 많이 남아 있는 기질이라고 파악된다.

그렇다면 상황이 이렇게 변했는데도 열성인자가 사라지지 않고 남아 있는 이유는 무엇일까? 그것은 바로 이기적 유전자 때문으로 설명한다. 유전자의 관점에서는 또다시 지구 환경이 어떻게 변할지 알 수 없으니 열성인자라도 소수를 남겨놓을 필요가 있다고 판단할 수 있다. 그래서 완전히 멸절시키기보다 소수라도 남겨놓고 그들이 비록 질환이 있다고 판단될 정도로 적응에 어려움을 겪더라도 다음 세대로 그 유전자를 전수하도록 허용한다. 이렇게 남아 있는 충동적인 기질의 문제는 사회문화적 변화에 의해 가속화된다.

지난 백여 년 사이에 동일 연령대의 아이들이 학업이나 사회생활에서 배워야 할 절대량은 매우 빨리 늘어났다. 그에 반해 인간 뇌의 진화와 발전은 사회문화적 발전 속도를 따라갈 수 없다. 뇌의 발달이 아이의 참을성과 지속적 주의력이 향상되어야 하는 정도에 보조를 맞추기 어려운 거다. 특히 가장 늦게 발달하는 전두엽이 말썽이다. 전에는 대략 하위 5퍼센트의 아이만 비정상으로 분류되었지만 이제는 하위 10~20퍼센트가 문제가 있다고 판단되기 십상이다. 그러니 30년 전에는 골목대장을 했을 아이들이 어느새 골칫덩이로 낙인 찍히고 급기야 정신질환이 있는 아이로 치료의 대상이 될 수 있다. 이는 서울에서도 특히 교육열이 강한 곳에서 소아정신과가 성황을 이루는 것으로도 반증이 된다. 뇌가 덜 여문 아이들이 부모들의 교육 압력으로 소화할 수 없을 만큼의 주의력을 요구받기 때문이다.

특히 수지의 경우 수재였던 혜윤의 입장에서 볼 때 아이가 문제가 있다는 얘기를 담임에게 듣는 것이 억장이 무너지는 일이었을 것이다. 더욱이 그저 뇌의 발달이 더디다는 것을 떠나서 엄마와 아이 사이의 애착에까지 문제점이 있다는 판결을 들었다. 형사소송에서도 지고, 민사소송에서도 져서 징벌적 배상금까지 물게 된 꼴과 같다.

이런 상황적인 근거가 있기는 했으나 철주가 파악하는 포커스는 다른 곳에 있었다.

#3 열심히 의미를 찾는다고 해결될까?

롯데가 파죽의 5연승을 하면서 영수는 잔뜩 신이 났다. 영수는 롯데의 경기가 있는 날이면 빔프로젝터를 틀라고 성화다. 그리 야구를 좋아하지 않는 철주는 싫었지만 한 번 올 때마다 양주나 비싼 와인을 한 병씩 쏘고, 또 크게 이기면 한 병 더 쏘는 영수의 씀씀이에 중독되어가고 있는 중이었다. 잘하면 이번 달 매출이 기록을 세울 것 같았다. 소문이 났는지 얼마 전부터 부산 말을 하는 손님들이 늘어나는 것 같고, 급기야 지난 주말에는 자이언츠 모자와 셔츠를 입고 나타난 사람까지 있었다. 하지만 오늘은 월요일, 경기가 없는 날이라 철주는 오랜만에 마음껏 듣고 싶은 음악을 틀기로 작정을 하고 있었다.

"들어와. 여기 좋아."

"그래……."

옆에서 작은 일식주점을 하는 상진이 친구를 데려온 모양이다. 상진이 데려온 친구는 이런 곳이 익숙하지 않은 듯 쭈뼛거리면서 어떻게 해야 할지 몰라 엉거주춤하고 있었다.

"이리 와서 앉아. 저, 여기는 제 친구 박태조라고, 아시죠? 그 엘지의 야구 선수. 10년 연속 3할 타율에 빛나는. 제가 친구가 별로 없어요. 알잖아요, 가방끈 짧은 거. 그래도 얘는 정말 몇 안 되는 중학교 친구예요. 매일 뒤에서 같이 자면서 우정을 쌓았죠. 얘는 운동하다 지쳐서 자고, 나는 수업이 무슨 말인지 몰라서 자고."

"안녕하세요, 박태조입니다."

"어서 오세요. 이거 사진 찍어서 사인이라도 받아야 하나."

"재미있는 걸로 한 잔 주세요. 태조야, 이 사장님이 우리 같은 것들하고는 상대가 안 되게 가방끈이 긴 분이야. 정신과 전문의에 대학병원 교수 하다가 나와서 술집 하시는 분이거든."

"뭐?"

"얘가 믿지를 않네. 정말이라니까. 그렇죠?"

"아, 예…… 뭐 전직 정신과 의사는 맞아요. 지금은 별로 하는 게 없어서 다들 돌팔이라고 하죠."

"이 친구가 요즘 고민이 많아요. 제가 좋다는 걸 다 먹여봤는데도 안 돼요."

"그 슬럼프요? 스리볼?"

"센 걸로 한 잔 주세요. 너무 힘들어서 이 친구 만나서 위로라도 받을까 했는데 안 되겠네. 나 오늘부터 2군이야. 어제도 한 건 했거든. 덕 아웃 들어오니까 감독이 그냥 2군 내려가서 도 좀 닦고 올라오라고 하더라. 아마 내일 신문에 대문짝만 하게 나올걸. 박, 태, 조, 데뷔 이후 처음 2군행."

"우리 가게 단골 중에 야구광으로 생업에 지장이 있는 인간이 있어서 얘기는 들었어요. 물론 반응이야 다르지만. 그 인간이 롯데 팬이라."

"무진장 고마워하겠죠. 제가 닭질을 하고 있으니."

"그걸 징크스라고 하는데요, 며칠 동안 저도 좀 알아봤거든요. 박 선수 아주 모범적으로 살아왔던데, 그게 일종의 덫이 될 수도 있다는 생각이 들어서요. 한번 저한테 맡겨보실래요? 2군 내려가서 훈련하는 것보다 나을 수도 있는데."

"네? 스포츠 심리학도 하시나 보죠. 심리 상담하는 곳도 찾아가봤는데 뾰족한 수가 없던데요. 전 포기했어요. 이거 못 고치면 전 은퇴할 생각입니다. 2군 내려가는 길에 내일 삭발부터 하고, 지리산 들어가서 냉수마찰 하면서 오랜만에 빡세게 스윙 연습을 하려고요. 죽기 아니면 까무러치기로."

"그게 더 악화시킬 수도 있어요. 결혼 아직 안 하셨죠?"

"그건 왜요? 결혼 안 해서 그런 건 아니잖아요."

"제 얘기는 사생활이 너무 없다는 거예요. 초등학교 때부터 지금까지 오직 선수로만 살아왔잖아요. 이 세상에서 제일 사기 치기 쉬운 직종이 예전에는 선생님, 군인, 의사였는데, 요즘에는 전직 프로 운동선수들도 포함시켜야 한다던데요. 그만큼 단순하게 살아온 거예요. 단순하다는 게 운동선수로는 좋은 일이긴 해요. 자기가 하고 있는 일에 잡념 없이 몰두할 수 있으니까요."

상진이 말했다.

"맞아요. 내가 아내 친구들도 소개해줬는데 다 싫다고 하고, 시즌이 끝나도 며칠 쉬지도 않아요. 다른 선수들은 어디 놀러 가고, 전지훈련 가서 몰래 카지노도 가고 그러는데 얘는 오직 연습뿐이에요. 고액 연봉 선수가 그러면 안 된다나. 밥값에 대한 부담감이 얼마나 큰지 몰라요."

"그런 성격의 사람들이 한번 징크스가 생겨 슬럼프에 빠지면 유연하게 빠져나오기가 어렵다는 겁니다. 모든 건 마음의 문제인데, 성격도 한몫해요. 잘 알면서."

"킥킥킥! 제가 아니까 여기로 데려왔죠. 좀 고쳐주세요. 야, 이분이 용해. 내 그거 안 서는 거, 아 하여튼 내 문제도 해결해주셨다고."

"자, 이거 한 잔 마시고 제 얘기를 들어보세요."

철주가 소맥을 한 잔 만들어 건네며, 접시를 같이 내밀었다.

"왠 돈가스예요?"

"아, 며칠 전에 책을 보니까, 우리나라 사람들은 시험 전날에 미역국을 안 먹잖아요. 일본 사람들은 시험 전날이나 큰 경기를 앞두고는 돈가스를 먹는대요. 일본어로는 '돈가츠'라고 하는데 여기서 '가츠'가 일본어로 '승리'와 음가가 같다고 하네요. 일종의 미신이죠. 재미있죠? 어디든 미신이나 징크스는 있어요. 어느 문화를 봐도요. 박 선수, 미신 믿어요?"

"아니요, 절대 안 믿어요. 그렇지 않아도 아는 선배가 부적을 하나 해보라고 하는데, 저는 그건 아니라고 봐요."

"그렇죠? 하지만 야구 선수 중에 미신을 믿는 사람이 굉장히 많다는 거 알아요?"

"무슨 말이죠?"

"김성근 감독은 데이터 야구의 화신이죠. 야신이라고도 불리고요. 그분도 미신을 믿어요. 승리를 위해서요. 2008년 SK 와이번즈 감독으로 있을 때 일이에요. 문학구장의 벤치에서 그라운드로 올라가는 계단이 세 개였다네요. 그중에 사실 아무거나 골라서 올라가면 되는데, 왼쪽 계단으로 올라가서 이기면 그다음 날에는 꼭 왼쪽으로 올라갔대요. 데이터 야구라면 야구인데요, 일종의 징크스가 된 거죠."

"징크스가 무슨 미신이에요."

"징크스하고 미신을 믿는 메커니즘은 같거든요. 또 있어요. 한국 시리즈 동안에 3차전부터인가는 매일 아침에 굴비백반, 점심에 소고기 볶음밥, 저녁에는 비빔밥을 먹었대요. 그래야 이긴다고. 화장실도 4회와 8회 공수 교대에만 가고."

"정말요? 그 정도로 심한 줄 몰랐는데요. 데이터에 따라 철저하게 선수를 기용하는 감독님인데. 그런 말도 안 되는 걸 믿을 줄은 몰랐어요."

"이봉주 선수 수염 기른 것도 미신이자 징크스예요. 턱수염 기른 게 1995년부터인데, 조선일보 마라톤 대회인가를 나갈 때 우연히 길렀는데 이상하게 마음이 편하더래요. 그래서 그 후 기르기 시작했는데 마침 이후로 성적이 아주 좋았어요. 다음 해 애틀랜타 올림픽에서 은메달도 땄으니까요. 이렇게 뭔가 좋은 결과를 얻는 징크스는 좋은 징크스이자 미신이 되죠. 그렇지만 박 선수의 경우는 좋지 않은 징크스의 저주에 빠졌다고 할까. 이런 건 특히 야구 선수에게 많대요."

징크스는 그리스에서 마술에 쓰던 딱따구리의 일종인 개미잡이(wryneck/Jynx torquilla)라는 새 이름에서 유래했다고 하는데, 일반적으로 선악을 불문하고 불길한 대상이 되는 사물 또는 현상이나 사람의 힘으로는 어찌할 수 없는 운명적인 일을 의미한다. 이를 이론적으로 가장 잘 설명하는 것이 스키너의 이론이다. 스키너는 비둘기가 레버를 쪼면 먹이가 나오는 기구를 만들었다. 여러 가지 조건을 설정했는데, 그중에서 15초마다 일정하게 먹이가 나오게 하는 설정이 있었다. 그랬는데 한 비둘기가 왼쪽으로 꼭 세 바퀴를 돌고 나서 레버를 쪼는 버릇이 생긴 것을 발견했다. 사실은 15초에 한 번씩 무조건 나오는 것인데도 비둘기는 세 바퀴를 돌고 레버를 쫀 다음에 가장 확실한 보상을 받은 경험을 한 것이다. 이런 일이 있고 나자 비둘기는 그것이 먹이를 주는 의미 있는 행동으로 인식하고 레버를 쪼기 전에 꼭 그 행동을 하게 된 것이다. 원래는 아무런 행동을 하지 않아도 15초마다 한 번씩 먹이가 나오므로 비둘기가 할 수 있는 것은 아무것도 없다. 이처럼 뭔가 의미 있는 행동을 하려는 일은 생명체의 본능적 노력이다.

원하는 어떤 결과, 혹은 전혀 원하지 않은 부정적 결과가 발생했다. 그런데 그 이유를 전혀 이해하지 못하겠다. 순간 인간은 너무나 두려워진다. 어떻게든 이유를 알고 싶어 한다. 그래서 그 결과가 일어나기 전의 모든 사건과 조건을 복기한다. 그 결과 가장 타당한 연관성을 찾아낸다. 그런데 사실은 아무런 관계가 없는 두 사건에 대해서 외부에서 연관이 있다고 강하게 주장하며 일종의 암시를 주거나 자기 안에서 자기암시가 강하게 일어나면 연관성을 갖게 되는 상황이 벌어질 수도 있는데, 이때 징크스가 성립된다.

그렇다면 징크스가 잘 생기는 사람은 어떤 사람일까? 바로 기억력과 집중력이 좋은 사람이다. 그냥 아무 생각 없이 사는 사람은 자기에게 벌어진 사건이 매번 새로울 것이다. 일종의 교훈을 얻지 못한다. 그러니 변화가 없다. 그런데 매번 너무 열심히 교훈을 얻으려고 하고, 교훈을 통해 변화를 꾀하는 사람이 있다고 치자. 그리고 그에게 어떤 예기치 않은 실패가 닥쳤다고 치자. 그는 지금까지 알고 있던 이론적 틀로는 지금의 실패를 설명할 길이 없다. 그럴 때 인간은 초자연적인 현상에 기대거나 이론적 틀 밖의, 전혀 의외의 변수가 지금의 결과에 영향을 미쳤다고 결론을 내리게 되는 수가 있다. 박태조도 그랬다. 그가 지금까지 해온 일은 스윙 폼이 잘못되면 열심히 분석해서 고치는 것이었다. 그것이 그를 지금의 위치에 서게 한 것이었다. 특히 야구라는 종목이 그렇다. 야구만큼 다양하고 복잡한 데이터를 판단과 행동의 근거로 이용하는 스포츠는 없을 것이다. 타석에 들어서기 전까지 굉장히 많은 생각을 할 수 있는 시간도 주어진다. 그리고 매번 공수가 바뀔 때마다 감독과 코치의 지시를 받고, 하물며 공을 하나 던질 때마다 사인을 받는다. 이런 운동경기는 없다. 축구의 경우 전후반 사이의 쉬는 시간을 제외하고는 거의 대부분의 시간을 그라운드 위에서 뛰고 있는 선수의 임기응변에 의지할 수밖에 없기 때문에 페널티킥과 같이 시간을 두는 드문 상황을 제외하고는 징크스가 만들어지기 어렵다.

좋은 징크스는 결과에 대한 통제감을 높일 수 있다. 김성근 감독이 그랬고, 이봉주가 그랬듯이. 좋은 게 좋은 거라고, 조금만 불편해서 결과가 좋아질 수 있다면 충분히 감내할 불편함이라 여길 수 있다. 문제는 박태조처럼 안 좋은 방향으로 징크스가 만들어진 경우다.

"이건 훈련으로 좋아지는 게 아닙니다. 악순환의 고리를 깨기 위해서는 새로운 선순환을 만들어야 해요."

"어떻게 하면 돼죠?

"일단은 오늘 신나게 마시고 푹 자요. 박 선수 너무 고지식하게 살았어요. 조금 망가져봐야 해요. 그래야 고칠 수 있어요. 이 사장, 그렇지 않아요? 자기 가게 가서 맛있는 것 좀 만들어오지 그래요. 술은 내가 쏠 테니까. 다 고치면 치료비로 청구하면 되죠? 성공 보수라는 게 있거든요."

"친구가 낫는다는데 냉장고를 다 비워서라도 와야죠. 마침 쭉쭉빵빵 모델 아가씨들 와 있던데, 가게 문 닫고 같이 오지 뭐, 킥킥킥."

박태조는 이제 뭐가 뭔지 모르겠으니, 이판사판이라는 마음이었다. 평생을 반듯하게 살아온 그가 술 마셔라, 놀아라, 망가져라, 라는 말을 정신과 의사라는 사람의 입에서 듣게 되리라고는 상상도 해보지 못했다. 돌팔이라는 생각도 들었지만 해볼 건 다 해본 마당에 뭐라도 해야 하지 않나 싶었다. 박태조는 눈 딱 감고 철주가 따라준 술을 마셨다. 걱정했던 것과 달리 술이 달았다. 왜 술이 단 거지?

#4 기억을 없애는 것은 불가능하다

신경외과 진료실에서 설명을 듣고 나오는 혜윤에게 대기실에서 기다리고 있던 철주가 물었다.

"뭐래?"

"모야모야 맞대. 너 어떻게 알았어?"

"음, 그렇지? 걱정했는데, 진단이 돼서 다행이다. 잘못해서 머리 다치면 뇌출혈이 생길 수도 있다고 들었거든."

"몇 가지 검사 더 해보고 감마나이프를 할지 결정하자고 하던데."

"모야모야는 일종의 혈관 기형이야. 선천적인 질환이라 그 부위를 제외한 나머지 뇌 영역이 보상적으로 잘 발달하면 기능에는 아무런 문제가 없어. 문제는 아이가 공기를 과도하게 요구하는 행동을 하거나, 뇌가 저산소 상황에 놓일 경우 전체적으로 저산소증이 생겨서 수지가 보인 것 같은 증상이 생기는 수가 있어. 이건 치료 가능한 거야."

"너무 걱정했는데 좋은 건지 아닌 건지 모르겠어."

"이제는 치료를 어떻게 할까에 대해 걱정하자고. 괜히 자책하거나 자학하지 말고."

"내가 언제 그랬다고 그래? 내가 얼마나 씩씩한 사람인데."

"알지. 하지만 며칠 전에 너는 내가 아는 최혜윤이 전혀 아니었어. 겁에 질린 어린아이 같았다고. 그렇지 않은 척하기는."

"정신과 의사인 척한다. 내가 분석하는 거 싫어하는 거 알지."

"알면서 왜 나한테 와? 나도 야근하고 특근하는 거 싫어해. 자꾸 보이고 들리는 걸 나보고 어쩌라고. 수지 생명의 은인한테 너무 막 하는 거 아니야. 이따가 밤에 한잔하러 와. 법인카드는 꼭 들고 와야 해, 알았지? 난 딴 일 해결할 게 있어서 먼저 가야겠어."

철주는 혜윤을 뒤로 하고 택시를 타러 병원 밖으로 나갔다.

"아저씨, 구리로 가주세요."

철주는 구리의 엘지 2군 경기장으로 향했다. 태조를 위한 비급을 제안해놓았기 때문이다. 징크스를 깨는 것은 쉬운 일이 아니다. 먼저 마음을 열어야 한다. 악순환의 고리에서 벗어나지 못하는 사람은 고지식해서 자기가 생각해놓은 틀을 벗어나기 어려운 사람인 경우가 많다. 태조도 그런 사람이었다. 그렇기 때문에 10년이 넘는 기간 동안 톱클래스를 유지할 수 있었다. 슬럼프도 없었고, 스캔들도 없었다. 결혼도 하지 않았으니 가정생활 때문에 신경을 분산시킬 일도 없었다. 수도승 같은 자세로 야구의 도를 닦아온 셈이다. 그런데 이번에는 그게 족쇄가 되었던 것이다.

며칠 전 밤 철주와 상진은 태조를 바커스의 세계로 인도했다. 〈라이온 킹〉에서 심바를 하쿠나 마타타의 세계로 인도한 친구들같이. 꼭 수위 타자여야 할 필요도 없다. 양준혁도 매일 안타 하나, 포볼 하나만 얻자는 마음으로 타석에 섰다. 베이브 루스는 홈런왕이었지만 그걸 뛰어넘을 정도의 삼진왕이었다. 그는 도박에 술을 좋아하며, 여자를 밝히는 한량이었다. 요즘 프로야구는 모범생을 양산하고 있고 그래서 경기가 재미없어지는 면이 없지 않다. 옛날 해태 타이거즈 선수들은 포장마차에서 밤새 술을 마시고도 다음 날 잘만 뛰었고, 완봉승도 했다고 하지 않는가.

태조의 징크스 탈출 전략의 첫 번째는 사람을 흩트리는 것이었다. 일단 술 마신 다음 날 연습을 못 나가게 했다. 아침부터 조조 영화를 같이 보러 가고, 드라이브 가서 장어를 구워 먹으면서 낮술로 맥주도 한 잔 했다. 태조는 서서히 말이 많아지면서 자기 얘기를 하기 시작했다. 이렇게 단단하게 굳어져 있던 그의 일상에 빈 공간을 만들어냈다.

징크스는 그 기억을 지우는 방식으로는 해결이 불가능하다. 뇌의 저장 능력은 생각보다 뛰어나다. 마음에 상처를 입은 많은 사람들은 그 기억을 완전히 지울 수 있기를 바란다. 하지만 그것은 불가능한 소원이다. 그런 바람을 가지면 가질수록 일반적 기억은 정서적 기억으로 강하게 전환되어서 아무리 씻어도 씻겨나가지 않는, 돌 위에 새겨진 기억이 되고 만다. 하지만 기억을 없애는 것은 불가능하나, 다른 기억으로 대체하는 것은 가능하다. 아니면 그 기억의 중요성을 줄이는 것도 가능하다. 기억의 안방을 차지하고 있던 사건을 기억의 다용도실 찬장 안에 깊이 넣어두는 것이다.

녹음 테이프를 없애는 것은 불가능하지만, 녹음 테이프 위에 다른 음악을 녹음해서 전에 녹음한 내용에 다른 음악을 덧씌우는 건 가능하다. 징크스를 없애기 위해서는 새로운 좋은 버릇, 혹은 징크스를 만들면 된다.

철주는 며칠 동안 춤 선생을 초빙해서 태조에게 그루브 타는 법을 가르쳤다. 태조가 타석에 등장할 때 음악을 틀어주면 그가 그 리듬을 타면서 타석에 나가도록 한 것이다. 타석까지의 거리를 계산해서 거기까지 복잡하게 스텝을 밟으면서 가도록 했다. 보기도 좋고 꽤 특색이 있어 보였다.

철주는 준비한 스테레오 오디오에 그의 등장 음악을 녹음해서 2군 경기장으로 향하고 있었다. 도착하니 마침 태조의 타순이었고, 누상에 두 명의 주자가 나가 있었다. 상대 투수는 애송이지만 이번에 드래프트 1번으로 지명된 신인이었다. 그는 씩 웃으면서 태조를 기다리고 있었다. 그의 징크스를 너무 잘 알고 있기 때문에 어떻게 대처하면 될지 알고 있었다. 일단 공 세 개를 빼면 그다음에 아무거나 던져도 병살타라는 것을.

태조는 저따위 애송이에게 당할 것을 생각하니 덕 아웃에서부터 기분이 좋지 않았다. 나갈 순서가 되어 스윙 연습을 하는데, 어디선가 음악이 나오기 시작했다. 태조는 자기도 모르게 며칠 동안 배운 춤을 서서히 따라 하기 시작했다. 잘 틀리던 엇박자 스텝이 나오기 전이라 거기에 집중을 하느라 어떻게 나왔는지 모르게 어느새 배트 박스 안에 서 있었다. 음악이 머릿속에서 맴돌고 있었고, 자기가 스텝을 잘 밟고 리듬을 탔는지 복기했다. 그러고 나서 배트를 한두 바퀴 빙빙 돌린 후에 엉덩이를 한 번 털어주고 타격 자세를 취했다. 투수가 공을 던졌다. 좋아하는 코스가 들어오자 아무 생각 없이 방망이를 휘둘렀다. 느낌이 좋았다. 가운데에 제대로 맞았다.

펜스를 넘어가는 홈런이었다. 스리런 홈런. 몇 달 만이던가. 천천히 그라운드를 돌아 홈을 밟았다. 2군 감독이 나와 그를 쳐다보면서 한마디 한다.

"너 그동안 1군 감독님한테 반항한 거냐?"

"네?"

"너 홈런 쳤어. 알아?"

"아…… 네? 몰랐는데요. 제가 뭘…… 아!"

그렇다. 그는 다른 것에 집중하느라고 징크스를 극복할 수 있었던 것이다. 그날 타순이 돌 때마다 철주는 등장 음악을 틀었고, 그는 매번 안타를 칠 수 있었다. 심지어 스리볼 이후에도 별다른 어려움 없이 스윙을 제대로 할 수 있었다.

한번 생긴 징크스를 없애는 것은 쉬운 일이 아니다. 뇌신경학적으로 봐도 그렇다. 부정적인 사건이나 경험과 연관된 시냅스는 일상적인 기억이나 좋은 사건보다 훨씬 빨리, 또 단단하게 강화되는 경향이 있다. 단단히 연합을 이룬 시냅스는 태조의 경우처럼 이상한 징크스와 쌍을 이루게 되는 수도 있다. 마치 일상적으로 경험하는 '머피의 법칙'처럼 말이다. 부정적인 감정을 기조로 깔고 있는 사람은 감정이나 의도와 상관없는 중립적인 사건이나 매우 우연히 일어난 사건에 부정적 의미를 부여하고 해석하려고 한다. 점심식사 전에 마지막으로 걸려오는 전화는 상사가 하고 싶지 않은 일을 시키거나 잔소리를 하기 위해 하는 것이라는 믿음이 생기는 경우도 있다. 우연히 한두 번 그런 일이 발생할 수는 있다. 그러나 부정적인 감정에 기반한 판단은 힘이 세고 오래가기 때문에 특정 시간에 울리는 전화벨과 상사에 대한 부정적인 판단, 그리고 자신은 행운이라고는 눈곱만치도 없는 인간이라고 믿는 낮은 자존감이 합쳐지면서 파블로프의 개의 조건반사와 같은 부정적인 순서쌍이 만들어진다. 실제로는 점심 전에 오는 전화는 동료들이 밥콜을 하거나, 친구들이 업무 시간을 피해서 거는 전화일 경우가 훨씬 많은데도 한두 번의 부정적 기억의 힘이 워낙 강하다 보니 언제나 그래왔다고 여기고, 그것은 원래 그래왔고, 앞으로도 그럴 것이라 굳게 믿는 신념의 차원으로 진화한다. 부정적인 감정과 기억의 시냅스가 머리카락에서 동아줄 굵기로 단단하게 꼬여가는 과정이 짧은 시간에 일어난 것이다.

 머릿속에 입력된 믿음은 쉽게 교정되지 않는다. 그러나 이것이 영원히 변하지 않는, 돌 위에 새겨진 비석 같은 것은 아니다. 다행히도 인간에게는 신경가소성(neural plasticity)라는 것이 존재하기 때문이다. 인간의 신경세포는 더 자라지도, 새로 생기지도 않는다고 알려져 있었다. 그만큼 소중히 다뤄야 하는 것으로 알았다. 그러나 현대 과학의 연구 결과 특정 부위의 세포는 인체의 성장이 멈춘 후에도 외부 자극에 의해 세포수가 늘어날 수 있고, 변화가 가능하다는 것이 밝혀졌다. 그래서 한번 일어난 신경 접속이 영원히 지속되는 것은 아니고 새로운 환경 변화와 자극에 따라 변화할 수 있다는 가능성이 생겼다. 특히 기억을 저장하고 관장하는 해마의 세포는 노력 여하에 따라 새로 발생하고 자라날 가능성이 가장 많은 영역으로 알려져 있다. 그런 만큼 우리가 갖고 있는 부정적인 경험에 대한 인식과 믿음 그리고 부정적으로 해석해서 기억하고 있는 내용들도 어떤 노력에 의해서 충분히 변화할 수 있고, 새로 만들어낸 기억으로 덮어씌워서 중립적이거나 긍정적인 것으로 만들어갈 수 있다. 이는 그저 잠깐 생각하고 사라져버리는 수준이 아니라 뇌 회로의 변화로까지 이어지는 꽤 장기적인 시냅스의 접속 강화까지 갈 수 있는 것이다.

태조가 위기를 벗어나는 과정을 통해서 알 수 있듯이 부정적인 결과와 연관된 징크스에 매몰되어 침몰해버리지 않는 길은 그 기억을 들어내 제거하는 것이 아니라, 바로 새로운 기억으로 이전 기억을 적극적으로 덮어씌우고, 새로운 기억이 마음 안에 뿌리를 내리고 자리 잡을 수 있도록 반복 강화하며 감정이라는 가치 판단으로 힘을 실어주는 것이다. 이를 위해 태조에게는 한 단계가 더 남아 있다. 연습벌레로, 야구장 귀신으로 살던 그가 인생을 즐길 수 있게 숨통을 틔워주는 것이다. 인생을 즐길 줄 알아야 길이 막히면 돌아갈 줄 아는 법이다.

#5 나를 기다리는 누군가가 있는 곳

"자, 건배!"

"오늘 골든벨은 제가 울립니다. 사장님, 아니 선생님 덕분에 완전히 벗어났어요."

"축하해요. 오늘 잠실야구장 전광판 맞히는 만루 홈런, 그것도 스리볼에서, 축하합니다!"

태조가 1군 복귀 경기에서 만루 홈런을 날렸다. 그리고 경기가 끝나자마자 이 기쁨을 나누기 위해서 바로 노사이드로 달려왔다. 보통 때 같으면 녹화된 경기를 보면서 복습하고 스윙 연습을 할 시간인데 그보다 더 즐거운 삶이 있다는 것을 태조도 알게 된 것이다. 누군가 자신을 기다리고 있고, 거기에 가면 반갑게 맞이해줄 사람이 있다는 것을. 가족도, 어릴 적 친구도 아니지만 자신을 좋아해주는 사람이 있다는 것을 말이다. 그리고 한 잔의 술과 멋진 음악을 들으며 릴렉스 하는 것이 이렇게 좋은 것인지도 모르고 살아왔다는 게 억울할 따름이다. 그래서 동료들이 축하를 해주겠다는 것도 뿌리치고 이곳 노사이드로 달려온 것이다. 이제 사람들이 여기를 왜 식당이라고 부르는지 알 것 같다. 여기서 밥을 먹는 것은 아니지만, 옛날에 식탁에 둘러앉아 밥을 나눠 먹듯이 술 한잔 하면서 떠들다 보면 어느새 많은 문제가 저절로 해결됐다. 해결책을 알려주는 사람은 없지만 그냥 여기서 나가고 나면 다음 날 어떻게든 해볼 수 있을 것 같다는 용기가 생겼다. 그것만으로도 든든했다. 마음이 춥고 배고플 때 갈 곳이 있다는 것, 거기에는 누군가가 항상 있다는 믿음이 주는 편안함과 안도감의 힘은 그만큼 크다. 어느 한쪽 편도 아닌, '너와 나'가 아닌 '우리'로 만나는 이곳, 노사이드.

"난 건배하기 싫어. 이렇게 되면 엘지가 롯데를 따라갈 수 있다고."

영수는 괜히 트집을 잡고 싶었다. 태조가 부진한 덕분에 롯데가 플레이오프에 나갈 수 있을 것 같았는데 이제는 간당간당하게 생겼기 때문이다.

"그래도 내가 언제 리그 수위 타자, 오늘 만루 홈런 친 타자랑 같은 바에 앉아서 술을 마셔보겠어? 나도 오늘은 엘지 팬 하련다!"

영수도 태조와 잔을 맞부딪쳤다. 그때 문이 열리면서 혜윤이 들어왔다.

"대구에서 공판이 있어서 갔다가 이제 올라왔어. 목이 칼칼해서 집에 들어가는 길에 한 잔만 하고 가게."

"잘 왔어. 여기는 박태조 선수. 알지?"

"어머, 정말요? 저 팬이에요. 고등학교 때 학교 땡땡이치고 봉황기 결승전 보러 갔는데. 그때 제가 합숙소에도 찾아갔어요. 친구들하고 선물 사가지고요. 기억나세요? 명광여고 나온……."

"앗! 맞다. 우리 같이 빵집도 갔죠. 내 친구가 거기 친구랑 어떻게 해보려고 하다가 싸움 나서 헤어졌죠."

"기억 잘하시네요. 저도 얼마나 아쉬웠던지. 인연은 인연이네요. 우리 한잔해요."

두 사람이 잔을 부딪치고 옛날 고등학교 야구부 얘기를 시작하자 소외된 영수와 철주는 덩그러니 한쪽에 찌그러져 남았다. 태조에게 식당에서 만난 과거의 팬이자 친구 혜윤은 어떤 기억의 대상이 될 것인가. 삶의 좋은 징크스를 만들 계기가 될까. 오늘 하루를 어떻게 판단하느냐에 따라 내일은 결정될 것이다. 태조에게 행운이 있기를.

철주는 두 사람을 바라보며 술을 한 모금 마셨다. 철주를 보던 영수가 그만 쳐다보라며 한마디 했다.

"야, 술이나 한 잔 따라라."

"많이 마셔라. 네 덕분에 그동안 매상 많이 올렸으니 오늘은 내가 사마."

"음악이나 틀어봐. 〈펌프 업 더 볼륨Pump up the volume〉. 그런데 〈부산 갈매기〉는 없나?"

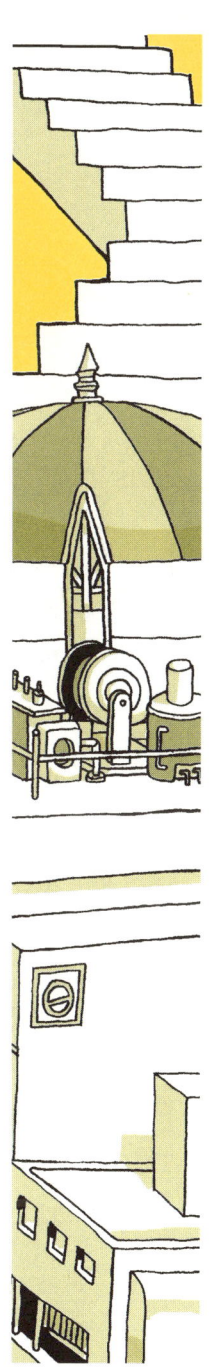

오늘 몇 분이나 멍한 시간을 가져봤습니까?

적극적으로 아무것도 안 하기

"1년 후요? 다음 달에 바로 사장실에서 전화 와서 방 빼라고 할지도 몰라요. 루저가 되지 않으려면 싸워서 이겨야 합니다. 계속 달려야 해요. 멈추면 넘어져요."

"제일 짜증나는 말이 뭔지 알아? 어떻게 살아? 요즘 고민이 뭐야? 뭐 그런 말 있잖아. 사람이 꼭 목표 달성을 위해 열심히 살아야 하는 건 아니잖아. 또 꼭 무슨 생각이 있어야만 하는 것도 아니잖아."

#1 제가 원하는 건 최선이 아니라 베스트예요

"최선을 다했습니다."

"내가 바라는 게 뭐라고 했죠? 최선이 아니라 베스트, 퍼펙트예요. 비욘 더 베스트. 김 팀장은 최선을 다했다고 하면 그걸로 만족하나요? 인생을 그렇게 사니까 아직 그 자리에 있는 거예요. 만족하고 머무르는 인생은 의미가 없어요. 고인 물은 결국은 썩고 말지요. 아닌가요? 내가 팀장님한테 이런 지적을 하는 게 지나친 일인가요? 우리 모두가 한 팀이죠. 운명 공동체예요. 아닌가요?"

"맞습니다. 하지만…… 상황이 어쩔 수 없는 면도 있었습니다."

"이런 말이 있더군요. 결과가 잘되면 자기 덕분이라고 하고, 잘못되면 상황 탓을 하는 게 인간 심리라고. 물론 상황이라는 변수가 중요하죠. 그렇지만 상황 변수를 잘 통제해서 급변하는 상황을 미리 예측하고 신속하게 대응하는 것도 능력이라고 저는 생각합니다. 아닌가요? 그건 결국 루저의 자기합리화일 뿐 아닐까요. 저는 그렇게 생각합니다. 맞아요, 그래야만 해요. 저는 베스트를 추구합니다. 우리 팀원 모두가 저를 믿고 따라와주기를 바랍니다. 저는 그렇게 살아왔고, 또 그래서 지금 이 자리에 서 있을 수 있었습니다."

사십대 초반의 임원으로 한 사업부 전체를 총괄하고 있는 동우는 어제 있었던 플랜트 수주 입찰이 실패로 돌아간 것을 용납할 수 없었다. 제안 요청서에 맞춰 한 달간 팀원들을 닦달해서 제안서를 만들었다. 그런데 마지막에 김 팀장이 맡은 설계 초안에서 실수를 발견한 것이다. 녹지 면적을 옥상까지 넓히고 모든 영역에서 자연 채광이 가능한 공간이 있어야 했다. 입찰장에서 타 기업들이 모두 반영해 넣은 것이었다. 비록 제안 요청서에는 없지만 발주하는 회사의 오너가 요즘 친환경과 자연에 심취해 있다는 것을 다른 회사는 알고 있었던 것이다. 비록 입찰액과 기획안은 대등했지만 결선에 올랐어도 이 부분에서 오너의 마음에 들지 않아 어려울 것 같다는 위기감이 들었다. 이 부분을 미처 파악하지 못한 동우는 벼랑 끝으로 내몰리는 압박감을 느꼈다. 질 수 없었다. 동우는 무리를 해서 발주 기업에 요청했다. 설계 변경을 해서 올릴 테니 일주일의 말미를 달라고. 팀장은 불가능하다고 했다. 이미 지칠 대로 지친 상태였고, 지금의 설계 초안이 가장 합리적이고 적합한 모형이라고 여겼다. 그러나 동우는 받아들일 수 없었다. 방어적으로 나오는 김 팀장을 깰 수밖에 없었다. 그는 이런 자세를 용납할 수 없었다. 조직은 자신의 혀같이 움직여야 한다.

"자, 여러분 오늘부터 다시 철야입니다. 많이 힘든 것 압니다. 하지만 이대로 물러서면 지난 한 달이 너무 아깝지 않습니까? 다 여러분들을 위한 노력입니다. 힘들겠지만 한번 해봅시다."

"결국 자기 실적이 되는 거니까. 이력서에 오점을 남기기 싫다는 거겠지."
"어차피 용병 아니야? 한두 건 더 따낸 다음에 다른 회사로 연봉 튀겨서 옮길 사람인데 왜 우리가 충성을 맹세하니? 웃겼어."
"그래도 능력은 있잖아. 좋은 대학에 유학파에 MBA 따고, 맥킨지 최연소 파트너, 부인은 국회의원 딸이라며?"
"그래? 몰랐어. 부러울 게 없겠네. 그러니 우리 같은 무수리들이 얼마나 하찮아 보일까. 자 일개미들은 일이나 하러 가자고."
"난 아무리 돈 많이 줘도 저렇게는 살고 싶지 않아."
"그래도 부럽잖아. 솔직히 말을 해."
"그래, 배 아프다, 됐냐?"

직원들은 동우의 훈시를 듣고 자기 자리로 가면서 툴툴거렸다. 김 팀장이 직원들에게 등 떠밀려 고양이 목에 방울을 달러 갔다가 능지처참, 부관참시의 화를 입는 것을 목격하고 나니 뒷목이 서늘할 따름이었다.

동우가 이 정도 조졌으면 이제 정신을 차리겠지, 라는 생각으로 한숨 돌리고 있는데 휴대전화가 울렸다.

"여보세요?"

"민 전무, 지금 통화 가능한가요?"

"앗, 부사장님, 가능합니다. 어쩐 일이십니까?"

"아, 그게 이번 입찰 건 말이야. 어제 포트앤드힐스 컴퍼니 대표랑 저녁 먹는데 얘기가 나와서 분위기가 안 좋다고 들었는데. 확인 좀 하려고요."

"아닙니다, 전혀 아닙니다. 계획대로 진행 중입니다. 아주 사소한 돌발 변수가 생겨서 해결을 지시한 상태입니다."

"회장님이 관심이 많아요. 직접 공중 지원을 하셔야 하는 거 아니냐고 하시던데."

"걱정하지 마시라고 전해주십시오."

동우를 이 회사로 데리고 온 부사장이 몸이 달아서 한 전화였다. 동우는 부사장을 안심시키기 위해 있는 얘기 없는 얘기 꺼내며 대화를 이어가고 있었다. 한참 만에 전화를 끊고 전화기 화면을 보니 그사이 아내에게 전화가 와 있었다.

"바빠 죽겠는데 왜 자꾸 전화야?"

"나도 오죽하면 전화를 했겠어요? 오늘 정수 파더스 데이라고, 학교에서 행사한다고 했잖아요. 왜 안 와요? 아이가 얼마나 기다리는데."

"맞다, 미안. 지금 바로 갈게."

"어떻게 지금 와요? 당신 정말 너무하네요. 아이가 얼마나 기다리고, 준비를 많이 했는데."

"지금 갈게. 끝나기 전에 도착할 수 있을 거야."

외국인 학교에 다니는 아들이 파더스 데이 행사를 준비한다고 법석을 떤 것이 몇 주 전부터였다. 춤도 추고 노래도 한다고 자랑을 한 정수, 아니 브랜든이 오늘 아침에 머리맡에 초청카드를 놓고 학교 간 것을 김 팀장을 깨느라고 열 받아서 깜박 잊었다.

한동안 아내와 냉전 중이었던 동우는 이번에 점수를 따려고 행사에 꼭 참석하겠다고 저녁 약속도 다 비워놓았다. 낭패가 아닐 수 없었다. 동우는 외투를 꺼내 들고 회사 밖으로 나왔다. 퇴근 길 강북은 주차장이었다. 비까지 오는 것이 다리 건너기도 쉽지 않아 보였다. 동우는 차를 두고 지하철을 타고 강을 건넌 다음에 택시를 잡아타야겠다고 결정했다.

그런데 그건 그만의 생각이 아니었다. 지하철은 사람들로 미어터졌다. 그리 큰 키가 아닌 동우는 사람에 둘러싸여 숨을 쉬기도 힘든 압박을 받았다. 앞에 선 여자의 긴 머리에서 풍기는 샴푸 냄새를 5분 이상 맡다 보니 속이 울렁거릴 정도였다. 냉방을 가동하고 있었지만 사람들이 뿜어내는 이산화탄소로 객실 안의 습도가 올라가서 숨을 쉴 때마다 찝찝한 무언가가 목 안으로 밀려들어오는 기분이 들었다.

겨우 강을 건넌 동우는 지하철을 내려 강남대로로 나왔다. 사람들은 우산을 쓴 채 택시를 잡기 위해 전쟁을 벌이고 있었다. 간신히 잡은 차를 뒤에서 튀어나온 싸가지 없는 여자에게 뺏긴 동우는 받은 대로 갚아준다는 마음으로 앞에 서 있는 사람에게 서서히 다가오는 차를 향해 뛰어가서 "아저씨, 개포동 따블!"이라고 소리쳐 택시를 잡는 데 성공했다. 그 와중에 휴대전화가 울렸다. 아들의 번호였다. 그러고 나서는 아내의 번호, 이번에는 장인의 번호까지 떴다. 지금 받으면 욕만 먹을 게 뻔했다. 그냥 이대로 최대한 빨리 가는 길밖에 없다. 행사장 바로 앞에서 길이 막혀서 늦었다고 둘러대야지.

"아저씨, 빨리요."

"저도 빨리 가고 싶죠. 그런데 이렇게 길이 막히니."

아들이 시무룩하게 고개를 숙이고 있는 모습, 그런 아들을 보고 나서 동우에게서 고개를 돌리는 아내의 싸늘한 눈빛, 자기 딸이 화가 나는 것을 여전히 참지 못하는 장인의 냉정하고 굳은 표정이 파노라마처럼 떠올랐다. 그리고 회사에서 밤을 새울 직원들은 제대로 하고 있는지 전화를 해야 하는지, 밤늦게라도 한번 들러봐야 하는 것인지 머리가 복잡해지는데 갑자기 숨이 턱 막혔다. 심장이 벌렁거리는데 마치 백 미터 달리기를 12초에 끊고 난 다음의 터질 것 같은 상태가 되었다. 손발이 저리고 감각이 없어지는 것 같더니 머리가 하얘지면서 어떻게든 이 상황에서 벗어나야겠다는 생각뿐이었다. 이게 심장마비인가.

"아저씨, 잠깐 세워주세요. 죽을 것 같아요."

길가에 급히 차를 세운 후 바람을 쐬고 심호흡을 해보려고 했다. 하지만 심장이 두근거리는 것은 가라앉지 않고 도리어 숨만 더 거칠어질 뿐이었다. 마침 눈앞에 작은 병원 응급실이 보였다. 택시를 타고 응급실로 향한 동우는 들어가자마자 외쳤다.

"심장마비인 것 같아요."

응급 환자라고 생각한 간호사가 달려와 침대에 눕히고 의사에게 연락을 했다. 피 검사를 하고 심전도를 찍고 수액을 달았다. 심전도를 보고 난 의사가 심드렁하게 말했다.

"심장은 괜찮은데요. 아티반 2미리 아이브이로 주사해."

동우는 주사를 맞고 나자 가쁘던 숨이 잦아지면서 어느 순간 깊은 잠에 빠져들었다.

깨어 보니 네 시간이 지난 후였다. 화들짝 놀란 동우는 벌떡 일어나 휴대전화를 봤다. 부재 중 전화가 수십 통이 와 있었다. 마지막 전화가 온 것이 벌써 한 시간 반 전이었다. 정신이 멍한 상태였지만 일단 집에는 알려야겠다는 생각에 아내에게 전화를 했다. 전원이 꺼져 있었다. 열두 시가 넘은 시간이라 집으로 걸었다. 아무도 받지 않았다.

"민동우 씨, 이제 일어나셨어요? 과로를 하셨나 봐요. 그럴 때 과호흡증이 오는 경우가 있어요. 이제 괜찮으시죠? 이리 오셔서 수납하시고 귀가하시면 돼요."

주섬주섬 윗도리를 챙긴 동우는 치료비를 지불하고 응급실을 나왔다. 택시를 잡아타고는 한숨을 쉬고 눈을 감았다.

오늘처럼 하루가 긴 날은 처음이었다. 집에 가서 오늘 있었던 일을 어떻게 말해야 할까 정리하기 시작했다. 하지만 머리가 마음먹은 대로 돌아가지 않았다. 머릿속 알피엠이 분당 120에서 50으로 확 떨어져버린 것 같았다.

28층에 사는 동우는 엘리베이터를 타고 가는 시간이 이렇게 길게 느껴진 적이 없었다. 문을 열고 들어섰다. 집 안에서 차가운 기운이 느껴졌다. 아이의 방을 열어봤다. 아무도 없었다. 안방도 마찬가지였다. 그제야 휴대전화에 음성메시지가 녹음되어 있는 것을 발견했다. 암호를 누르고 들어보았다. 아내였다.

"저예요. 이렇게는 더 못 살겠어요. 아빠가 집으로 가자고 하시네요. 오늘부터 당분간 성북동 집에 가 있을게요. 아이 학교도 거기서 보낼래요. 아이랑 제 물건은 내일 당신 없을 때 챙기러 갈게요."

이건 아니었다. 동우는 띵한 머리를 손으로 감싸 쥐었다. 사이가 좋지는 않았지만 이렇게 끝낼 수는 없다. 어떻게든 해결하려면 일단 가봐야겠다는 마음뿐이었다. 집을 나와 엘리베이터를 탔다. 내려가는 시간이 길게 느껴지면서 답답한 기분이 다시 목 위로 차올라왔다. 그리고 숨이 막혔다. 엘리베이터 안의 공기가 다 사라져버리는 것 같았다. 손발이 저려오고 가슴이 터질 것처럼 쿵쾅거렸다. 엘리베이터가 1층에 도착하자마자 지옥에서 빠져나오는 심정으로 뛰쳐나왔다. 성북동이 아니라 응급실이 먼저였다.

#2 난 열심히 살아온 죄밖에 없어요. 그것도 죄인가요?

"네가 내 전화를 다 받아주고, 거기다 근처에 있었다니 의외다."
"그러게. 우연이 필연을 만든다고 하잖아. 보자 보자 하다가 정말 오랜만에 보게 되네. 그런데 너 많이 변한 것 같다."
"나 좀 변했지? 하하."

민수는 오늘도 노사이드에 들러서 술을 마시고 있었다. 몇 달 사이에 민수는 많이 바뀌었다. 머리도 갈색으로 살짝 염색하고, 가벼운 남방에 카키색 면바지, 로퍼 차림이었다. 처음 보는 사람은 프로듀서나 영화판 사람으로 볼 스타일이다. 숫자의 강박에서 헤어난 후 민수는 많이 자유로워졌고, 이제 사람들과 어울려 자기 감정을 이야기하는 데도 스스럼없어졌다. 오늘은 언제나 바를 차지하고 있는 영수와 보라와 야유회 계획에 대해 의논하려고 온 것이다.

"민수 씨가 회계 겸 총무를 하면 되겠네."
"하하, 그거야 뭐 껌이죠. 김 원장님이 왕창 쏘시면 회계 볼 거 있겠어요? 저야 뭐 돈 남으면 집에 갈 때 택시 타고 가면 되고, 크크."
"이 사람 많이 변했어. 천 원 한 장 틀려도 맞출 때까지 집에 못 가고, 우리 모임에 낀 다음에도 n분의 1의 화신으로 백 원 단위로 맞춰서 분빠이 하던 사람이, 이제는 뻥땅에 사기, 분식회계를 하려고 해?"

"저도 먹고 살아야죠. 그런데 대장, 이 음악 뭐예요? 처음 듣는 노래 같은데요."

"드림 시어터의 〈패닉 어택Panic attack〉."

철주가 음악을 바꿔 틀고는 대답했다.

"간만에 막 달려주는 음악 들으니까 좋은데요. 패닉이 정신과 용어죠? 우리 쪽에서도 쓰는 말이에요. 경제가 확 나빠지는 대공황이 패닉이죠."

"경제 용어하고 겹치는 정신과 용어가 하나 더 있죠. 디프레션(depression). 우리 쪽에서는 우울증에 쓰는데, 거기서는······."

"경기 침체죠."

"경기가 나빠지면 우울증 환자가 늘어나니까 맞는 말이네."

"Depression increases because of depression."

"맞네. 영수, 한 영어 하는데."

"참, 제 친구가 요즘 공황증상이 있다고 하던데, 고등학교 동창인데 회사에서 스트레스 받고, 뭐 그러면서 확 왔나 봐요. 병원은 죽어도 안 간다고 하던데."

"나라고 뭐 뾰족한 수가 있나요."

"한번 불러볼게요. 회사가 멀지 않거든요."

민수가 전화한 사람은 동우였다. 회사에 있지만 일도 손에 잡히지 않고, 이미 입찰 건에서는 실패를 하고 난 다음인 동우는 집에 가도 반기는 사람도 없는지라 민수의 초대에 응했던 것이다.

"여기가 아주 재미있는 곳이야. 내가 새 생명을 얻은 곳이기도 하지."

"민수 씨 사기꾼 기질이 있는 거 맞는 거 같아. 새 생명이라니 뻥도 심하시지."

"공황증이 꽤 심하다면서? 이분이 용한 전직 정신과 의사셔."

"뭐? 용하다는 건 점쟁이한테 쓰는 거 아니니? 심한 것까지는 아니고 좀 불편한 거야. 엘리베이터 타는 게 힘드네. 심장이 벌렁거리고 답답해서 운동 삼아 그냥 걸어 다녀. 집이 28층이라 못 들어가는 거 빼고는 괜찮아. 그런데 이런 병이 흔한 건가요?"

"아주 흔한 병은 아니지만 그렇다고 희귀병도 아니에요. 지금 나오는 〈퍼피 러브Puppy love〉를 부른 도니 오스먼드가 공황증이 있었죠. 우리나라에서는 김장훈 씨가 공황장애로 유명하죠. 킴 베이싱어 같은 배우도 공황장애가 있었다고 하더군요."

"왜 생기는데요?"

공황증상은 일종의 고장 난 경보장치 같은 것이다. 건물에 화재경보기가 설치되어 있기는 하지만 기왕이면 한 번도 사용하지 않기를 바란다. 그런데 경보기 센서에 문제가 생기면 몰래 담배를 피우거나,

생선을 굽는 연기에도 경보가 울려서 온 건물 사람들이 대피를 해야 할 때가 있다. 바로 그게 공황증상이다. 도둑이 들어서 칼로 목을 겨누고 있거나 자다가 불이 나서 빨리 피신을 해야 할 때, 어떻게든 살아남기 위해 우리 몸의 모든 자원을 총동원해야 할 때가 있을 수 있다. 이때 사용하기 위한 일종의 비밀 알람이 있다. 그런데 시스템 소프트웨어에 문제가 생기면 살짝 건드리기만 했는데도 이 장치가 작동할 수 있다. 마치 죽을 듯한 공포의 순간을 맞은 것같이. 그럴 만한 일이 벌어지지 않았는데도 말이다. 그런 일이 운 나쁘게도 몇 번 반복되고 나면 그 상황이 너무 힘들고 괴롭기 때문에 그 증상이 있었던 곳을 무의식적으로 피하도록 학습된다.

"맞아요. 제가 요즘 엘리베이터를 못 타요. 이상하게 두려워요. 택시를 타도 너무 막히고 답답하면 중간에 내립니다."

그러다 보니 또다시 공황증상이 생길까 봐 겁이 나게 되고, 염려하고 걱정을 하니까 몸의 긴장도는 올라간다. 그러니 공황발작이 생길 가능성은 거꾸로 더 높아지는 악순환에 빠지는 것이다. 이럴 경우 사람에 따라 과호흡이나 손발이 저리는 증상이 생길 수 있다. 그것을 진화심리학자들은 인간의 아주 원초적인 동물적 반응이 남아 있는 것이라고 설명하기도 한다. 예전에 동굴 생활을 했을 때 불이 나서 연기에 질식했던 경험이 근원적 기억으로 각인되어 남아서 답답한 기분이 들면 '가짜 질식 알람'이 발동해서 어떻게든 탈출하려고 하는 것이다. 그리고 동물의 경우 싸움을 하게 되면 손발을 포기해야 하는 상황을 맞을 수도 있다. 그렇기 때문에 피가 순간적으로 심장과 두뇌로 몰리고, 손발의 피는 줄어든다. 그래야 심장이라는 생명의 중추를 보호하고, 손발이 혹시 큰 손상을 입더라도 출혈이 줄어드는 효과가 있기 때문이다. 덕분에 지금도 공황증상이 발생하면 피가 손발에서 심장으로 몰리면서 말초에서 순환되는 피의 양이 줄어들어 저릿하고 차갑게 느껴진다고 한다.

"그래서 어떻게 고쳐야 하는 거죠? 난 열심히 살아온 죄밖에 없어요. 그것도 죄인가요? 답답해요. 요새는 잠도 잘 안 와요. 잘 마시지 않던 술을 마셔야 겨우 몇 시간 잘 수 있어요. 벽에 부딪히면 그 벽을 뛰어넘으면 되잖아요. 그런데 이건 아닌 것 같아요."

"동우 씨라고 했죠? 지금 행복해요?"

"무슨 뜻이죠?"

"행복하냐고요. 왜 사느냐 이겁니다. 1년 후에는 어떤 모습일 것 같아요, 그걸 그려보셨어요?"

"그건 너무 사치스러운 질문 같아요. 난 당장 오늘 내일도 힘들다고요. 행복한 것까지 바라지 않아요. 살아남는 것만을 목표로 살아왔어요."

"살아남는 것치고는 너무 잘 살아남은 거 아닌가요? 민수 씨 얘기 들어보니까 얼마 전까지 승승장구했다던데."

"그게 정말 뭐 빠지게 열심히 했기 때문에 가능한 거였어요. 1년 후를 바라본다고요? 다음 달에 바로 사장실에서 전화 와서 방 빼라고 할지도 몰라요. 그걸 사람들 앞에서 내색하면 지는 거예요. 루저가 되지 않으려면 싸워서 이겨야 합니다. 전 그렇게 살아왔어요. 계속 달려야 해요. 멈추면 넘어져요."

"자전거 같은 인생이네요."

"맞아요, 자전거. 왼발 오른발 페달을 열심히 밟아서 앞으로 나아가는 길밖에 없어요."

"자전거는 세울 수 없는 걸까요? 정말 그렇게 생각하세요?"

"자전거를 세울 수는 없는 일이죠. 자전거는 서는 순간 넘어질 수밖에 없잖아요."

"저도 그런 줄 알았죠. 그래서 양발을 열심히 놀려서 어떻게든 서지 않고 움직였어요. 그런데 얼마 전에 알게 된 게 있거든요. 같이 가 볼래요?"

철주가 사람들을 데리고 가게 밖으로 나갔다. 철주는 가게 뒤에서 MTB 자전거를 끌고 나왔다.

영수가 말했다.

"야, 그건 왜 갖고 나왔어?"

"시범 보일 게 있어서. 동우 씨는 자전거는 달려야만 하지 안 그러면 넘어진다고 했죠?"

철주가 자전거에 올라가 한 바퀴 돌고 난 다음 말했다.

"발상의 전환이 필요해요. 저도 그런 줄만 알았어요. 자전거는 인생과 같아서 넘어지지 않으려면 무조건 달려야 하는 것이라고요. 그런데 MTB를 타다 보니까 꼭 배워야 하는 테크닉이 있는데 그게 뭔지 아세요."

"그게 뭡니까?"

"스탠딩이에요. 그냥 가만히 서 있는 기술. 그 기술을 익혀야 산악자전거를 제대로 탈 수 있다고 하더라고요. 자, 보세요."

철주가 자전거를 타고 페달을 앞뒤로 살짝 움직이면서 핸들을 좌우로 조정하였다. 움직이던 자전거가 제자리에서 움직이지 않고 서 있었다.

"쉬워 보이나요? 한번 해보세요."

"그거 신기한데, 별거 아닌 거 같기도 하고."

영수가 달려들어 자전거에 올라타서 이리저리 움직였지만 매번 넘어지기만 할 뿐이었다. 철주가 사람들에게 말했다.

"이걸 배우려면 넘어질 각오를 해야 해요. 여러 번 넘어지면서 며칠 걸려 배웠어요. 앞뒤로 브레이크를 잡고 몸과 무릎의 균형에 집중해요. 달리는 데 집중하는 게 아니라 내 몸과 무릎의 균형에 집중하는 거예요. 버둥거리지 말고 허둥대지 말고 몸의 균형의 작은 변화에 집중하다 보면 스탠딩을 할 수 있게 되죠. 넘어질까 봐 무서워하면 배우기 힘든 기술이에요. 머리로 이해하려 해서는 절대 배울 수 없어요. 아무리 동영상을 보거나 말로 설명한 것을 읽어본다고 해도 자기가 직접 해보지 않고는, 넘어져보지 않고는 익힐 수 없어요. 저도 며칠 걸렸는데, 처음에는 넘어지는 게 황당하고 짜증났죠. 그런데 신기한 게 있었어요."

"뭔데? 너의 무능함에 대해 다시 한 번 느낀 거?"

"그게 아니라, 형님은 이런 작은 일에서도 인생의 통찰을 깨닫는다는 말을 하려는 거다."

이어서 철주가 동우를 보며 말했다.

"머리가 많이 복잡한 날이었는데요, 짜증도 나고 해서 그냥 자전거 끌고 나와서 돌아다니다가 스탠딩 연습이나 하자는 마음에 매달렸어요. 그런데 30분쯤 넘어지고 자빠지다 보니까 오기도 생기고 해서 벽에 달라붙어서 낑낑거렸는데, 내 몸의 작은 움직임에 집중하면 할수록 신기하게 자전거에서 내렸을 때 머리가 맑아진 걸 느꼈다는 거예요. 몸에 집중하니까 잡생각이 사라지더란 거죠."

자전거에서 내린 철주는 이어서 동우에게 말했다.

"동우 씨뿐 아니라 우리 모두가 사는 방식에 이어서 생각해볼 게 있어요. 우리는 지금껏 달려갈 생각만 한 거죠. 그게 당연히 옳은 것이고, 얼마나 빨리 넘어지지 않고 달리느냐, 장애물이 있다면 어떻게 극복할 것이냐 등등 효율성이 최우선이었을 겁니다. 그런데 정말 한 단계 업그레이드를 하기 위해서는 스탠딩을 배워야 해요. 설 줄도 알아야 달리는 게 쉬워져요. 자, 연습해보세요. 우리는 안에서 술이나 한잔 하면서 기다리고 있을게요."

철주는 동우에게 자전거를 넘겨주고 가게로 들어갔다. 동우는 자전거에 올라탔다. 균형을 잡기가 어려웠다. 한 잔 마신 술도 있었지만 도대체 자전거에 올라탄 것이 몇 년 만인지 기억나지도 않았다. 생각해보니 아이가 처음 두 발 자전거를 탈 때에도 해외 출장 중이었다. 철주도 하는데 못 할 이유가 없다는 마음으로 동우는 여러 번 스탠딩을 시도해보았다. 그렇지만 쉽지 않았다. 거듭 넘어졌다. 놀러 와서 열 받아보기는 처음이었다. 사람 갖고 노는 것 같아 울화가 치밀어 올라왔다. 지는 건 죽기보다 싫은 자존심 센 동우는 스탠딩 흉내라도 내고 말겠다는 오기가 났다. 몸을 이리저리 움직이면서 중심을 잡으려고 했다. 오랜만에 하는 운동이었지만 발끝, 무릎, 손끝 여기저기에서 한 번도 느껴보지 못했던 미세한 울림이 세세하게 올라오는 것이 접수되었다. 오직 한 점에 집중을 한 듯한 느낌. 정말 오랜만에 잡념이 없는 순간을 잠시 느낄 수 있었다.

철주가 동우에게 자전거를 건네준 이유는 여기에 있었다. 첫째, 머리만 쓰던 사람에게는 이성적이고 합리적인 설명이 거꾸로 잘 먹히지 않는 수가 있다. 이미 자기 나름대로 합당한 이유를 찾으려고 무던히 애를 써왔기 때문에 철주가 무슨 설명을 하고 설득을 하더라도 "이미 저도 그 생각을 해보았어요. 그 정도는 나도 알아요"라고 대답하기 일쑤다. 이런 유형에게는 전혀 다른 방향의 접근이 의외로 짧은 시간에 효과를 보일 수 있다. 거의 사용하지 않던 부분이 취약해서 신천지일 수 있다. 동우에게는 그게 몸의 감각이다. 우리가 아기일 때 세상을 처음 배운 방식 그대로, 몸으로 느껴보게 하는 것이다. 이는 자신의 문제가 무엇이고 어떻게 하는 것이 좋을지에 대한 새로운 시발점이 될 수 있다.

둘째, 멈춤의 필요성을 스탠딩을 통해 깨닫게 하려는 것이었다. 동우는 백 퍼센트 꽉 찬 삶을 살아왔다. 오직 패스트 포워드(fast forward)만 있는 삶. 등산을 하는데 발밑의 흙과 앞 사람의 등산복만 뚫어져라 쳐다보며 정상에 오른 것처럼 말이다. 그런데 인생은 봉우리에 올랐다고 해서 끝이 아니다. 더 높은 봉우리, 봉우리의 연속, 그것이 인생이다. 따라서 가끔은 멈춰 서서 지금 어디쯤 가고 있는지, 어디를 향하고 있는지 살펴볼 필요가 있다. 더 나아가 주변 경관도 찬찬히 즐기고 물 한 모금 마시면서 멍 때리는 시간도 필요하다. 10분 전에 제치고 올라왔던 사람이 내 앞을 지나치더라도 조바심을 내서는 안 된다. 그 사람은 그 사람의 페이스가, 내게는 내 페이스가 있다는 것을 인정하고, 또 꼭 끝까지 올라가야만 등산은 아니라는 것, 지겨우면 멈춰서 놀다가 내려와도 되는 것이 즐기는 등산이요 인생이라는 것을 깨닫는 것이 중요하다.

동우 같은 유형의 사람에게 가장 결핍된 것이 바로 비움의 여유다. 쉬는 날에도 전투적으로 계획을 짜서 아이들을 데리고 어딘가를 갔다 와야 놀았다고 여기는 실적 지향적인 인물. 월요일 회의시간에 "주말에 가족과 남이섬 갔다 왔다"라고 자랑하고, "바쁘실 텐데 가족들을 위해 좋은 일 하셨네요. 부럽습니다"라는 말을 듣기 바라는, 일과 가정 모두를 잘 관리하고 경영하는 사람이라고 인정받고 싶은 사람. 철주는 동우가 스탠딩을 익히면서 발상의 전환을 할 수 있기를 바랐다. 적극적으로 아무것도 안 하기도 중요한 쉬는 방법 중 하나라는 것을 깨닫기를. 뭔가를 채워 넣기에만 익숙한 사람에게 아무것도 안 하고 있기란 쉬운 일이 아니다. 도리어 불안해진다. 뇌 속이 간질간질한 것이 마치 등짝에 난 뾰루지에 손이 닿지 않을 때, 그 순간의 간절함과 안타까움이 수시로 찾아온다. 이 시기를 넘겨야만 한다. 그래서 철주는 동우를 한 단계 업그레이드시키기 위해 다음 시도를 하기로 했다. 이미 동우의 삶의 방식은 파산 선고를 받은 상태다. 다만 인정을 하지 않고 있을 뿐.

#3 적극적으로
아무것도 안 하기

"내가 왜 여기 껴야 하는 거야."
"나는 뭐 너랑 같이 자고 싶었는 줄 알아? 네가 어제 맛이 가서 뻗었는데 어떻게 해. 내가 데리고 가야지. 그리고 어차피 놀러 가는데 같이 가면 좋잖아? 오늘 내일 별일 없다면서. 어제 같이 달리자고 해놓고 지금 와서 왜 그래?"

동우는 어젯밤 술에 취해 민수의 집에서 자고, 노사이드 멤버들의 야유회에까지 동참하게 되었다. 동우는 얼떨결에 같이 가게 된 것이 어색하기 짝이 없는 데다가 잘 모르는 사람들 앞에서 수영복을 입는 것도 마음에 들지 않아 연신 투덜댈 뿐이었다. 동창도 아니고, 그냥 가게 손님들끼리 어울릴 뿐인데 이 사람들은 이상하게도 친한 것이 꼭 가족이나 오래된 친구 같아 보이는 게 동우는 이해하기 어려웠다. 알코올 중독자 모임에 잘못 끼어든 것 같다는 불안감도 드는데 간혹 말하는 걸 들어보면 대략 자기 앞가림은 하는 사람들 같으니 폐인 모임은 아닌 듯했다. 그러나 어쨌든 찜찜함이 사라지지 않기는 매한가지.

"정말 오랜만이에요. 워터파크를 오다니."
"보라 샘도 오랜만인가? 젊은 친구들은 이런 데 좋아하잖아. 난 그냥 펜션 가서 낮술 마시자고 했는데 철주가 그렇게 기를 쓰더라고, 여길 들렀다 가야 한다고."
"재미있잖아요. 대장은 어디 있어요?"
"몰라, 하여튼 난 저기서 맥주나 한잔 하고 자빠져 자려네. 잘 놀다 와. 그런데 철주는 새로 온 친구 데리고 어디 가는 거야?"
"저기 무지 큰 파도 풀이 있는 쪽인데요. 대장이 파도를 좋아하나 봐요."

파도 풀로 동우를 데려온 철주는 같이 물로 들어갔다.
"여기는 왜 데려오신 거예요?"
"동우 씨의 공황증상을 해결해 보려고요."
"네?"
"자, 일단 따라와보세요."

철주는 동우를 데리고 물이 허리 정도까지 차는 곳으로 들어갔다.

"뿌우우—."

나팔소리가 나면서 커다란 파도가 밀려오기 시작했다. 사람들이 소리를 지르면서 파도에 휩싸이는 것이 보였다. 그렇지만 밀려오는 파도는 철주와 동우가 서 있는 곳에서는 배꼽 위로 살짝 올라와 머물렀다.

"견딜 만하죠?"

"네, 뭐 별거 아니네요."

"이 정도에서는 파도도 별것이 아니에요. 견딜 만한 정도죠. 이 정도 깊이에서는 뭐든지 맞서 싸울 수 있고 극복할 수 있어요. 자, 더 깊이 들어가볼까요?"

철주는 물이 가슴까지 올라오는 깊이로 들어갔다. 다시 파도가 밀려왔다.

"뜨지 말고 발바닥을 그대로 바닥에 딱 붙인 채 버텨봐요."

"어떻게 그렇게 합니까? 구명조끼를 입어서 뜨는데."

"하여튼."

파도가 순식간에 두 사람의 머리를 넘어갔다. 철주가 동우의 손을 잡고 놔주지 않았다. 동우는 물을 뒤집어써야 했다.

"왜 그런 거예요?"

"답답하고 힘들죠?"

"나갈 거예요. 이거 놔요. 왜 그래요."

"자, 이제 시작이에요. 앞으로 더 나갑시다."

동우는 무서웠다. 다시 숨이 막힐 것만 같았다. 어제 처음 본 사람 앞에서 과호흡 증상을 보이는 것이 싫었다. 그런데 철주의 손은 생각보다 단단한 수갑과 같아서 아무리 용을 써도 풀 수가 없었다. 어느새 물이 목 가까이 닿는 곳까지 전진했다. 작은 파도에도 머리가 잠길 것 같아 두근거리기 시작했다.

"뿌우우—."

큰 파도가 온다는 나팔소리가 났다. 사람들은 기대에 차서 환호를 올렸다. 그러나 동우의 마음은 정반대였다. 어떻게든 벗어나고 싶었다. 뒤로 가려고 하는데 철주가 잡고 놔주지 않았다.

"이제 파도가 올 겁니다. 무섭지요? 파도랑 맞서 싸우려 하지 말고 그냥 지나가게 두세요. 파도의 흐름을 타는 거예요. 그 흐름에 몸을 맡기세요. 자, 나랑 같이 해봐요."

파도가 저 앞에서 집채처럼 몰려와 두 사람을 덮치는 순간 철주가 힘을 줘 몸을 띄웠다. 다음 순간 두 사람은 둥실 떠올라서 파도를 탔다. 파도가 올 때에는 공포로 심장이 터질 것 같았다. 숨을 쉬기 위해 최대한 산소를 폐 속에 가두어두려고 노력했다. 그런데 철주를 따라 몸을 뒤로 젖히고 파도를 타서 뒤로 밀려가는데 묘하게 상쾌한 기분이 드는 것이었다. 두려움이 기분 좋은 스릴로 전환했다.

"어때요, 좋죠? 우리 한 번 더 해봐요."

철주가 그를 데리고 앞으로 나아갔다. 두세 번 파도를 타고 나니 요령이 생긴 동우는 이제 파도를 즐길 수 있게 되었다. 그러자 철주가 제안을 했다.

"원래 이러면 안 되는데, 마지막으로 한번 이렇게 해봅시다."

그때까지 함께 있어주던 철주가 갑자기 동우의 구명조끼 버클을 풀고는 조끼를 벗기고 뒤로 빠져버렸다. 파도가 밀려왔다. 동우는 어떻게 해야 할지 몰라 눈을 질끈 감았다. 그냥 몸을 맡겼다. 지켜보던 구조 요원이 호루라기를 불면서 소리를 질렀다.

"어이! 거기 조끼 입어!"

파도가 덮치는 순간 동우는 가슴을 젖히고 붕 떠서 뒤로 밀려갔다. 조끼가 없으니 더 신속하고 빠르게 파도를 탈 수 있었다. 스릴이 해방감으로 변하는 순간이었다.

"내려놓는 거예요. 맞서 싸우려 하지 말고 그냥 몸을 맡겨보는 거예요. 우리는 그렇게 대단한 사람이 아니에요. 맞서 싸우려다 보면 부서져버려요. 수많은 자기계발서나 리더십 책들은 강해져야 한다고, 위대함 그 너머의 존재가 되어야 한다고 우리를 부추겨요. 하지만 저는 그렇게 생각하지 않아요. 효율성을 추구하는 것은 한계가 있어요. 완벽을 추구하는 것도 마찬가지예요. 컵에 물을 꽉 채우려면 물이 넘쳐야만 해요. 낭비가 발생하고, 바닥이 젖는 피해가 생기는 거죠. 그런 희생 없이는 완벽한 한 잔은 만들어지지 않죠. 이렇게 완벽은 어려울뿐더러 희생도 따르는데 그 희생도 감당하기 힘들잖아요? 그럼에도 완벽에 집착하니까 무리를 하게 되고 현재에 만족을 하지 못해요. 완벽한 한 잔이 되지 않은 잔은 채워지지 않았다고 여기니까. 그게 우리 삶의 문제예요. 채워지지 않는 잔을 놓고 안달복달을 하니 경고등이 켜질 수밖에 없겠죠. 저도 그렇게 살았어요. 어느 순간 그 완벽함이란 결국 내 마음속의 허상일 뿐일지도 모른다는, 이 세상이 우리를 너무 열심히, 뼈 빠지게 일만 하게 만들기 위해 거는 최면 같은 게 아닌가 하는 느낌이 들었죠."

뭔지 알 수 없는 다른 해방감을 느끼며 숨을 몰아쉬고 있는 동우 옆에서 철주는 담담히 자기 생각을 얘기했다. 철주가 생각하는 동우의 두 번째 문제는 헤어짐과 상실이었다. 정신분석적으로 공황발작은 이별 불안과 연관되어 있다고 알려져 있다. 어릴 때 이별의 기억, 상실의 기억이 억압되어 있다가 성인이 되어 특정한 순간에 공황발작으로 발현된다는 것이다. 동우의 어린 시절은 알 수 없지만 어제 술을 마시면서 하소연한 것을 짐작할 때, 가족들이 그를 떠난 것이 공황증상의 방아쇠를 당기는 데 큰 역할을 했을 것이다. 동우에게 필요한 것은 지금 이 순간에 느낀 사건을 경험으로 치환하여 보존하도록 돕는 것이다. 공황증상을 야기하는 잘못 연결된 긴장과 불안의 악순환의 시냅스를 내려놓음과 비움의 긍정적 경험의 시냅스로 전환시켜 강화해야만 한다. 가장 빠른 길은 몸으로 느끼는 것이다. 여기 워터파크의 파도 풀에 있던 기억은 암묵기억을 활성화시킬 것이다. 자전거 타는 법은 매뉴얼을 아무리 읽어도 감이 안 잡힌다. 또 자전거 타는 법에 대한 매뉴얼을 쓰기 어렵듯이, 그 기분은 말로 설명할 수 없다. 동우는 이제 자신의 감정과 몸의 감각에 집중하게 될 것이다. 그 경험이 최대한 강렬하게 몸속 깊숙이 뿌리내려 자기 것이 되도록 해야 한다. 거기에서 삶의 전환은 시작된다.

#4 **나는 사는 게 재미있다
나는 별일 없이 산다**

"내가 달라지면 다시 돌아올까요? 옛날로 돌아갈 수 있을까요?"

워터파크에서 나와 펜션에 도착한 일행은 밤이 되자 바비큐를 하기 시작했다. 매일 마시는 사이지만 오랜만에 밖에 나와서 한잔하니 기분이 좋아진 사람들은 시끌벅적 떠들썩했다. 그 와중에서 말없이 고기를 굽던 동우가 철주가 고기를 집으러 오자 조용히 이렇게 물은 것이다.

"옛날로 돌아가는 거요? 변화는 필요하죠. 그런데 왜 옛날로 돌아가려고요?"

"옛날로 돌아가면 이제는 정말 잘할 자신 있어요. 바뀔 자신이 생겼습니다. 노력할 거예요."

"또 열심히 하려고 한다. 열심히 노력하면 바뀔 거라는 얘기?"

"네."

"그러면 안 된다니까. 그냥 되는 대로 하는 거예요. 꼴리는 대로 살겠다고 마음먹어야 겨우 조금 바뀌어요. 의식적으로 열심히 바꾸려고 노력하면 더 어려워요. 과거로 돌아가고 싶어 하는 사람들, 기억을 지우고 싶어 하는 사람들이 많죠. 그래서 사람들은 최면술에 관심을 갖죠. 하지만 시간은 일방향성을 갖고 있어요. 휙 하고 한쪽에서 왔다가 한쪽으로 넘어가요."

철주는 고기를 한 점 집어서 왼쪽에서 오른쪽으로 옮겨 보이고는 입으로 집어넣었다.

"우리는 기억을 안고 살 수밖에 없어요. 동우 씨 아내도, 아이들도 마찬가지죠. 아무 일 없었다는 듯이 새로 시작하는 건 불가능해요. 오히려 그건 위선이고 연극 아닐까요? 그런 상처들을 안고 살아가야 하는 것 같아요. 그걸 감수할 수 있는 관계가 정말 좋은 관계 같은데…… 아 너무 어렵다, 그렇죠? 어릴 때 고깃집 알바 했어요? 잘 구우시네."

철주가 접시를 채우고는 사람들이 앉아 있는 테이블로 갔다. 곧이어 영수가 다가왔다.

"쟤가 많이 까칠하죠? 그래도 잔정이 많은 놈이에요. 무지 단정적으로 얘기하는 버릇이 있는데 악의가 있어서 그런 건 아니니까 이해해요."

"그런데 이렇게 가게 문을 닫고 와도 되나요? 전 그게 걱정되던데."

"주인도 아니시면서 그런 걱정을 다 하시네요. 어차피 오늘 여기 온 사람들이 손님의 반이고 매출액의 80퍼센트를 차지하니 하루 장사 안 한다고 대세에 지장이 없죠. 망할까 봐 걱정하는 건 저 친구가 아니고 우리죠. 갈 데가 없어지는데."

"아, 그렇군요. 덕분에 저는 많은 도움을 받아서 고마울 뿐이에요."

"서로 돕고 사는 거죠. 나중에 매상으로 갚아요. 뭐 이제 우리 패밀리 되신 거 같은데, 그쵸? 철주 저 친구도 비슷한 경험이 있어서 더 그럴 거예요."

"공황장애?"

"아니요, 그거 치료야 많이 했겠죠. 대학병원에 있을 때 정말 빡세게 살았어요. 아침 여덟 시부터 밤 열시까지, 학회 일에, 학교 일, 병원 일⋯⋯. 어쨌든 폭포처럼 떨어지는 일들을 잘 해내더군요. 초인이든지 워커홀릭이든지 둘 중의 하나라고 생각했는데, 역시 탈이 나기는 나데요."

"무슨 탈이요?"

"내 입으로 할 얘기는 아니고, 하여간 사는 게 힘들어졌어요. 다 떠났죠. 혼자가 되었어요. 어느 순간, 사람들이 무섭대요. 그러더니 이 친구 다시 시작하지 않고 탁 놔버리더라고요. 그것도 한 번에 다 놔버려요. 모 아니면 도야, 모 아니면 도. 원래 삐딱한 놈이기는 한데 인생 180도 변신. 다 쥐고 있다가 결국 다 놔버린 거죠. 2, 3년 전하고 비교하면 사람이 달라졌어요. 눈빛도 부드러워지고 표정도 편해지고. 너무 풀어져서 바보가 된 것 같기도 하고."

"무슨 얘기를 그렇게 재미있게 하세요?"

미수가 두 사람이 얘기하는 모습을 구경하다 다가왔다.

"미수 씨, 이리 와. 미수 씨도 파란만장하게 힘들었는데 지금은 많이 나아졌지, 아닌가?"

"뭐, 용 됐죠, 대장 덕분에. 먹는 걸 좀 제대로 못 먹는 게 병인데, 그것 말고는 많이 나아졌어요. 전에 폭식증이 있었어요."

"그런 거 말해도 돼?"

"안 될 거 뭐 있나요? 없는 일 말하는 것도 아닌데. 거기는 뭐가 문제예요?"

"이봐 아가씨, 여기는 뭐 문제 있는 사람들만 모이는 재활치료소인 줄 알아요? 이분은 정상이야, 지극히 정상."

"아니에요, 저도 문제 많습니다. 재활 중 맞죠. 엘리베이터를 못 탑니다. 갇힌 곳에 가면 죽을 것 같아서."

"아, 공황장애인가 그거죠? 제가 요즘 공부를 많이 해요. 그런데 대장이 그러는데 그걸 인생 실패의 징표로 여기지 말래요. 그게 정말 중요하대요."

"그게 무슨 말이죠?"

"저는 먹고 토하는 게 문제였는데, 그건 그냥 표면으로 드러난 증상이고요, 사실 더 큰 원인이 있다는 거죠. 그런데 먹고 토하는 거나, 공황발작이나, 저기 저 아저씨같이 발기가 안 되는 문제이건 간에 결국 나름대로 모든 증상은 그 의미가 있다는 게 대장의 지론이죠. 크크, 다들 하나씩 문제가 있죠? 노사이드가 일종의 재활 집단 같은 곳이에요."

"의미요? 난 그냥 힘들 뿐인데."

"증상이란 것도 결국 내 나름대로 최선을 다한 결과물이자 타협물일 수 있다는 얘기더라고요. 저도 처음에는 이해하기 어려웠는데, 생각해보니 그랬어요. 그게 힘들고 괴롭기는 해도 사실 더 큰 문제가 드러나는 것을 막아주는 셈이었더라구요. 그게 무서우니까 먹고 토하는 쪽으로 간 거였거든요. 그러니 그 증상을 너무 미워하지 말래요. 그것도 나의 일부니까요."

"일부라…… 나의 일부라고……. 전 그게 싫은데요."

"맞아요, 싫죠. 저도 그런 내가 너무 미웠거든요. 그런데 그것도 나의 일부이고 그 정도 선에서 타협할 수밖에 없는 나를 이해하고 나니까 그냥 나 자신을 받아들이게 되었어요. 그러니 훨씬 편안해졌다고 할까? 서당 개 3년이면 풍월을 읊는다더니, 저도 대장한테 수련을 받고 났더니 한마디 하네요."

"미워하지 말라고요? 그거 좋은 말인데 쉽지는 않을 것 같네요."

"말대로 되면 다 성인군자게? 대강 굽고, 자, 우리 같이 테이블로 갑시다. 너무 열심히 굽지 마요. 고기는 많으니까 잘 보이지 않으면 대강 태워요. 탄 거 먹으면 암 걸린다는 거 너무 믿지 말고. 가게에 있는 술은 내가 다 쓸어왔으니까 확 마셔버리자고."

영수가 자리를 정리하고 두 사람을 사람들이 모여 있는 테이블로 데려갔다. 신나게 웃고 떠들고 있는 철주의 모습이 보였다. 훨씬 부드럽고 편안한 모습. 처음에 철주가 병원을 그만뒀다고, 근처에서 가게를 하겠다고 했을 때 제일 크게 놀랐고 또 오랫동안 반대했던 사람이 바로 영수였다. 철주의 남다른 의학적 열정과 임상적 경험과 지식을 학생 시절 때부터 꾸준히 지켜보아왔기 때문이다. 그러나 요즘의 철주를 보면 영수도 수긍이 간다. 꼭 그렇게 살아야 하는 것은 아니라는 면에서 말이다.

철주도 그랬다. 한쪽으로만 달려가던 인생이 어느 순간 역풍으로 뒤집어지면서 숨이 막혀버리는 경험을 했다. 구조를 요청했지만 누구도 손을 잡아주지 않았다. "네가 좋아서 하던 일이잖아"라고 말할 뿐이었다. 철주는 뼈저리게 느꼈다. 결국 자신도 커다란 조직의 나사나 톱니바퀴에 불과하다는 것을. 자기가 빠져나가도 바로 뒤에서 기다리던 다른 나사를 끼워 넣으면 기계는 차질 없이 돌아가리라는 것을. 배신감이었을까, 모든 것을 놓게 된 것은? 철주는 자기애에 상처를 입었다. 이 세상에 자기만큼 잘났고 열심히 사는 사람이 없다고 여겼던 철주는 허덕였지만 사람들의 인정을 연료로 자기 자신을 태워왔다. 그런데 숨이 턱까지 차올라와서 더 이상 버틸 수 없는 지경이 되었는데 아무도 그 짐을 나눠 지려 하지 않았다. 페이스 다운을 하려 했다. 그랬더니 이제 그 정도가 너의 한계냐는 말만 들었다. 계속 평가받는 것이 괴로웠다. 한쪽 일을 줄이려 했더니 배신을 했다며 뒤통수를 치고, 나쁜 얘기만 들려올 뿐이었다. 그리고 집에 돌아갔을 때 이미 예전에 지친 가족들과 그와의 정서적 거리는 다시 잇기에는 너무 멀어져 있었다. 균형 감각을 회복하기에는 이고 지고 있는 것이 너무 많다고 여겨졌다. 게다가 그 모든 것들이 다 쓸데없는 허상의 의무이며, 인정받고 싶은 욕망이 투영된 것뿐일지 모른다는 기분이 들었다.

'계급장을 떼고 내 이름으로 승부한다면 나는 무엇일까?'

어디 교수, 누구 아들, 어느 학교 졸업생이라는 명함을 버리고 자연인으로 살아갈 엄두가 나지 않았다. 하지만 마침내 그의 결론은 모든 걸 내려놓는 것이었다. 처음에는 너무 무서웠다. 마치 동우가 워터파크에서 파도를 처음 만났을 때처럼. 노사이드를 시작하기 전 6개월 폐인 생활은 야인이자 노숙인의 삶이었다. 어떤 조직도 보호해주지 않는 곳에서 혼자 살아가야 한다는 원초적 불안감은 울타리 안에서 밖을 바라볼 때에는 상상도 할 수 없는 감정이었다. 그것을 극복하고 익숙해지는 데 생각보다 오랜 시간이 걸렸다. 그래서 철주는 자기가 얻은 깨달음을 나눠주려고 이렇게 애를 쓰고 있는지 모른다.

철주가 술을 마시다가 문득 생각난 듯 보라에게 말했다.

"어이, 예전에 제일 짜증났던 말이 뭔지 알아, 보라 샘?"

"몰라요."

"어떻게 살아? 요즘 고민이 뭐야? 뭐 그런 말 있잖아. 사람이 꼭 목표 달성을 위해 열심히 살아야 하는 건 아니잖아. 또 무슨 생각이 있어야만 하는 것도 아니잖아."

"그죠."

"그러니까 나는 그게 짜증이 나더라고. 꼭 뭘 하고 살아야 하나 이거야. 별일 없이, 아무 고민 없이 산다고 해서 인생을 낭비하고 있는 게 아니더라, 이거야."

"크크, 그러니까 대장은 지금 인생을 낭비하고 있다 이건가요? 넘치는 건 저 좀 주세요."

"낭비로 보일지 몰라도 난 지금 만족스러워. 베리 머치 만족스러워. 별일 없이 그냥 산다고."

영수가 그의 말을 끊으면서 말했다

"잡소리 그만하고 술이나 마시자고. 전에 니가 말했나? 'Night is still young.' 오늘 밤은 베이비야 베이비."

"자, 건배! 별일 없이, 아무 고민 없이! 그래도 세상은 무너지지 않는다. 지구는 독수리 오형제가!"

〈별일 없이 신디〉

니가 깜짝 놀랄 만한 얘기를 들려주마.
아마 절대로 기쁘게 듣지는 못할 거다.
뭐냐 하면
나는 별일 없이 산다. 뭐 별다른 걱정 없다.
나는 별일 없이 산다. 이렇다 할 고민 없다.

니가 들으면 십중팔구 불쾌해질 얘기를 들려주마.
오늘 밤 절대로 두 다리 쭉 뻗고 잠들진 못할 거다.
그게 뭐냐면
나는 별일 없이 산다. 뭐 별다른 걱정 없다.
나는 별일 없이 산다. 이렇다 할 고민 없다.

이번 건 니가 절대로 믿고 싶지가 않을 거다.
그것만은 사실이 아니길 엄청 바랄 거다.
하지만
나는 사는 게 재밌다. 하루하루 즐거웁다.
나는 사는 게 재밌다. 매일매일 신난다.

나는 별일 없이 산다 아 아-
별일 없이 산다 아 아-
사는 게 재밌다 아 아-
나는 사는 게 재밌다.
매일매일 하루하루 아주 그냥-

#5 그냥 서핑을 하듯 나를 맡기자

주말이 지나갔다. 동우의 머리는 아직 복잡하다. 하지만 몸은 왠지 다른 방식으로 세팅이 된 것 같은 느낌이다. 이 느낌에 집중하려고 한다. 또 공황발작이 올까 봐 무섭다. 그렇지만 그 공포를 의식하는 것 자체는 전보다는 덜 두렵다. 삶에 대한 공포, 불안을 내 삶이라는 커다란 의식의 황하에서 분리해놓고 보려고 한다. 그러고 나니 너무 크고 무섭고 실체에 압도당할 것 같던 공포의 크기가 생각보다 크지 않을지도 모른다는 감이 왔다. 광대한 의식의 흐름에서 그냥 흘러가게 두는 것이다. 너무 자세히 들여다보고 중요한 것으로 여길수록 공포는 커져서 나를 집어삼킨다. 죽을 것같이 힘들지 모르지만 죽지는 않는다는 것을, 숨이 턱까지 차올라와 죽을 것만 같지만 죽지는 않는다는 것을 몸에 새겨 넣으려 한다.

회사 문을 들어섰다. 다친 일들은 많다. 오늘만도 회의가 다섯 개에 중요한 결정을 내려야 할 것들이 쌓여 있다. 주말 내내 노느라 봐야 할 자료도 그대로 쌓여 있다. 그런데 이상하게 마음이 편하다. 될 대로 되라는 심정은 아닌 것 같고 그냥 그렇게 또 하루가 갈 것 같다는, 그래도 될 것 같다는 마음이다.

엘리베이터 앞에 섰다. 왠지 그냥 타도 될 듯하다. 15층을 눌렀다. 문이 닫혔다. 윙 소리와 함께 엘리베이터가 올라간다. 머리끝이 쭈뼛 서는 기분이 들고 조금 답답해진다. 이러다가 말겠지 하고 마음을 먹었다. 5층에서 문이 열렸다. 직원 한 명이 내렸다. 같이 따라 내리고 싶다. 그렇지만 참는다. 다시 엘리베이터가 올라갔다. 먹먹한 기분이 든다. 그 기분을 무서워하지 않고 즐기기로 마음먹는다. 일은 오늘도 내일도 몰려올 것이다. 견디기 어려울지 모른다. 하지만 다 채우지 않고 그냥 버티고, 부서질지 모른다는 느낌도 버티다 보면 그냥 지나가고 말 것이다. 파도에 나를 맡겼듯이 일과 부담을 제압하려 하지 말자, 그냥 서핑을 하듯 나를 맡기자, 그렇게 생각했다.

어느새 15층에 도착했다. 문이 열렸다. 멀리 창을 통해 들어오는 햇살이 눈부시다. 왠지 괜찮은 하루가 시작될 듯한 느낌이다.

지금 가장 후회스러운 게 뭐예요?

짜릿한 삶과 안전한 삶 사이에서

"정상적이라는 삶을 한결같이 사는 삶. 사람들은 열 명 중 아홉 명이 선택하는 재미없는 뻔한 답을 골라서 살지. 세라비, 그게 인생이라네."

"그들의 앞날도 처음 생각대로 되지 않을 것이다. 하지만 그 앞날을 선택하고 만들어 나가는 일은 그들 몫이다. 기다리는 삶이 아니라 만들어가는 삶을 원한다면 저질러보고 후회하는 것이 낫다. 지금 철주의 생각은 그랬다. 자기가 그랬듯이."

#1 **천재 예술가가
뻔한 직장인이 되어
나타나다**

"오늘 기분 조오타!"
"무슨 일인데요?"
"보라 샘, 이런 기분 모를 거야. 그동안 내가 작은 점방이나 한다고 우습게 여기는 놈들 다 고개 숙여야 해. 특히 너 철주, 넌 대학교수였다고 나 우습게 봤지?"
"도대체 뭔데?"
"오늘 병원에 배가 아릿하게 아프다는 삼십대 남자 환자가 왔어요. 대학병원 가서 여러 가지 검사를 다 해봤는데 허사였대."
"그런데요?"
"정신과 가라고 해야 할 환자가 왔나 했는데, 얘기를 들어보니까 어떨 때는 무지 아프다가 또 한동안은 씻은 듯이 안 아프대. 혈압을 재보니까 조금 높은 거야. 게다가 아픈 게 벌럭벌럭한 것 같기도 하다고 하고 밥 먹는 거하고는 관련이 없는 것 같다고 하네."

"그럼 뭔데요?"

"흔한 건 아닌데, 혹시 장간막 동맥류가 아닌가 의심되는 거야. 내장 쪽의 작은 동맥들에 동맥류가 생기는 경우가 아주 드물게 있는데 일반적인 검사로는 찾아내기 어렵거든. 내가 그래서 소견서 써서 아는 의사한테 보냈지. 그런데 아까 전화가 왔는데 내가 맞았다는 거야. 물론 똑 떨어지는 치료법이 있는 건 아니지만 그래도 환자는 이제 자기 문제가 뭔지 알게 됐으니까 얼마나 속이 시원하겠어. 닥터 하우스도 나한테 형님 해야 할 거야. 점방에서 기계 하나 제대로 없이 탁 진단을 내려버렸잖아? 안 그래, 돌팔이? 점방 생활이 참 답답한데, 1년에 한두 번 이런 환자 잡아내면 정말 짜릿하고 기분이 좋아. 이번 달 들어 벌써 두 명째거든. 지난번에는 희귀한 부정맥을 잡아내기도 했지. 그 사람도 페이스 메이커 달고 너무 좋아졌고. 소화기에 심혈관까지 못 하는 게 없는 수퍼 내과 의사라니까. 크, 자 한잔, 내가 쏜다!"

영수의 이야기를 듣고 있던 철주가 음악을 틀었다.

"내 말이 시끄럽다는 거냐?"

보라가 킥킥 웃는다.

"왜 웃는데요?"

"두 분이 너무 웃겨서요. 웃기는 커플이에요."

"토하겠네. 웬 커플?"

"이 음악 모르세요?"

"들어는 봤는데 무슨 곡인데?"

"그룹 너바나의 〈리튬Lithium〉이란 곡이에요. 리튬은 조울증에 쓰는 기분안정제잖아요."

"그래서? 그 정도는 나도 알지……. 아, 개자식, 내가 지금 조증이라는 얘기냐? 너야말로 리튬을 처먹을 놈이."

철주는 고개를 끄덕이며 음악을 즐기고 있을 뿐, 가타부타 말이 없다. 영수가 약이 올라 철주에게 잔을 던지려 하자 철주가 말했다.

"조금 기다려봐. 너를 위한 진짜 리튬이 올 거야. 이번에 보드카 라인을 새로 메뉴에 넣을까 해서 영업사원을 오라고 했거든. 시음 좀 하게 종류별로 가지고 오라고 했으니까 한 잔씩들 하자고. 공짜라면 환장하는 놈이 하나 있어서 걱정은 되나, 깔끔한 보드카를 마시고 나면 과대망상이 치유되겠지."

문이 열리고 남자 한 명이 들어왔다.

"늦었습니다, 죄송합니다. 사장님 어디 계시죠? 아쿠아비테에서 왔습니다."

통통한 몸집에 싱글 수트를 단정하게 입은 인상 좋은 이십대 중반의 청년이었다. 동그란 얼굴에 동그란 안경, 약간 짧은 헤어스타일, 졸라맨 얇은 넥타이가 언뜻 블루스 브라더스를 연상시키는 면도 있었다. 청년은 어깨에 엑스 자로 서류 가방을 메고, 두 손에는 보드카를 한 상자 들고 땀을 뻘뻘 흘리며 서 있었다.

"아, 오셨군요. 이리 오세요."

"시음할 병들을 어디로 놓을까요?"

"여기, 바 위에 놓으세요. 같이 시음할 감정단 분들입니다."

청년이 박스를 놓고 넥타이를 고쳐 맸다. 영업사원인데 쉽게 눈을 마주치지 못하고 매 맞고 자란 강아지처럼 고개를 조금 숙이고 불안정한 모습으로 명함을 내밀었다.

"처음 인사드리겠습니다. 연락 주셔서 감사합니다. 아쿠아비테 강북영업소 심우진 주임입니다."

"예, 노사이드 대표 김철주예요. 전 명함 없어요."

철주가 명함을 읽기 위해 고개를 숙이자 그제야 고개를 들고 철주를 제대로 보게 된 우진이 놀란 목소리로 말했다.

"어…… 혹시 그…… 김철주 교수님 아니세요?"

"네?"

"선생님, 저 기억 안 나세요? 심우진이에요. 10년 전에 선생님한테 치료받았잖아요."

"네? 아, 그 우진이? 노래하는 우진이?"

"맞아요. 반가워요! 그런데 병원 나가셨다는 말은 들었는데 여기 계신 줄은 몰랐어요. 아무도 안 가르쳐주더라고요."

"그래, 오랜만이다. 반갑네. 잘 지내? 음악은 이제 안 하나 보지?"

"안 한 지 한참 됐죠. 결혼해서 애도 하나 있어요. 선생님 만나서 너무 반가워요. 그때 정말 힘들었는데. 선생님은 어떻게 하나도 안 변하세요?"

"나도 그때는 젊어서 혈기가 방장했다. 그런데 몰라봤어. 많이 바뀌었다."

"살 많이 쪘죠?"

"살찐 거 말고도, 표정이 뭐랄까…… 좋게 말하면 선해지고 나쁘게 말하면 흐드러지게 풀어졌다고 할까?"

보라가 끼어들었다.

"대장, 그런 말이 어디 있어요? 오랜만에 만난 사람한테."

"아니야, 예전 모습을 정말 몰라서 그래. 얼마나 똘망똘망하고 재기발랄했는데. 어느 순간 그 선을 넘어가서 그랬지. 우진아, 내가 이분들한테 너 전에 뭐 했는지 소개해도 돼?"

"별것도 아닌데 하지 마세요. 부끄러워요. 어릴 때 1, 2년 한 건데요."

"다 아는 얘기를 하는 거니까 밝힌다고 해서 환자의 비밀 보호를 깨는 거 아니다. 네가 먼저 말한 거잖아. 내 환자였다는 거."

"할 수 없네요, 하하. 제가 선생님 환자였고 새 삶을 살게 되었다는 건 변함없는 사실이니까요."

"10년 전에 쿼크라는 그룹 기억나? 원맨밴드였는데. 음악이 있는데…… 어디 있더라."

"쿼크? 아, 그 〈유니디멘셔널 웨이브 오브 월드Unidimensional wave of world〉라는 곡으로 완전히 대박 친?"

"맞아, 열라 심오한 곡이지. 혼자 작사, 작곡, 연주까지 다 했는데 알고 보니 십대 후반이라고 난리도 아니었잖아."

철주가 음악을 찾아내 데크에 걸었다. 웅장하고 복잡한 전주가 흘러나왔다. 전자음이 폴리포니로 흐르고 그 밑으로 어쿠스틱 기타와 관악 연주가 나왔다. 이어서 리듬 파트가 나오면서 멜로디가 시작되는데 처음 전주에 비해서 발랄하고 리듬감이 있어 오랜만에 듣는데도 어깨가 쉽사리 들썩거리는 음악이었다.

"10년 전 음악 같지 않아. 처음 나왔을 때 한국 음악 같지 않다는 게 첫마디였잖아."

"맞아요. 우리 음악이 이만큼 왔나 하는 감탄사가 먼저였죠. 스케일도 크고 음악적으로도 수준이 있는데, 더 놀라운 게 젊은이의 정서를 너무 잘 뽑아내는데 대중적인 멜로디까지 있어서 쉽게 사람들이 흥얼거리게 했다는 거죠. 그런데 판을 두 장인가 내고 사라졌죠? 갑자기 소리 소문 없이."

"죽었다는 말도 있었고, 원래 존재하지 않는 프로젝트 밴드였다는 말도 있었고……."

"그게, 이 친구야. 퀴크, 신비의 원맨밴드의 주인공, 천재 십대 심우진."

"천재라뇨, 선생님. 그때는 어려서 뭘 몰라서 막 다 한 거죠."

진부한 표현이지만 우진은 당시 '어디서 이런 괴물이'라는 말이 나오게 만든 십대 스타였다. 아이돌이라고 하기에는 창작력이 너무 뛰어나고, 퍼포먼스 능력이나 대중성까지 겸비해서 조용필이나 서태지의 계보를 이을 것이 확실시된다는 언론의 호들갑이 공치사로 들리지 않는 수준이었다. 언론이나 기획사에서는 미국 진출, 빌보드 차트 진입도 멀지 않은 일로 받아들이는 분위기였다. 그런 그에게 이상한 소문이 돌기 시작했다. 2집 녹음을 준비하던 스튜디오의 기물을 모두 파손했다는 신고, 미성년자인데 술에 취해 강남 술집을 돌아다니다가 시비가 붙어서 경찰서에 끌려갔다는 소문, 열 살 연상의 배우와 스캔들이 나서 외국으로 도피했다는 얘기까지. 어느 날은 "비틀즈도 별 것 아니고, 롤링스톤즈의 음악도 베낀 것에 지나지 않는다. 나는 그것을 뛰어넘는 음악을 할 것이다. 한국대중음악사에 존경할 선배는 없다"는 도발적인 인터뷰로 공분을 사며 기행의 중심이 되었다. 그러던 중 결국 2집 발표를 앞두고 마지막 녹음을 하는 과정에서 일주일간 수면을 전혀 취하지 못하고, 술과 각성제를 복용하다가 녹음을 진행할 수 없는 상태가 되자 부모에 의해 비밀리에 강제 입원을 하게 된 것이다. 그때 주치의가 철주였다. 철주는 우진을 양극성 정동장애, 세칭 조울병으로 진단했다. 그리고 기분안정제를 처방하는 것으로 치료를 시작했다. 우진은 철주를 처음 만났을 때 이렇게 소리쳤다.

"얼마면 돼요? 경쟁 기획사에서 저를 집어넣으라고 했나요? 얼마 줬어요? 제가 두 배로 줄게요. 나가야 해요! 예술가가 그럴 수도 있는 거 아니에요? 앨범을 못 내면 얼마가 손해 나는지 알아요?"

우진은 문제의 심각성을 전혀 받아들이려 하지 않았다. 소속사의 성화에 못 이긴 부모가 결국 '의사의 의견에 반한 퇴원'으로 일주일 만에 데리고 나갔다. 음반은 발매되었다. 그러나 가요 프로그램 생방송 중에 댄서와 키스를 하고, 방청석으로 뛰어 내려가 방청객에게 청혼을 하는 등 엽기적인 행동으로 방송을 엉망으로 만들어버리고 말았다. 처음에는 천재의 기행으로 이해되었지만 곧 그 강도가 심해지자 방송에서 퇴출되었고 소속사는 도리어 우진과 부모를 계약불이행으로 고소하는 상태가 되었다. 결국 부모는 우진을 데리고 철주에게 다시 왔고 이후 세 달의 입원 기간 동안 우진의 증상은 많이 좋아졌지만 그와 반비례하여 대중 속에서 우진, 아니 쿼크는 순식간에 잊힌 존재가 되어버렸다. 그래서 원래 존재하지 않는 밴드라는 전설 아닌 전설이 음악팬들 사이에 떠돌게 된 것이다. 퇴원 후 한두 번 더 재발이 있었지만 처음같이 심하지는 않았다. 그 후 몇 년 동안 철주는 우진이 검정고시를 보고 대학에 들어가 한두 번 휴학을 하고 졸업할 때까지 그를 쭉 치료했다. 그리고 이후로는 자연스럽게 뜸해지면서 소식이 끊어진 것이다.

"음악은 이제 안 하니?"
"음악은요. 밥 벌어먹기도 힘들어요."
"그래? 아쉽네. 이제 해봐도 될 것 같은데."
"선생님이 제 머리는 모 아니면 도라고 했잖아요. 전 지금이 좋아요."

"하하, 그랬나? 내가 기억력이 안 좋아서. 우리 시음해야지. 깜박했다."

"많이 드세요. 같이 계신 분들도요. 저는 술 영업사원인데 술을 안 마셔요. 선생님한테 치료받으면서부터 안 마신 게 지금까지예요. 그때 약속했죠. 제가 다른 건 못 해도, 약속은 잘 지켜요."

그 말을 들은 영수가 깐죽거리며 한마디 했다.

"저는 지키지도 못할 약속을 남한테는 잘도 시켜요. 일도 제대로 못 하게. 야, 니가 이제 풀어드려라. 니가 손오공 머리에 황금 띠를 씌운 삼장법사라도 되냐?"

"그래, 이제 마셔라. 한 잔은 괜찮아."

"아니에요, 선생님. 영업이 좀 힘들기는 해도요, 그냥 이대로 지낼래요. 지금 이렇게 사는 게 전 좋아요. 그냥 평범하고 안정적으로. 남들 평생 타볼 롤러코스터를 어릴 때 다 타서 이제는 그냥 평지를 걷는 게 좋은, 그런 거 이해하시죠?"

보드카 시음을 마치고 철주가 말했다.

"오늘 마셔본 것 중에 괜찮은 걸로 몇 가지 골라서 들여놓자. 내가 내일 전화할게. 오늘 수고했다."

"감사합니다. 다음에 뵐게요."

우진이 고개를 90도 숙여 인사하고 땀을 흘리며 병을 정리한 뒤 사라지자 보라가 말했다.

"안됐어요. 음악 들어보니 정말 재능이 있던데. 조울증만 아니었으면 지금쯤 우리가 만나기도 어려운 사람이 되어 있었을 텐데."

"글쎄, 십대 때 얘기니까. 비기너스 럭(beginner's luck)이라는 것도 있을 것이고. 나는 다른 방향으로 아쉬워. 이제 10년쯤 지났으니까 한번 다시 시도해봐도 좋을 것 같은데."

"뭘요?"

"정상의 범위를 너무 좁혀서 생각하는 게 아닌가 해서. 내가 밖에 나와서 지내다 보니 병원 안에 있을 때보다 그 범위가 넓어지는 것 같아. 또 10년 전에는 분명히 조증이었지만, 서른으로 넘어가면서는 분명히 뇌도, 마음도, 정신도 다 성숙해져서 전보다는 자기 절제가 훨씬 수월하지 않을까 해서. 저렇게 사는 게 나쁘다는 건 아닌데……. 그냥 정상적이라는 삶을 한결같이 사는 것도 지루한 것 같아서."

"한마디로 스트라이크 존이 넓어지셨다."

"그렇지. 한가운데로 들어가는 직구 같은 삶, 정상이지만 재미없잖아. 홈런 맞기 쉽고. 그보다 스트라이크 존은 넓혀서 구석구석 찌르는 볼 같은 스트라이크, 스트라이크 같은 볼이 투수로서는 훨씬 매력적이거든. 또 스트라이크 존을 넓히니 전에는 당연히 볼로 보이던 것들도 스트라이크일 수 있더라고. 맞춰 잡는 거지. 모든 타자를 삼진으로 잡는 투수가 멋지기는 하지만 경기는 너무 재미없어지겠지. 완벽한 투수 혼자 아무리 잘 던져도 이길 수는 없어. 비길 수 있을 뿐이지. 야수를 믿고 맞춰 잡는 것, 1, 2점 정도는 주더라도 타자들이 잘 쳐주기를 기대하는 투수가 나와야 경기가 재미있어지잖아. 물론 던지는 투수나 감독은 피가 마르겠지. 하여튼 요즘 내 생각은 인생에서 몇 점 정도 내줘도 끝에 이길 수 있다면 그것도 좋은 게 아닌가 한다는 거야."

말을 듣던 보라가 철주에게 말했다.

"십대에 발병한 조울증은 나이가 들어도 재발할 가능성이 많고, 또 그분은 몇 번 재발을 했으니까 최대한 오랫동안 유지 치료를 하는 게 좋은 거 아닌가요?"

"그거야 그렇지. 나도 그렇게 생각해. 기본적으로는. 한 번 재발할 때마다 피해가 너무 크니까. 그런데 그건 너무 보수적인 견지가 아닐까 한다는 거야. 넘어지지 않고 어떻게 자전거를 배워? 다섯 살 때 넘어지고 자전거 타는 거 포기했다고 일곱 살 때도 타면 넘어지니까 시도도 하지 말아야 하는 건 아니잖아. 한번 해보는 거지. 한 점 줬다고 게임 포기하면 안 되잖아. 9회 말 역전 만루 홈런. 우리가 언제나 꿈꾸는 거 아닐까?"

철주는 우진이 마음에 걸렸다. 우진은 기억에 오래 남는 환자였다. 십대의 천재 예술가가 조증이 의심되어 입원했다. 창작자라면 감수성이 예민하고, 일상적인 삶과는 다른 진폭으로 사는 게 당연한 건 아닌지, 꼭 일반인들에게 적용되는 정상 범위 안에서 살아야 하는 것인지 고민이 되지 않을 수 없었다. 버지니아 울프의 우울증, 재니스 조플린의 극단적인 기분 변화……. 어니스트 헤밍웨이의 집안 사람들은 일곱 명이 모두 자살을 했고, 그 유전적 힘이 손녀인 마고 헤밍웨

이까지 이어졌다. 반 고흐가 살아 있는 동안 그림을 그린 시기를 보면 아주 짧은 시간에 많은 그림을 그린 시기와 꽤 오랫동안 한 점의 그림도 그리지 않은 시기로 확연히 나뉜다. 신경학자들은 그가 간질과 신경매독을 앓고 있었기 때문에 간질을 앓지 않는 동안은 그림을 그리고, 간질에 시달릴 동안은 그림을 그리지 못했으며, 그의 전매특허인 해바라기의 노란색과 하늘의 푸른색의 독특함은 그가 창조한 것이 아니라 신경매독으로 인한 시신경 손상 때문이며 따라서 사실은 신경매독 환자들이 보는 노란색과 파란색이라는 주장을 했다. 그런데 그가 동생 테오와 주고받은 편지를 분석한 정신과 의사들은 그가 조울증이 있었고 가볍게 들떠 있는 시기에 그림을 많이 그렸고, 한없이 우울한 침체기에는 그림을 그리기는커녕 일상적인 생활도 하지 못할 정도로 심한 우울증과 자살 충동에 시달렸다는 분석을 했다. 무엇이 옳은지는 모르겠다. 예술가에게 우울증이나 조울증, 극단적 기분의 변화는 어쩌면 그들이 예술가로 살아가기 위한 천형과도 같은 것일 수 있다는 생각도 들었다.

그러나 과거와 달리 현대에는 조울증이나 우울증이 있는 예술가는 성공하기 어려우리라는 것이 철주의 생각이다. 시, 그림, 소설은 대부분 혼자서 하는 작업이거나, 상대적으로 짧은 시간에 끝을 낼 수 있다. 물론 미켈란젤로나 레오나르도 다 빈치의 대형 작품들을 예외로 한다면. 그렇기에 기분 장애가 있다고 하더라도 아주 나빠지기 전의 상태에서 일반인은 상상도 하지 못할, 극한의 예외적인 작품을 남길 수 있었을 것이다. 그러나 현대 예술의 하나인 영화 같은 경우 감독 혼자서 할 수 있는 것은 거의 없다. 자본이 개입하고, 많은 스태프와 배우들이 참여하기 때문에 이를 조율하면서 일을 진행해야 한다. 그리고 꽤 오랜 기간 준비하고, 촬영한 뒤 후반 작업을 한다. 그런 과정을 기분의 부침이 심한 사람이 유지하기란 불가능에 가깝지 않을까.

우진도 그랬다. 처음 작품의 초안을 만드는 것까지는 어떻게 할 수 있었을 것이다. 그러나 현대 음반 산업은 아티스트가 아니라 스타를 원한다. 프로듀서, 방송, 언론과 두루 좋은 관계를 맺고 밀고 당기기를 잘하는 사람이 살아남는 세상이다. 재능을 넘어 비즈니스를 잘하는 사람이 진정한 스타가 된다. 이런 현대적 예술의 특성이 십대 우진의 연약한 심성을 폐차장의 차를 압착하듯이 찌부러트렸던 것이다.

인류에게 문화라는 것이 만들어지면서 농경이나 수렵에서 열외가 된 사람들이 있었다. 첫 번째 부류는 자연의 이치를 이해하지 못하고 불가항력적으로 당하기만 하던 나약한 인간들이 하늘의 신에게 자연의 불예측성을 조금이라도 줄여달라고 희생물을 바치고 빌 때 이를 중계하는 신관이다. 두 번째 부류는 생존을 떠나 즐거움을 위해 노래, 무용, 그림, 시를 만드는, 즉 문화와 예술을 책임지는 사람들이었다. 이들은 기본적으로 베짱이들이다. 그리고 그것이 용인되는 사람들이다. 그러므로 농업 노동을 위한 근면성도, 수렵 노동을 위한 민첩성도 요구되지 않는다. 그보다는 자유로움과 뛰어난 감수성이 이들에게 요구되는 덕목이었다. 그것을 갖고 있다면 그들은 일상의 노동으로부터 자유로울 수 있다. 그런 면에서 볼 때 일반적인 정상 범위라는 잣대로 예술을 하는 이들을 재단하는 것은 사과의 품질을 평가하면서 생선의 선도와 탄력을 논하는 것처럼 동떨어진 얘기가 될 수 있다.

그렇기 때문에 이들의 정상성과 비정상성을 평가할 때에는 조심스럽게 접근하지 않을 수 없다. 당시 철주의 판단으로 우진은 분명히 조증 상태였다. 십대는 사춘기의 2차 성징과 함께 남성호르몬의 과다 분출이 일어나면 일시적인 불균형 상태에 빠지게 된다. 이 변화는 일시적으로 뇌에 영향을 주게 되고, 아직 전두엽의 억제 능력이 성인 수준으로 발달하지 않은 경우에는 충동적이고 감정조절을 제대로 하지 못할 가능성이 많다. 특히 조증이나 우울증의 가능성이 많은, 타고난 감성형 인간의 경우 양극성 정동장애가 발병할 수 있다.

그때 우진은 자기 관리가 안 되고, 이로 인해 자신뿐 아니라 그와 관련된 많은 이들의 생계와 삶에 영향을 끼치면서 돌이킬 수 없는 손해를 일으킬 수 있는 상황이었다. 원래 우진의 음악 생활을 반대하던 부모들로서는 우진이 그쪽 생활을 하면서 더욱 방탕해지고 고삐 풀린 망아지처럼 사는 것이 못마땅했다. 어릴 때부터 다방면에 뛰어났고 학업 능력도 좋았던 우진이 그저 평범하게 좋은 대학에 들어가 무난하고 사회적으로 대접받는 직업을 갖고 살기를 바라던 우진의 부모는, 우진이 갑자기 앨범을 내고 너무 빨리 성공하는 게 대견하기보다는 무섭고 두려울 뿐이었다. 그 두려움과 우진의 조증 발병이 맞아떨어진 것이다. 그래서 우진의 부모는 적극적으로 치료를 원했고, 당시 철주가 보기에도 우진의 조증 증상은 이미 정상의 범위를 훨씬 넘어 멀리 가버린 상태라고 판단할 수밖에 없었다.

철주는 당시에는 분명히 옳은 선택이었다고 생각한다. 비록 천재 예술가가 될 수 있었던 십대 청소년이 너무나 평범한 직장인이 되어 나타난 것이 안타까웠지만. 만일 그가 치료를 거부하고 조증과 우울증을 반복하며 좌충우돌 사고를 치면서 음악을 만들었다면 그의 인생은 망가졌을지 모르지만 평범한 일상을 사는 사람이라면 절대 만들어 낼 수 없는 명반 몇 장을 남겼을지 모른다. 그렇지만 그럼에도 그의 일생은 너무나 괴롭고 힘든 나날이 되지 않았을까.

세상은 사람들이 함께 가는 길이다. 어느 한 사람이 너무 빨리 뛰어나가면 대오가 무너진다. 그러면 길을 잃고 혼란에 빠질 수 있다. 그러므로 함께 가기 위해 너무 앞서 나가는 사람의 다리에 족쇄를 채워 인위적으로 속도를 늦추려 한다. 그것을 '늦게 가도 함께 가기'라고 말한다. 사회 공동체 전체, 작게 보면 가족의 그림으로 보면 맞는 말이지만, 개인의 입장에서 보면 꼭 좋은 일만은 아닐지 모른다.

오늘 우진을 만나고, 사람들이 가고 난 다음 다시 천천히 우진의 옛 앨범을 반복해서 들으며 철주는 이런 생각을 하게 되었다. 만일 지금의 철주라면 지금의 우진을 어떻게 바라봐야 하는 것일까. 지금 그는 행복할까? 철주가 10년 전에 우진에게 씌워놓은 낡은 봉인은 아직도 작동해야 하는 것일까.

> 이제 서른 살,
> 결국 네 인생이잖아

#2

"오늘 일 다 끝나고 온 거지?"

"네, 그렇게 하라고 신신당부하셨잖아요."

"그래, 오늘은 음악이나 들으면서 놀다 가라고. 스트레스도 풀고 그래야지, 안 그래?"

"좋죠."

철주가 우진을 가게로 불렀다. 일 다 끝내고 마음 편하게 오라고 미리 당부를 해뒀다.

"자, 이거 한 잔 마셔봐."

"뭔데요?"

"맛있는 칵테일이야."

"저 술 안 마시는 거 아시면서."

"그건 내가 너 스물 되기 전이라 그런 거고. 이제 결혼도 했으니까 어른한테 술을 배우라고. 도수가 아주 약한 술이니까 괜찮아. 릴랙스도 되고 좋을 거야."

망설이던 우진이 철주가 내민 술을 한 모금 마셨다.

"마실 줄 모르는 건 아니니, 어때?"

"정말 부드럽고 좋은데요?"

"그래서 작업주로도 불리는 술이지. 내가 칵테일을 몇 가지 못 만들어. 그래도 이건 열심히 배운 게, 작업 걸 때 좋거든. 천천히 마시다 보면 얼마나 마셨는지도 모르는 상태가 돼서 일어날 때 뻗어버리지."

"저한테도 그러시려고요?"

"그럴 거면 내가 작업주라고 말했겠냐?"

"아, 맞아."

음악의 리듬이 조금씩 빨라지며 흥겨워지자 한 잔 마신 우진은 조금씩 어깨를 들썩이며 그루브를 탔다. 옆에 앉아 있던 영수가 우진을 힐끔거리며 한마디 했다.

"분위기 좋은데. 야, 나도 그거 한 잔 주고 이 친구도 한 잔 더 만들어줘라."

"오케이. 이번에는 다른 걸로 만들어보지. 간만에 실력 발휘 좀 해볼까."

철주가 칵테일을 만드는 동안 우진은 조용히 눈을 감고 등을 깊숙이 의자에 기댄 채 고개를 까닥이며 음악에 심취해 있었다. 오랫동안 잊어왔던 세상의 냄새를 다시 맡는 것처럼, 부상으로 재활 훈련을 받던 일류 프로야구 선수가 몇 년 만에 만원 관중의 기분 좋은 함성소리를 마주한 것처럼 흥분된 감정을 느꼈을 것이 분명했다.

"자, 이것도 한 잔 마셔보라고. 이번에는 슈터 계열인데 한 큐에 마셔야 해."

우진이 망설이고 있자 영수가 재촉했다.

"자, 바로 앞에 주치의가 있는데 뭐가 무서워. 한 잔 딱 하자고요. 게다가 내가 내과 의사거든, 이래 봬도. 최소한 죽이지는 않을 테니까 걱정하지 마시고. 술장사 하는 사람이 술에 대해서 몸으로 느끼고 알고 있어야 하지 않겠어?"

영수가 부추기자 우진은 눈 딱 감고 슈터를 한 번에 털어 넣었다. 몸 전체에 알코올이 퍼지는 기분이 들면서 바닥에서 5밀리미터는 뜬 것처럼 기분 좋은 부양감이 느껴졌다. 음악이 잦아들자 철주가 뒤에서 뭔가를 꺼내 그에게 건네줬다.

"이게 뭐죠?"

"뒤져보니까 있더라고. 기억 안 나?"

철주가 우진에게 건넨 것은 낡은 기타였다. 우진은 기타를 받아 들고 유심히 관찰했다. 마치 산속에서 길을 잃고 헤매던 등산객이 너무 배가 고파 나무 밑에 핀 버섯을 따서 이게 먹을 수 있는 버섯인지 독버섯인지 구별하려고 애를 쓰는 것처럼.

"넥 부분을 봐봐."

"어, 이건……."

"그래, 10년 전에 네가 치던 기타야. 퇴원하고 처음 외래를 왔을 때 네가 나한테 선물했지."

"아, 기억나요. 선생님이 너무 고마워서 제가 1집 녹음할 때 쓰던 기타를 선생님한테 드렸죠."

"난 기타를 칠 줄 모르지만 고마워서 간직하고 있었지."

"맞다. 사실 그때 병동에서 음악회 할 때 선생님하고 저하고 같이 노래도 불렀죠. 제가 반주하고 같이 입원한 환자들하고 합창을 했어요. 그때는 선생님이 이런 음악 트는 가게를 할 줄 꿈에도 상상 못 했어요."

"왜?"

"어…… 노래를 너무 못해서서, 하하. 완전 음치는 아니었지만 박치는 분명했거든요."

"그랬니? 모든 게 다 완벽하면 재수 없잖아. 한 가지 정도는 못해야지."

영수가 끼어들었다.

"한 가지가 추가된 거지, 한 가지만 못하는 게 아니라."

"하여튼 반갑네요."

"일사후퇴 때 헤어진 자식을 여의도 공원에서 만난 기분?"

"그렇게 어려운 건 모르겠고요. 굳이 비유하자면 〈세렌디피티〉 같은 거? 그거 있잖아요. 영화에서 1달러짜리에 전화번호 적은 다음에 구호금 모금함에 집어넣고는 그것이 돌고 돌아서 상대방에게 돌아가면 그때는 운명으로 알고 사귀자고 했던 거. 제가 선생님께 기타를 선물한 것도 그런 거 아니었을까요?"

우진이 세심하게 기타를 만지기 시작했다. 오랫동안 손을 타지 않은 기타는 삐거덕거리는 신음소리를 낼 뿐이었다. 처음에는 마치 호텔에서 선을 보는 남녀처럼 낯설어하더니, 몇 분 지나지 않아 우진은 흘러나오는 음악에 맞춰 코드를 잡고 사이사이 애드리브를 넣어가며 기타를 연주했다.

"오랜만에 치니까 감이 안 잡히네."

곧 우진은 기타와 사랑에 빠졌다. 철주는 영수와 대화를 나누며 우진을 지켜봤다. 우진의 눈과 표정은 30분 전과 확연히 달라져 있었다. 집중을 하고 즐기는 사람의 표정은 자기 일을 완수하려고, 꼬투리를 잡히지 않으려고 애를 쓰는 사람의 그것과는 다를 수밖에 없다. 이미 우진과 기타는 하나의 보이지 않는 울타리를 만들어 가게 안에서 스피커를 통해 울리는 소리는 침투해 들어갈 수 없었다. 그러던 중에 우진의 휴대전화기가 울렸다.

"어, 무슨 일이야? 여기 일 끝내고 잠깐 들릴 곳이 있어서. 뭐? 어디인데? 알았어. 지금 그리로 갈게."

휴대전화를 닫은 우진의 얼굴은 순식간에 이전으로 돌아와 있었다.

"저, 먼저 일어나봐야겠습니다. 아이가 아파서 응급실에 간다고 하네요. 며칠 전부터 열이 좀 있었거든요."

"많이 아픈가?"

"몸이 좀 약해요. 병원 신세를 벗어나지 못하네요. 단일제대동맥으로 태어나서 콩팥이랑 방광 기능이 약하다고."

"그래, 빨리 가봐."

"여기……"

우진이 기타를 다시 철주에게 건네주려고 했다.

"이거 가져가. 너 주려고 집에서 가져온 거야."

"네?"

"며칠 전에 만나서 생각을 많이 해봤어. 오늘 술을 한 잔 준 것도, 기타를 준 것도, 고민 끝에 한 일이야. 기타 가져가서 쳐. 너 이제 서른 살이야. 결국 네 인생이잖아."

"네? 글쎄요…… 너무 오래된 일이라."

"누가 다시 음악을 시작하래? 기타도 취미로 못 치니? 그냥 심심할 때 애들 동요 반주나 해주라고. 원래 네 거니까 가져가라는 거야."

우진은 더 사양하지 않고 철주가 준 기타 케이스에 기타를 넣었다.

"감사합니다. 나중에 다시 올게요. 계산은……."

"그냥 가. 빨리 가봐."

철주가 손사래를 치면서 우진을 내보내려고 하자, 영수가 끼어들었다.

"이 인간 샘플 좋아하거든. 나중에 샘플 술이나 몇 병 갖다 줘."

"아, 하하, 알겠습니다. 제가 꽉꽉 챙겨서 가져올게요."

우진이 나가고 나자 영수가 말했다.

"이래도 되는 거야? 위험하지 않겠어?"

"나도 고민이 많았어. 그런데 벌써 몇 년째 재발 없이 너무 잘 지내잖아. 그리고 이제 나이도 먹었고. 충분히 자기 콘트롤을 할 수 있을 것 같아. 옛날에는 정말 위험했어. 그래서 정상의 범위를 좁혀서 세팅을 했던 거야. 그 상태 그대로 지금까지 살아왔을 줄은 몰랐어. 또 그때는 십대였고. 미성년이었다고. 자기가 선택을 하기보다 부모의 선택이 갖는 지분이 더 클 수밖에 없었지. 이제는 자기가 결정을 할 때가 되지 않았나 싶다."

"그러다가 된통 다 망가지면 어떡해? 그나마 늦게 공부 시작해서 이 정도 회사 다니고 있으면 잘한 거잖아. 너도 좀 악취미다. 또 지금 음악을 시작해서 어쩌라고."

"음악을 다시 시작하라고 부추기는 게 아니야. 인생에서 선택을 할 기회는 줘야 하지 않나 싶은 거지. 어릴 때 한 번 크게 덴 적이 있고 나면 다시는 그쪽을 쳐다보지도 못하게 되지. 혐오회피이론이라고 하는데, 개한테 물리면 애완견 키우는 게 별로 탐탁지 않은 것처럼 말이야. 사실 그냥 생긴 거였는데, 우진이의 부모는 애가 음악을 해서 병이 발병한 거라고 생각했어. 우진이 입장에서도 처음에는 믿지 않았지만 퇴원해서 음반 작업에 스트레스 받고 기획사랑 계약 문제로 줄다리기하고, 뺑뺑이 돌고 그러다가 한두 번 재발하니까 정말 그럴 것이라고 믿어버리게 된 것이겠지. 그다음부터는 그렇게 좋아하던, 그렇게 천재성이 있던 음악에 눈도 돌려서는 안 된다고 학습이 되어버린 거지."

"파블로프의 개처럼?"

"그래, 꼭 그런 건 아니겠지만 어쨌든 결국 덕분에 지금껏 취직도 하고, 결혼해서 애를 낳을 때까지 별다른 사건사고 없이 잘 지내는 걸 보면서 그 생각은 확신이 되고 더 나아가 진리가 되어버린 게 아닌가 싶어. 최소한 우진이나 부모님, 주치의에게는."

"그래서 지금 와서 그걸 흔들어서 뭐하려고?"

철주는 영수의 도발에 잠시 멈칫했다. 한 잔 마시고 나서 말을 이어 갔다.

"네 말도 맞아. 관점과 태도의 문제일 수 있지. 어떻게 보면 고요한 호수에 돌을 던지는 것일 수 있을 거야. 하지만 다르게 보면 고여서 썩어가는 물을 다시 흐르게 하는 것일 수도 있고. 그런데 무조건 이래야 한다, 라고 도그마같이 정해놓는 건 아니라는 거야. 그것도 자기가 선택한 것이 아니라면 더더욱. 한 번은 찬스 카드를 꺼낼 기회를 줘야 한다고 생각해."

"니가 그랬듯이, 네 환자들도 그래야 한다는 거야? 책임감을 느끼는 거야?"

"글쎄 결자해지라고 할까. 내가 남의 삶에 끼어들고 싶어 하지 않는 거 너도 잘 알잖아."

"잘 알지. 그런데 요즘은 좀 많이 끼어들더라."

"기본적으로 돈 터치, 논 오브 마이 비즈니스 타입인데, 이건 내가 아니면 문제를 풀 실마리를 건네줄 사람이 없기 때문에 그래."

"웃기지 마. 언제나 느끼는 건데, 넌 너무 네가 잘났다고 생각하는 것 같아. 그렇게 잘나지 않았어. 이미 그 친구나 부모 모두 고민이 있었을 거야. 요즘 연예인 하면 재벌 되잖아. 그렇지만 포기한 거잖아. 게임 셋이라고. 이미 끝난 게임을 왜 다시 시작하게 하고, 미련에 불을 붙여? 니가 하자고 하면 다 될 줄 아나 본데 세상은 그렇게 호락호락하지 않고, 사람들도 그렇게 생각 없이 살고 있지 않다고."

영수는 철주가 우진을 흔들어 대는 것이 싫었다. 다른 트랙으로 튕겨져 나와서 사는 것은 철주 하나로도 충분했다. 철주는 충분히 튼튼하고 남을 배려하기에는 자신을 너무 사랑하는 사람이기에 이런 삶을 살아도 괜찮다. 그러나 모든 사람이 다 그럴 수 있는 것은 아니다. 만일 그렇다면 세상은 아비규환이 되어 있을 것이다. 각자 자기주장만 하고 자기가 하고 싶은 대로 자기감정에 충만해서 사는 곳. 엔트로피가 최극점에 다다른 세상. 하지만 그렇지 않은 것이 현실이기에 사람들은 열 명 중에 아홉 명이 선택하는 재미없는 뻔한 답을 골라서 사는 것이다. 세라비, 그게 인생이다. 영수는 그렇게 믿었다. 철주도 그렇게 살던 놈이다. 그런 철주가 요새 들어 남의 삶에 개입하고 자기가 생각한 방식을 대입하는 것이 불안불안했다. 그러다가 철주가 다시 상처를 받는다면 이제는 갈 곳이 없다는 것을 영수는 잘 알고 있었다. 뭔가 철주가 일을 저지를까 봐 조마조마했는데 결국 일을 터뜨리고 말았디.

나는 실패보다 후회가 두렵다

#3

가게가 어수선했다. 철주가 가게 안을 이리저리 휘젓고 다니면서 케이블을 정리하고 있었다. 꼭 우진을 위해서 시작한 일은 아니었다. 인근의 인디 뮤지션들이 설 무대가 없어서 좋은 음악이 있는데도 대중들과 나눌 기회가 없다는 호소에 철주가 흔쾌히 가게의 한 자리를 내놓기로 한 것이다. 가게가 원래 공연을 위한 장소가 아니었기에 투자가 필요했다. 콘솔을 구입하고 작은 조명을 몇 개 달았다. 큰 맘 먹고 공연용 스피커도 새로 개비했다. 마이크도 질이 좋은 것으로 몇 개 샀다. 몇 달치 매출이 훌쩍 날아가버렸다. 철주는 장기적으로 새로운 손님 군을 만드는 데 이런 공연이 도움이 될 것이라고 믿었다. 그래서 과감히 투자를 한 것이다. 매주 토요일에 작은 콘서트를 열기로 했다. 힘들고 귀찮은 일이지만 왠지 그래야 할 것 같았다. 철주는 이 소식을 우진에게도 알렸다. 우진은 망설이다가 결국 격주로 30분 정도 공연을 해보겠다고 연락을 해왔다.

우진은 10년의 공백이 무색할 만큼 훌륭하게 해냈다. 다른 밴드의 음악을 들으러 왔던 관객들은 그를 새로운 발견이라고 했다. 옛날에 그가 부른 곡은 부르지 않았다. 그가 퀴크였다는 사실도 밝히지 않았다. 그냥 카피 곡들과 한 곡 정도의 자작곡을 기타 연주에 맞춰 불렀다. 곧 그가 노사이드 작은 콘서트의 메인이자 군계일학이라는 것을 모두가 인정하는 상황이 되어버렸다.

처음에는 우진도 생활의 활력소가 된다고 좋아했다. 그런데 욕심이 생기기 시작하자 점차 고민이 커지게 되었다. 음악을 연주하며 관객들과 호흡할 때의 쾌감을 다시 느끼자 연습에 대한 욕심이 생겼다. 무엇보다 영업을 할 때에는 못하는 것도 잘하는 것도 아닌, 그냥 평범한 실적을 올리는 눈에 띄지 않는 존재였지만 여기서는, 비록 알려지지 않은 가게에서 하는 작은 콘서트이지만 최소한 에이스라고 인정받고 그로 인해 자신의 존재감을 강하게 느낄 수 있었다.

가끔 공연이 끝나고 뒤풀이를 할 때 우진은 다른 팀과 어울려 술을 마시고 얘기를 했다. 붕 떠서 통제가 안 될 정도는 아니었지만, 이때의 우진은 활기차고 쾌활한 젊은이였다. 아이의 병에 대한 고민, 아내에게 주말마다 접대 자리가 있다고 둘러대는 거짓말의 부담, 아이 치료비 때문에 팍팍해진 살림살이와 생활비에 대한 걱정도 모두 잊을 수 있었다. 이때만큼은 살아 있다는 기분이 들었다. 그러다 보니 우진은 음악에 조금씩 몰두했고, 이에 비례해서 그를 찾는 팬들도 늘어났다. 팬들이 그의 공연 영상을 찍어 블로그에 올리자 조금씩 이름이 알려지기 시작했다. 얼마 지나지 않아 언론에서 그가 사실은 쿼크였다는 것을 알아냈고, 동시에 우진의 아내도 그가 주말마다 노래를 부르러 간다는 사실을 알게 되었다. 그리고 마침내 일이 벌어졌다. 우진의 아내가 찾아온 것이다.

"저는 불안해요. 물론 지금 삶이 아주 만족스러운 건 아니에요. 우진 씨가 답답해할 때도 있어요. 결혼해서 꽤 오랜 시간이 지날 때까지 저이가 유명한 가수였다는 것도 몰랐어요. 집에는 어떤 물건도 남아 있지 않거든요. 우연히 다른 친척 분을 통해 알게 되었죠. 시부모님들은 미국으로 가셨어요. 떠나시면서 제게 당부한 건 딱 두 개예요. 약 빼먹지 말게 하고 병원에 꼭 가야 한다는 것이었어요. 알고 결혼했거든요."

"네……. 이번에 많이 놀랐겠어요."

"기타를 들고 올 때부터 놀랐어요. 아이는 응급실에 있는데 술까지 한 잔 마시고 기타를 들고 왔는데 놀라지 않을 아내가 어디 있겠어요."

"그날이 그날이었죠."

"처음에는 그런가 보다 했죠. 그런데 갈수록 점점 자기 방에서 기타를 치고 있을 때가 많아졌어요. 저는 이 사람이 선해서 좋았어요. 그런데 요즘은 활기가 생겨서 좋기는 해도, 종종 신경이 날카로워지는 것 같아서 걱정이에요. 아이와 놀아주지 않아요. 의무적이라는 느낌이 강해요. 그이가 기타를 칠 때 아이가 들어가면 소리를 치기도 해요. 전에 주치의셨다니까 잘 아시겠지만요."

"미주 엄마 맞죠? 미주 엄마가 걱정하는 거 정말 이해해요. 저도 걱정이 되었기에 지금까지 병원을 다니게 했던 거죠. 그런데요, 이런 게 있어요. 인생은 자기 것이지 누가 정해준 것이 아니라는 거요. 미주 아빠의 지금 모습을 보세요. 다르지 않나요?"

"그렇죠. 행복해 보여요. 다른 사람 같아요. 그렇지만 우리는요? 지금까지 내가 알고 있던 심우진은 어디로 간 거죠? 저는 그게 속상해요. 아니 불안해요. 소박하게 살지만 저는 행복했어요. 여기에 만족했어요. 그런데 우진 씨가 저 멀리 가버린 거 같아요. 이제는 돌아오지 못하는 거 아닐까요? 선생님을 평생 원망하게 될까 봐 무서워요."

우진의 아내는 남편의 변화가 겁이 났다. 우진이 알아채지 못하게 숨어서 그의 공연을 보고 난 다음 다른 팀이 공연할 때 철주를 찾아와 애기를 하는 동안 그녀의 눈빛은 흔들리고 있었다. 철주는 이해할 수 있었다. 변화는 흔들림으로부터 온다. 혼란은 어쩔 수 없다. 여기서 망설이고 돌아가는 사람들도 많다. 그렇다고 돌아가는 것을 비난해서는 안 된다. 그것도 선택이다. 전진과 후퇴의 문제가 아니다. 둘을 동격으로 놓고 하나를 선택할 뿐이다. 그렇지만 많은 사람들이 변화를 선택하는 것이 전진이고, 이전에 하던 것을 계속하는 것은 후퇴라고 오해한다. 그런데 우진의 경우는 선택조차 불가능한 상황이었다. 한 가지 선택이 거세되고 봉인되어 있던 것이다. 그것이 불공평한 것이었다.

"지금 행복하세요? 그럼 1년 후를 생각해보세요. 1년 후 지금에 무엇을 하고 있을 것 같아요? 만족할 수 있을까요? 자, 그렇다면 이제는 5년 후를 그려보세요. 당신은 어디서 무엇을 하고 있을까요?"

철주는 우진과 그의 아내에게 이렇게 물어보고 싶었다. 일직선으로 뚫려 있는 경부고속도로가 인생의 전부는 아니다. 지금의 삶이 보잘것없고 가치 없다는 얘기가 아니다. 고속도로로 가다가 국도로 나갈 수도 있고, 필요하면 기차를 타고 가거나, 중간에 재미있는 곳이 있으면 멈춰 서서 밥도 먹고 바람도 쐴 수 있는 게 인생이다. 숙제를 마치듯이 쉼 없이 선택 없이 가야 할 길만 가는 게 아니다. 철주가 의대에 들어가 전공의를 마치고 교수가 될 때까지는 사는 게 그랬다. 그렇게 살았기 때문에 그가 생각하는 '정상'도 그런 것이었다. 메인 스트림에서 벗어나지 않는, 상식 차원의 삶이 정상이라고 여겼다. 평균값에서 벗어나는 것은 좋은 쪽이건 나쁜 쪽이건 비정상이라고 보았다. 가야 할 길을 순서대로 가지 않고 너무 오랫동안 멈춰 서서 정체되어 있는 것도 비정상이었다. 그런 면에서 당시 그의 눈에는 참으로 많은 것이 정상의 범위 밖에 있는, 치료해야 할 대상이었다.

그런데 의료 환경을 벗어나자 시각이 바뀌었다. 일단 그 자신이 원래 시각으로 보면 비정상이었다. 그동안 개인의 선택이나 스타일로 이해할 수 있는 부분들을 과도하게 비정상으로 분류하고 치료하려 했다는 것을 그는 최근 몇 년의 경험으로 몸소 깨달았다. 그런 상태에서 우진을 보고 나니 최소한 한 번의 기회는 만들어줘야 한다는, 우진을 처음 진단했던 사람으로서 생뚱맞은 사명감을 갖게 되었던 것이다. 본인의 의지로 한 번은 선택을 해야 하고 선택으로 입는 피해가 존재를 무너뜨릴 만한 것이 아니라면, 산술적으로 3분의 1 이내의 손해라면 한번 해볼 만하다고 생각했다.

스티그마(stigma), 정신적 낙인을 찍으면 안 된다. 실패가 스티그마가 되면 극복할 수 없다. 주변의 시선이 다시 일어서려는 사람을 서서히 무너뜨릴 수 있다. '네가 어떻게 이런 일을 해. 가만히 있는 게 도와주는 거야.' 이런 시선에 머뭇거리다 현재의 선택을 놓치거나, 망설이다가 실수라도 하면 '거 봐. 못 한다고 했잖아'라는 낙인이 한 번 더 찍히고 주홍글씨가 된 낙인으로 현재를 후회 속에서 살기 일쑤다. 후회는 힘이 세다. 특히 하지 못한 것에 대한 후회는 더더욱.

후회에 대해서 어떤 학자는 짧은 기간 동안에는 잘못한 선택, 즉 A 대신 B를 고른 것을 후회하지만 시간이 많이 지난 다음에는 선택을 아예 하지 않고 놓쳐버린 것, 즉 하지 않은 것에 대해 후회하는 것이 더 크다고 정리했다. 그렇다. 잘못한 선택은 그래도 하나를 쥐고 있는 것이다. 그러나 아예 선택을 하지 못하고 오랜 시간이 지나면 그 시간만큼 돌이켜보면서 반복적으로 복기하며 후회를 하게 된다.

우진에게는 실패하더라도 후회하지 않을 삶을 사는 게 십대 후반에 찍힌 낙인의 흉터를 지우고 새 살을 돋게 할 길이라고 철주는 판단했다. 그리고 이제 그 선택은 부모나 주치의였던 철주가 아니라, 우진 본인이 해야 할 것이라고. 위험해서 실패할지 모르지만, 가보고 싶었던 길을 다시 한 번 선택하는 것.

"당신 왔어? 들렸네. 연주하_라고."

우진은 생각보다 담담했다. 아내가 여기까지 찾아오길 마치 기다리고 있었다는 듯이.

"내가 왔는데 놀라지도 않아? 어떻게 그렇게 속일 수 있어?"

"놀랍기보다 반가운데. 속인 거 미안해. 때가 되면 얘기하려고 했어. 오늘이 그때인 것 같아. 연주 잘 들었어?"

"연주가 귀에 들어오겠어? 내가 얼마나 걱정되는 줄 알아?"

"알지…… 그래서 더 말을 못 했어. 나도 정리할 시간이 필요했고.

정말 이게 나한테 맞는지 알고 싶었고."

"그래서 결론이 뭔데?"

"글쎄, 아직 잘 모르겠어. 그냥 지금은 연주가 재미있고, 그 순간에 내가 살아 있다는 기분을 느껴. 그게 좋아. 그것만으로도 만족해. 같이 무대에 서는 친구들이 다른 클럽에서도 오디션을 보자고 해. 앨범도 같이 작업하고. 난 지금이 좋아. 나중에 어떻게 될지는 모르겠어. 지금을 즐기고 싶어."

"재발하면 어떡해. 그동안 잘 지냈는데."

"글쎄, 저기 선생님 계시니까 내가 나빠지면 바로 알아차리고 해결해주시지 않을까 하는데. 안 그래요?"

철주는 뒤에 서 있다가 고개를 끄덕였다. 이제 철주가 해줄 수 있는 일은 우진의 결정을 존중하고 뒤에서 그를 응원하는 것이다. 그리고 만에 하나 문제가 생긴다면 팔을 걷어붙이고 도와주는 것이다. 그렇다고 그의 인생을 대신 살아주겠다거나, '너는 이렇게 살아야 한다'라고 방향과 목적지, 중간에 들를 곳까지 세세하게 알려주겠다는 건 아니다. 그냥 뒤 혹은 옆에서 같이 가면서 말벗이 되고, 응원하는 사람이 되어주고 싶을 뿐이다.

아직 상황 정리가 안 된 우진의 아내는 가만히 있을 뿐이었다. 그러나 우진이 손을 잡자 뿌리치지는 않았다.

"애는 맡겨놓고 온 거지?"

"응, 친정에 있어."

"그럼 오늘 좀 늦게 들어가자. 오랜만에 데이트 좋지? 같이 공연한 친구들이랑 뒤풀이가 있어. 소개해줄게."

"나 배고파."

"하하, 나도 그래. 우리 곱창 먹으러 갈까? 애 생기기 전에 자주 먹었잖아. 요앞에 맛있게 하는 곳 있어. 저희 곱창 먹고 돌아올게요."

우진이 이끄는 손을 잡고 아내는 따라 나갔다. 밖은 취객들로 흥청망청이었다. 그들의 앞날도 처음 생각했던 대로 되지 않을 것이다. 그러나 그것은 앞으로 그들이 만들어 나갈 일이고 선택할 문제다. 변화를 두려워하고 쥐고 있는 것에 만족한다고 죄악은 아니다. 그러나 행복을 추구한다면, 그것도 스릴 있고 살아 있다는 느낌을 매일 느낄 수 있는 그런 삶을 원한다면, 롤러코스터를 타는 것까지는 아니라 해도 최소한 선택을 미루지 않고, 변화의 시점을 회피하지 않는 것이 필요하다. 지금 우진이 철주를 만난 것도 그의 인생의 큰 흐름 속에 바로 그 시점이 온 것이다. 앉아서 기다리는 삶에서 만들어가는 삶으로 체질 전환을 하는 것, 희생이 있을 수 있고 변화의 과정에 괴로움이 따를 것이다. 결국 자기 인생이다. 후회를 견딜 자신이 있다면 저질러보는 게 낫다. 지금 철주의 생각은 그랬다. 자기가 그랬듯이.

#4   **링 안의 싸움,**
    링 밖의 싸움

　　6개월 후 우진은 결국 회사를 그만두고 앨범을 발표했다. 그리고 서서히 인기를 얻게 되었다. 바빠지다 보니 노사이드에 오는 일도 뜸해졌지만 가끔 통화는 하면서 지내는 얘기를 나누고는 했다. 철주는 가끔 아슬아슬하기도 했지만 그럭저럭 잘 지내는 우진이 대견했다.

　　그날도 가게 문을 열고 손님이 오기를 기다리고 있었다. 처음 보는 사람이 들어왔다. 그러나 그와 눈이 마주치는 순간 철주는 멈칫할 수밖에 없었다.

　　"오랜만이다."

　　"그래, 찾기가 쉽지 않더라."

　　"여긴 웬일이냐."

　　"한잔하러 왔지. 맥주 하나 줘라."

　　"그래······."

　　철주는 남자에게 맥주를 한 병 꺼내서 줬다.

　　"너도 한잔해."

　　"그러지."

　　서로 잔에 맥주를 따라 건배를 한다.

　　"잘 지내?"

　　"응, 나야 뭐 그럭저럭. 병원에 별일 없지? 정말 오랜만이네."

　　"별일이 없겠냐. 네가 그러고 나가버렸는데. 난리도 아니었다. 지금이야 많이 정리가 되었지만. 너도 참."

"그래, 그때는 너한테 제일 미안했다. 짐만 다 떠넘기고 나간 셈이라."

"아는 놈이 그러냐?"

철주를 찾아온 사람은 그의 대학 동기이면서 수련 동기로 그가 병원을 그만두고 난 다음에 그의 후임으로 들어간 송재윤이었다. 그는 지방의 대학 병원에서 근무하다가 철주가 그만두자 서울로 올라와 그의 자리에 들어갔다.

"너 심우진이라고 알지?"

"어, 그런데?"

"그동안 내가 봤는데, 요즘 안 와. 약을 유지해야 하는데 한번 끊어보겠다고 하더라."

"그래."

"뭐가 그래야. 다 알면서. 네가 부추긴 거 알아. 너라면 그러고도 남을 거야."

"뭔 소리야. 치료는 꾸준히 받으라고 했다고. 물론 벌써 5년째 재발 없이 잘 지내니까 한 번쯤 테이퍼링 해서 끊어보는 것도 시도해볼 만하다고 하기는 했지."

"넌 병원 밖에 있으면서 훈수를 두는구나. 아직도 그런 식이야. 링 밖에 나갔으면 링 안의 일에 훈수를 두지 마. 그건 해설가가 할 일이지 선수가 할 일이 아니야. 넌 선수이기를 포기했잖아. 그랬으면 선수들이 할 일에 왈가왈부하지 말라고."

"그냥 내 생각을 얘기한 거야. 선택은 환자가 의사랑 상의해서 할 일이고."

"이제는 그런 식으로 생각을 하는구나. 물론 서로 상의해야 할 문제이기는 하지만, 기본적으로 최종 선택 결정권은 의사가 가져야 하는 것 아닌가? 자기 맘대로 하는 환자치고 잘되는 사람 본 적 없어. 너도 알잖아. 우리가 욕을 먹더라도 끌고 나가줘야 환자의 예후가 좋아진다는 것."

"그래, 나도 그건 인정해. 그럴 때가 더 많지. 하지만 난 말이야, 생각이 많이 바뀌었어. 또 우진이의 경우는 좀 특수하다고 생각하고."

"특수할 게 뭐가 있어? 십대에 발병한 조울증이라면 더욱더 잘 관리해야 한다고. 내게는 모든 환자가 특별해, 그리고 똑같아. 오늘 온 것은 네게 경고를 하러 온 거야. 링 밖에서 깔짝거리지 말라고. 의견을 내려면 링 위로 올라와서 제대로 붙어보자고. 처음에는 네 자리를 내가 차지한 게 미안했어. 그래서 더 열심히 했지. 그런데 이번 일을 겪고 느꼈어. 넌 대학교수를 할 그릇이 아니었던 거야. 여기가 어울릴지 모르겠다. 그게 너의 한계야. 잘 생각해봐. 언제든지 돌아와. 링은 열려 있으니까."

맥주를 마저 비운 재윤이 일어나 나가버렸다. 철주는 그의 뒷모습을 오랫동안 쳐다보았다. 무언가 새로운 사건이 벌어질 것 같은 불안이 느껴졌다.

일곱 번째 손님: 자신감 없는 여자

예민할수록
인생이 피곤하죠

행복 생산하기

"유진 씨는 사람들의 시선에 촉각을 곤두세우고 있어요. 대수롭지 않은 타인의 행동, 사소한 말 하나하나를 의미 있는 것으로 포착해 해석하죠. 그러다 보니 정말 중요한 큰 배는 놓치는 거예요. 그러니까 후회하겠죠."

"당신에게는 좋은 레이더가 있어요. 그러니 태양이 어디 있는지 금방 찾을 수 있을 거예요. 태양이 비칠 때 충분히 그 빛을 만끽하고 즐기세요. 그 힘으로 달리세요. 그러면 어두운 곳에서도 멈추지 않고 달릴 수 있을 거예요."

#1 왜 자신을
믿지 못하는가?

유진은 한 달 전부터 전보다 30분은 일찍 눈을 뜬다. 예전에는 출근 시간에 겨우 맞춰 일어나 눈곱만 떼 채 집을 나서기 일쑤였다. 그런 그녀가 변했다. 아니 불가항력적으로 변할 수밖에 없었다. 한번 정해진 삶의 패턴은 무슨 수를 써서라도 지키고야 마는 유진에게 자발적인 변화는 꽤 큰 사건이었다. 변해야 할 상황이 닥쳐도 지금까지 잘 지켜온 일상을 고수하면서 불편을 감수해온 것이 유진의 29년 삶이었다.

대학을 졸업하고 홍보대행사에 들어온 지 벌써 햇수로 5년째. 회사는 유진이 들어왔을 때보다 몇 배는 커졌다. 처음의 아기자기하고 가족적인 분위기는 사라지고 사장 얼굴 못 본 지가 몇 달은 된 것 같다. 그래도 어느 날 갑자기 망하는 회사가 부지기수인 마당에 회사가 발전하고 있다는 것이 감사할 따름이다. 이 회사에 대한 충성심이 비교적 강한 유진이지만 그녀의 고민은 태생이 세칭 '홍보녀'스럽지 못하다는 것이다. 클라이언트나 기자에게 먼저 다가가 최대한 밝은 미소를 지으면서 클라이언트나 언론사 양측 모두에게 좋은 인상을 심어주고, 안 되는 것도 되게 해야 하는 홍보녀의 기본 태도가 5년이 되어도 몸에 배지 않기 때문이다. 그래서 창업 공신까지는 못 돼도 나름 회사 짬밥으로는 중간 이상임에도 불구하고 회사 내에서 그리 인정받지 못하고 뒤켠에서 서포트하는 것이 그녀의 일이 되어버렸다. 속상하고 아쉬울 때도 있지만 유진은 만족해했다. 무슨 일에서건 보이지 않는 곳에서 노력하는 사람이 있어야만 하고, 그것도 훌륭한 일이다, 그렇게 생각했다. 그래야 속이 편해지니까. 지금까지 그래왔기에 이번에도 마찬가지라고 여겼다.

  어느 날 안정적인 나날을 보내고 있는 유진의 마음을 뒤흔든 일이 생겨버렸다. 조직 개편이 있었다. 부사장 말로는 "어디에서도 맡은 역할을 다 해내는 회사의 역사이자 멀티플레이어", 하지만 까놓고 말하면 깍두기 유진은 새로 만들어진 팀으로 배치되었다. 1년 전에 입사한 세 살 어린 후배 영민과 이번에 새로 충원된 신입사원 호준이 한 팀이었다. 유진보다 세 살이 많은 호준은 작은 광고회사에서 기획 일을 했다고 했다. 지금껏 회사에서 쓸 만한 남자를 본 적이 없던 유진은 그를 처음 본 날 싱숭생숭하고 이상한 기분이 들었다. 그녀가 평소 즐겨 보는 만화책의 주인공을 쏙 빼다 박아놓은 것 같은 인상이었다. 유약해 보이는 인상에 긴 머리, 섬세하게 긴 손가락, 부드러운 목소리, 말을 끝낼 때마다 눈을 마주치며 살짝 짓는 미소. 그 모든 것이 그녀의 마음을 흔들었다. 그가 나이 어린 유진을 '선배'라고 부르며 "이거 이렇게 하는 거 맞아요?"라고 할 때에는 가슴이 멎는 것 같아, 바보같이 말도 제대로 못 하고 눈도 잘 마주치지 못하고 더 오래 끌 수도 있는 이야기를 용건만 간단히 말했다. 그리고 그날 내내 후회했다.

그때부터 유진은 일찍 일어나 그가 자신을 바라봐주고, 뭐라고 한마디 해주기를 바라면서 공들여 옷을 차려입고 화장을 하는 등 모든 것이 준비된 상태로 집을 나섰다. 하지만 아무도 그녀의 변화를 알아채지 못했다.

아침에 일어나 거울을 보며 묻는다.

'난 왜 이렇게 생겼을까? 어떻게 하면 그 사람이 나를 바라보게 될까?'

거울에 비친 자신의 얼굴이 이렇게 마음에 안 든 적이 없었다. 눈이 너무 작고 얼굴은 지나치게 크다. 머리 모양을 이렇게 저렇게 바꿔봐도 눈에 들어오는 얼굴의 단점은 도저히 가릴 수 없는 것 같았다. 왜 이런 단점을 한 번도 알아채지 못했을까? 유진은 자신의 무던함과 무지함을 탓했다. 미리 준비하지 못했으니 갖고 싶은 것을 갖지 못하는 건 당연하다고 자책할 뿐이었다. 그동안 쓸 곳이 없어 정부 비축미처럼 몇 년 동안 차곡차곡 모아놓은 적금과 펀드를 깨서 시술을 받아야 할지 진지한 고민을 할 지경에 이르렀다.

답답한 마음에 서점에 갔다. 《그를 넘어오게 하는 마법의 화술 101가지》《얼굴 마사지로 일주일에 10퍼센트 작은 얼굴로》 같은 책을 집었다. 집을 때 누군가 자신을 쳐다볼까 신경이 쓰였다. 그래서 일부러 사람들이 바글거리는 대형서점에 왔는데도 혹시나 사람들 눈에 띌까 머리카락이 쭈뼛 서면서 긴장감이 들었다. 할 수 없이 맨 위에 《서른 살이 심리학에게 묻다》 같은 우아한 책을 놓고 계산대로 가져갔다.

며칠 전 호준이 점심을 같이 먹다가 나이를 물어서 당황한 적이 있었다. 순간 머릿속이 새하얘졌다. 한국 나이로 말해야 하나? 아니면 만으로? 아직 생일이 지나지 않았으니 스물여덟이라고 말하고 싶었지만 양심에 찔렸다.

"대리님, 서른 살이잖아요. 호준 씨랑 두 살 차이. 맞죠?"

"아니야, 아직 스물아홉이야. 왜 남의 나이를 확 올리고 그래!"

영민이 옆에 앉아 있다가 얄밉게 나이를 올려서 공개해버렸다. 죽고 싶었다. 호준이 씩 웃었다.

"그런데 호준 씨, 왜 물어봤어요? 우리 김 대리님 관심 있어요?"

"아니요, 그게 아니라요……."

3초만 뜸 들이다 대답하면 안 되나? 지금까지 보지 못한 빠른 리액션으로 손사래를 치는 호준도 미웠다. 속상했다. 긍정 속의 부정이기를 바랐지만 그럴 리 없다는 걸 유진은 알고 있었다.

"그냥 궁금했어요."

"왜요? 대리님은 궁금하지 않아요?"

"응, 나도 궁금하기는 하네. 제 나이가 왜 궁금했어요?"

"아…… 제 학교 선배 중에 정말 괜찮은 형이 있는데요, 그 형이랑 만나면 어떨까 해서 한번 여쭤본 거예요. 그런데 생각보다 대리님 젊으시네요. 저는 저랑 비슷하거나 연상이신 줄 알았어요."

"네?"

"와, 웃긴다. 우리 김 대리님이 원숙미가 있기는 하죠, 그쵸? 부잣집 맏며느리 타입."

"하하, 영민 씨도 그렇게 봤죠, 그렇죠? 그 형네 집안 좋거든요."

"선배가 몇 살이신데요?"

"음, 내가 대학 들어갔을 때 군대 갔다와서 복학해서 대학원 들어갔으니까 나보다 여섯 살쯤 위?"

"띠 동갑도 아니네요."

"그런데 돌싱이라……."

"그건 너무했다."

두 사람은 유진의 속도 모르고 시시덕거리기만 했다. 유진은 젓가락을 콱 목구멍에 찔러 죽어버리고 싶은 마음뿐이었다. 머릿속에서 전날 밤에 읽은 책 구절이 떠올랐다.

폭풍이 이는 날에는 수로의 난간에 가까이 가는 것을 금하라. 그리고 안개, 특히 겨울 안개에 조심하라……. 그리고 미로 속으로 들어가라.

그것을 두려워할수록 길을 잃으리라.

_최윤,《하나코는 없다》

유진은 인생이 어쩌다 폭풍이 이는 날에 수로의 난간에 기대어 위태해지게 되었는지 알 수 없었다. 어느새 호준과 영민은 공연을 같이 보러 가기로 약속을 정하는 것 같았다. 바로 앞자리에 앉아 있는 유진은 존재하지 않는 공기 인형처럼 대하면서. 그게 자신의 숙명인지, 자신이 애초에 그렇게 생겨먹은 존재일 뿐인지 유진은 순간 답답함이 치밀어 올랐다. 좋아하는 치즈알밥에 얹혀 있는 날치알들이 목구멍 속에서 날치로 변해 솟구쳐 올라오는 것만 같았다.

#2 사실은 병이 두렵다

"오늘 화장실 자주 가네."

"응, 가끔 이렇게 배가 살살 아픈데 잘 가라앉지를 않아."

"술을 그렇게 처먹어 대니까 장이 견뎌내냐?"

"술은 네가 더 마시지. 나야 사장인데 취하게 되냐?"

"가게 닫고 나서 젊은 애들 데리고 매일 고기 먹고 소주 먹고 들어가 자는 놈이. 나는 낮 생활이 있으니 시간 되면 들어가잖아. 내일 내시경 한번 하자. 병원에 와라. 형님이 안 아프게 해줄게."

"됐어. 이러다가 말겠지."

철주가 며칠 전부터 장염 증상으로 고생을 하고 있다. 배가 살살 아프고 대변 색깔도 그리 좋지 않다. 그런데도 철주는 꾹 참고 자기가 좋아하는 유산균 강장제만 복용하고 있다. 술은 그래도 덜 마시는 편이지만 완전히 끊지는 못하고 홀짝거리는 중. 옆에서 보다 못한 영수가 검사를 해보자고 하지만 철주는 완강히 거부하는 중이다.

"너 뭐 무서워하는 거 있지?"

"내가 뭘."

"고기를 그렇게 좋아하니, 대장암일 가능성이 높아. 폴립(용종)은 기본적으로 있을 거구. 너 폴립 가만히 두면 악성으로 가는 수 있어. 위, 간, 폐가 빅스리를 내주기 시작하고 대장암이 급격히 늘고 있어. 서구화의 영향이라고."

"내가 알아서 한다니까. 매일 유산균도 마시고 대변도 잘 보고 있어. 살이 빠지는 것도 아니고."

"살이 안 빠져? 너 일주일 사이에 몇 킬로는 빠졌을걸."

"다이어트도 되고 좋지 뭐. 하여튼 신경 쓰지 마."

철주는 사실 두려웠다. 아는 게 병이라고 의사들이 병에 대한 겁이 많은 편인데 철주도 예외는 아니었다. 그동안의 방만한 생활에 대한 가혹한 성적표를 받게 될까 봐 무서웠다. 사실은 요새 못 먹어서 살이 빠진 게 아니라, 장염 걱정으로 밤에 퍼브메드로 의학 논문을 검색하고, 구글에서 논문을 찾아 읽느라고 잠을 못 자서 빠진 것이었다. 생각해보니 작은할아버지가 대장암으로 돌아가셨다. 대장암은 가족성도 있다고 하는데 더욱 걱정이 되었다. 그렇다고 검사를 해서 확인하고 싶지는 않았다. 그동안 병원에서 암 수술을 받고 항암치료를 하면서 인생이 병원에 얽매여 이상해지는 사람들을 너무 많이 봤기 때문이다. 철주는 차라리 끝까지 모르다가 수술도 못 하고 항암치료도 불가능한 상황에서 한 달 내에 죽어버리는 게 낫다고 여겨왔다.

"대장도 겁이 많군요. 생각보다 힘들지 않아요. 한번 받아보세요."
보라가 철주의 낯빛이 그리 좋지 않자 걱정이 돼서 말했다.
"괜찮을 거야. 걱정하지 마."
"걱정이 되니까 그렇죠. 나이가 나이니까 이제 1년에 한 번은 건강검진 받으셔야죠."
"히히, 맞아. 야, 철주야. 나이가 나이잖냐."
"그러는 너는 임마, 난 괜찮으니까 너나 잘하세요."
철주는 한마디로 잘라버렸다. 그런 소리가 듣기 싫어서 영수 병원에 가지 않는 것이었다. 보라도 자주 오더니 잔소리를 하기 시작하는데 귀에 거슬렸다.
"보라 샘은 공부 안 하나? 난 2년차 때 공부가 제일 재미있었는데. 이번 달 〈AJP〉(미국 정신의학회 학술지)에 해발 고도 2천 미터 이상에서 사는 사람의 자살 위험률이 높다는 논문 실린 거 봤나? 페리 렌쇼가 하버드에 있다가 유타로 가더니 재미있는 연구를 했더라고."

"그래요? 우리 〈저널 클럽〉에서는 못 봤어요."

"〈저널 클럽〉에 나오는 것만 봐서는 안 되지. 2년차 정도 되면 환자 보면서 궁금해지는 게 많이 생겨야 해. 그냥 관성적으로 환자 보고 교수가 하라는 대로만 따라 해서는 좋은 정신과 의사가 되기 어려워. 만날 여기 와서 술이나 마시고 말이야."

"저 일 많이 해요. 일을 잘해서 술 한잔할 여유가 있는 거지, 일도 안 챙기고 오는 건 아니란 말이에요."

"술 마실 시간에 논문 하나 더 보고 더 쓸 생각하고, 환자 고민하고, 그런 파이팅을 보여야 할 때라 이거야. 또 우리 같은 늙다리들이랑 놀지 말고 자기 나이 또래하고 놀아."

"오늘따라 왜 그러세요? 그렇지 않아도 하루 종일 약물 중독에 성격장애까지 있는 환자가 병실을 들었다 났다 하는 바람에 그 사람 달랬다가 협박했다가 하면서 진을 빼고 와서 정신과의 '지읒' 자만 들어도 짜증이 나는 사람한테."

영수도 거들었다.

"맞아. 야, 니가 무슨 교수냐? 교수도 아니면서 왜 그래? 자기 일 알아서 잘하니까 여기 오는 거지. 또 안 한다고 해도 그게 너랑 무슨 상관이야."

"왜 상관이 없어? 우리나라 정신의학의 질이 걱정돼서 그런 거지. 나 2년차 때는 집에 거의 못 갔어. 발표 준비하고 환자 보느라."

"웃기고 있네. 병원 앞 술집 열두 시에 문 닫으면 같이 나오던 놈이.

개구리 올챙이 적을 완전히 자기 식으로 기억해요. 남들 앞다리 먼저 나오고 뒷다리 나올 때 지는 앞뒷다리가 한꺼번에 나온 줄 안다니까."

철주는 그렇지 않아도 배가 꾸륵꾸륵한 게 기분이 안 좋은데 보라와 영수가 협공을 하는 게 짜증이 났다. 보통 때 같으면 그들이 뭐라고 말하든 '너는 짖어라, 나는 놀련다'는 마음으로 신경 끄고 시끄럽고 빠른 음악을 틀어서 입을 막아버렸을 것이다. 그러나 아침부터 제대로 못 먹었고, 무엇보다 일주일째 고기를 먹지 못한 헛헛한 뱃속은 짜증을 용솟음치게 만들기에 충분했다.

보라도 이런 철주의 반응을 보는 게 처음이었다. 언제나 모든 걸 달관하고 받아주는 사람이었는데 오늘에야 이 사람이 얼마 전까지만 해도 꽤 까칠하다고 소문났던 현직 대학교수였다는 것을 새삼 깨달을 수 있었다. 동시에 섭섭하기도 했다. 보라에게 이곳은 너무 좋은 안식처이고 즐거운 곳이었는데 주인이 자기를 전공의 2년차로 보고, 그것대로 평가하고 있었다는 것을 알게 되었으니 말이다. 보라는 섭섭한 마음이 들어 술이나 진탕 마셔야겠다고 결심했다.

"김 대리도 노래 하나 해야지?"

"네…… 잠깐만요."

같은 시간 노사이드 근처의 노래방에서는 유진의 부서 회식 2차 자리가 있었

#3

모든 것이
부담스럽고,
두려운 까닭

다. 유진은 회식도 부담스럽지만 노래방은 더 싫었다. 영민은 자리에 앉자마자 벌써 두 곡을 불렀다. 유진과 몇 살 차이 나지도 않는데 지난주 뮤직뱅크 1위 곡이라며 최신 노래를 막힘 없이 부르고, 다른 직원들과 걸그룹 노래들의 율동까지 따라 한다. 전에 얼핏 얘기하기로는 댄스 학원 가서 배운다는 것 같았다. 분명히 밤마다 매일 놀러 다니지 않으면 불가능해 보였다. 일주일에 한두 번은 다크 서클이 확연한 눈으로 출근해서 졸고 있는데도 사람들이 뭐라고 하지 않는 건 기본적으로 영민이 싹싹하고 뭘 해도 귀여운 인상이기 때문이다. 그에 비해 유진은 도대체 뭘 불러야 할지 고민이 된다. 아주 어쩌다 한 번 친구들과 놀러가서 노래를 하게 되면 학교 다닐 때 좋아하던 곡을 부른다. 잘 부르지 못하고 목소리도 떨리는 편이라 성시경의 발라드를 키를 바꿔서 부르는데 친구니까 그나마 들어준다는 것을 그녀는 알고 있다. 그녀가 부를 때 고개를 함께 끄덕여주거나, 감상을 하듯이 눈을 지그시 감고 있는 녀석들을 본 적이 없었다. 얘기를 하고 있거나 자기가 부를 곡을 고르고 있을 뿐이다. 어쨌든 지금 성시경의 발라드를 어줍잖게 부르면 영민이 달아오르게 한 분위기가 일거에 썰렁해질 것이 분명하다. 그렇다고 너무 옛날 노래나 트로트를 부르고 싶지는 않다. 그렇지 않아도 호준이 자기보다 연상으로 알았다고 해서 자존심이 상했는데 그럴 수 없었다. 이미지를 생각하면 적당히 요즘 노래를 불러야 하는데 마땅히 고를 곡이 없었다. 이왕이면 율동과 리듬감이 있고 따라 부르기 쉬운 댄스곡이 딱 좋은데 그걸 너무 잘 불렀다가는 일은 안 하고 놀러 다니는 사람으로 찍힐까 봐 걱정이 된다. 호준과 처음 온 노래방인데 조신하면서도 우아하고 문화적으로 보이고 싶었다. 결국 선택한 곡이 〈우린 제법 잘 어울려요〉였다.

저기 그대가 보이네요
오늘도 같은 시간이죠
언제나 조금 젖은 머리로 날 스쳐가죠
살짝 미소 지은 건가요

전주가 나오자 사람들이 환호를 올렸다. 꽤 빠른 리듬이고 사람들도 거의 다 아는 노래였다. 선곡까지는 좋았다. 호준도 자리에 앉아서 흐뭇한 표정으로 그녀를 바라보았다. 용기를 내서 노래를 부르기 시작했다. 전주가 나오고 '저기 그대가 보이네요' 부분까지는 잘 따라 하며 제법 춤도 출 수 있었다. 그런데 어느 순간 박자를 놓치고 나서는 도저히 따라잡을 수 없었다. 어디서 어떻게 들어가야 할지 난처해하며 허둥대다가 그냥 '멈춤' 버튼을 누르려고 할 때 마이크를 들고 호준이 나왔다.

호준은 그녀를 바라보면서 이어서 노래를 불렀다. 사람들이 와 하고 쳐다보았다. 호준의 노래 솜씨가 제법이었다. 큰 키에 긴 팔다리가 성시경을 연상하게 하는 면도 있었다. 생각해보니 뿔테 안경도 쓰고 있었다. 그러나 유진은 그 자리에 그냥 서 있었다. 호준이 자기 파트를 부르고 그녀에게 눈짓을 했다. 후렴구를 부르고 났으니 2절을 이어서 부르라는 것 같았다. 그 정도 눈치는 유진도 있었다. 그런데 목구멍이 열리지 않았다. 그냥 노래가 지나갔다. 호준이 답답해하는 표정을 지으며 유진을 쳐다보았다. 용기가 생기기는커녕 몸은 더욱 굳어질 뿐이었다. 그때 영민이 앞으로 나와 유진의 마이크를 낚아챘다. 그리고 뒷부분을 이어 부르기 시작해 후렴구도 두 사람이 주거니 받거니 화음까지 넣어가며 불렀다. 유진은 두 사람을 지켜보다 터덜터덜 자리로 돌아왔다. 사람들은 둘의 노래를 듣고 환호를 하며 박수를 쳤다. 호준이 돌아와 그녀 옆에 앉아 맥주를 따라주며 말했다.

"무대 공포증이 있으신가 봐요. 노래 잘하실 것 같던데. 자, 한잔해요."

유진은 단숨에 원샷을 했다. 갈증은 사라지지 않고 심장은 천 미터 달리기를 막 끝내고 들어온 사람처럼 쿵쾅거리고, 입술은 망망대해에서 표류하다가 목이 너무 말라 바닷물을 한 바가지 마셔버린 사람처럼 타올랐다. 그냥 이 자리를 벗어나고 싶을 뿐이었다.

"자리 좀 잠깐…… 화장실에."

유진은 가방을 들고 방을 나왔다. 그리고 뒤도 돌아보지 않고 밖으로 나왔다. 그냥 걷고 싶었다. 유진은 자신이 그렇게 미치도록 싫은 적이 없었다. 폭주족이 지나가다 펀치기라도 해서 오늘 일을 까맣게 잊어버리면 얼마나 좋을까. 아니면 건물에서 머리 위로 간판이라도 떨어졌으면. 이 자리에서 삶이 그냥 끝나버리는 것도 괜찮아 보였다.

그래도 여기가 어디인지는 알아둬야겠다는 마음에 두리번거려보니, 어디서 들어본 간판이 하나 보였다. 이상하게 익숙한 이름.

#4 너무 많은 경우의 수가 당신을 후회로 몰아간다

"언니, 여기서 보니까 새롭다. 그렇지?"

"그렇다, 얘. 어릴 때는 사촌들끼리 자주 놀러다니기도 하고 그랬는데. 다들 바빠지고 나니까 1년에 한두 번 설이나 추석에 밥 같이 먹으면서 수다 떠는 게 다야."

"언니가 여기 들어와서 얼마나 놀랐는데."

"지난번에 네가 무슨 홍보대사라도 된 듯이 여기 얘기를 하도 해서 기억에 남았거든. 내가 홍보회사 다니고 있지만 너야말로 홍보녀가 되면 딱인데, 언제든지 병원 그만두면 연락해 네 자리 만들어줄게."

"그래? 좋지. 병원 지겨워 죽겠는데. 일하면서 연예인도 만나고 그러면 얼마나 멋져."

"홍보회사 다닌다고 다 연예인 만나는 거 아니야. 요새는 너희 병원에서 드라마 많이 찍으니까 그게 더 빠를 거야. 드라마에 나오는 홍보회사하고 현실은 180도 달라."

"우리도 마찬가지야. 아침 드라마나 미니시리즈 보면 꼭 여자 정신과 의사 나오잖아. 우아하고 신비롭게. 하지만 완전 정반대지. 우리도

험하게 살거든. 이 동네는 웬일이야? 언니네 회사 여기서 좀 멀잖아."

"간만에 부서 회식인데, 부사장이 젊은 애들 노는 데서 놀자고 우겨서 단체로 택시 타고 왔어."

유진은 보라의 사촌언니다. 예전에 얘기를 듣고 무심코 들어온 가게에 마침 보라가 앉아 있었던 것이다. 보라가 사람들에게 유진을 소개하자 유진은 버릇처럼 일어나 명함을 돌렸다.

"우린 명함 없는데. 하하, 재미있네요."

"왜요?"

"여기 와서 명함 주는 손님들은 딱 정해져 있어요. 홍보회사같이 그런 거 주고받고 나서 모든 게 시작되는 직업들 있죠?"

"그래요? 그래도 초면이라……. 불편하셨다면 다시 주세요."

"오, 다시 달라는 말도 하시고. 오늘 기분 나쁜 일 있었죠? 그쵸?"

"네?"

"그냥 느낌이…… 평소에 그런 말을 하실 분 같지 않아서요."

철주는 여전히 까칠한 상태였다. 그러다 보니 괜히 사람을 떠보게 되었다. 평소라면 남의 인생에 관심 끄고 살 그였다. 오늘은 어찌 되었건 이상한 날, 옛날에는 자주 했지만 요즘은 안 하려고 굳게 마음먹고 있던 장난질을 시작한다.

"그래요? 어떤 면에서 그렇게 보셨는데요?"

"수수하시고요, 별다른 장신구도 하지 않으시고. 액세서리로 작은 브로치 하나 했네요. 그것도 고양이가 웅크리고 있는 걸로. 자기를 드러내는 것을 별로 좋아하지 않는 성격이죠. 고양이가 그렇듯이. 그러면서도 누가 턱 밑을 만져주기를 바라죠. 가만히 웅크리고 앉아서. 라면은 주로 삼양 쇠고기라면?"

"아니요, 틀렸어요. 신라면이요."

"삼양라면, 신라면, 안성탕면 모두 같은 그룹이죠. 고전적인 라면을 고르는 분들은 신중해요. 첨가물은? 계란 안 넣어 드시죠? 넣더라도 안 터뜨리죠?"

"네, 국물이 탁해지는 게 싫어요."

"그럴 것 같았어요. 그렇다고 다이어트 때문에 국물 따로 면 따로 끓이는 건 유난 떠는 것 같아 싫죠?"

"맞아요. 어떻게……."

"라면은 라면일 뿐, 한 끼라고 생각하지 않죠? 그냥 때우는 거죠."

"뭐 그렇죠."

"이런 사람들의 특성이 있어요. 남 앞에 나서는 걸 별로 좋아하지 않아요. 다른 사람이 자기를 어떻게 보는지에 예민하고. 뭐든지 결정할 때 나보다는 남이 우선이에요. 실패를 두려워하고. 모든 경우의 수를 다 고려하죠. 돌 다리도 두드려보고 건너는 타입인데 문제는 너무 오래 두드려보다가 건널 타이밍을 놓치는 때가 많죠. 경우의 수를 너무 많이 고려하다 보면 머리가 복잡해져서 도대체 뭘 선택해야 할지 몰라 혼란스러워져요. 그러다 해결이 잘 안 되면 후회도 많이 하죠. 정황상 실패할 만해도 자기가 잘못해서, 잘못 선택해서 그런 것이라고 여기는 수가 많아요. 그러니 인생이 망설임과 후회의 연속이죠."

"너무해요, 대장. 처음 보는 사람한테."

"아니야, 보라야. 맞는 말인데 뭐. 많이 비슷하네요. 사실 오늘도 딱 그런 일이 있었거든요."

유진은 철주의 넘겨짚기 수법에 넘어가서는 그날 노래방에서 있었던 일과, 전날 점심 먹으면서 있었던 일들을 술술 털어놓았다. 인생이 얼마나 피곤하고, 자신이 얼마나 예민한 상태로 지내는지 모르겠다고 하소연을 했다. 털어놓고 나니 속이 후련해지는 기분이 들었다. 마치 일주일 만에 숙변이 대장을 탈출해 화장실 변기 안으로 떨어지고 몸무게가 700그램은 줄어든 것 같은 후련함.

"유진 씨 같은 사람들은 이렇게 말하죠. 사람들이 몰라준다고. 그래서 만족스럽지 못하다고요. 행복하세요?"

"글쎄요. 행복한 사람이 몇 명이나 될까요? 그렇게 물어보시면 대답하기 힘들지 않나요?"

"맞아요. 그래도 최소한 불행하지는 않아요, 라고 대답할 수 있는 사람은 있을 거예요. 그런데 유진 씨는 별로 행복해 보이지 않아요. 불행의 원인이 자신에게 있다고 굳게 믿어요. 더 안된 것은 그렇다고 유진 씨가 아주 잘못한 것도 아니거든요. 나쁜 짓을 한 것도, 하라고 한 것을 제대로 해내지 못한 것도 아닐 거예요. 그냥 하라는 대로, 살라는 대로, 주어진 대로 열심히 살았겠죠. 그런데 행복하지 않으니 귀신이 곡할 노릇이죠."

"저 같은 사람이 많나 보죠?"

유진은 철주가 하는 말이 신기했다. 이 세상에 자기 같은 고민을 갖고 있는 사람은 별로 없는 줄 알았다. 그저 책에 나오는 등장인물들만 하는 고민이라고 생각했다. 그만큼 특이한 성격이라고 여겼다. 그런데 그렇지 않아 보였다. 철주가 이렇게 술술 얘기하는 걸 보니. 잠시 후 철주가 흰 종이를 들고 오더니 그림을 그렸다.

그러고는 그림을 보여주며 설명을 시작했다.

"회사에서 회식을 갔어요. 손을 들고 있는 사람이 제일 윗사람 자리예요. 내가 제일 먼저 도착해서 아무 데나 앉을 수 있어요. 어디 앉을래요?"

유진이 머뭇거리자 영수가 먼저 골랐다.

"난 7번 할래. 이왕이면 이미 있는 자리가 좋지 않겠어?"

이어서 보라가 말했다.

"저는 6번이요. 처음부터 너무 멀리 떨어져 앉아 있으면 찍힐 것 같아요. 적당히 멀리 있는 게 좋지 않을까요? 눈도 안 마주치고, 한편으로는 괜히 일부러 멀리 앉아 있다는 인상도 주지 않을 수 있는."

유진이 머뭇거리다가 신중한 목소리로 말했다.

"저는 7번, 2번, 3번만 아니면 괜찮아요. 가능하면 5번이나 9번?"

철주는 세 사람의 말을 듣고는 빙그레 웃었다.

"여기 한번 봐."

철주가 종이를 뒤집었다. 뒷면에는 7번에 Y가 써 있고, 6과 8에 B가 쓰여 있었다. 영수와 보라의 이니셜이었다. 그리고 1과 4에 느낌표가, 5와 9에 물음표가 쓰여 있었다.

"너 또 잘난 척한 거지? 우리 가지고 놀았군."

"내가 너희를 잘 파악하고 있다는 증거라고나 할까."

"이게 무슨 뜻인데?"

"원하는 자리를 보면 성격을 어느 정도 파악할 수 있어. 네가 선택한 7번은 자신 있는 사람이야. 그리고 주목받고 싶어 하고. 사실은 주빈은 자기라는 생각도 조금은 하고 있지. 그래서 최소한 주빈의 앞에 앉아서 그와 대등하게 있고 싶어 해. 너의 근거 없는 자신감, 그게 여기서도 드러난 것이지. 하지만 나는 알지. 네가 그렇게 호기 있게 얘기는 하지만 실제로 의사회 식사 모임 같은 데 가면 4나 9로 간다는 것을. 거기서 조용히 찌그러져 있지 않고 더럽게 시끄럽게 떠들더구만. 주빈의 관심을 변방에서 끌겠다는 것 같더만. 그게 너야."

영수는 대답은 하지 않고 맥주만 들이켰다.

"그리고 보라 샘, 본인이 설명한 그대로야. 성격도 그렇지. 2나 3에 앉아서 높은 사람 비위를 맞추기는 싫고, 그렇다고 영수같이 대놓고 도전적으로 각을 세우기도 싫어. 하지만 아주 변방에 가는 것도 내키지 않고. 적당한 곳에서 튀지 않은 채 자기 존재를 알리고 싶은 마음. 주빈이 어이 술 한잔해, 라고 말하면서 잔을 줄 정도의 거리에는 있고

싶으면서도 지속적으로 메인 화제에 얽매여 있기는 싫은 마음. 여기 놀러오는 마음도 그런 셈이지. 튀어나가는 것도, 완전히 순응하는 것도 아닌, 그런 애매한 곳에 머무르는 것으로 양쪽 모두로부터 위안을 받고 반 틈의 소속감을 느끼지. 박쥐형이야."

"무섭네요. 오늘 좀 이상하세요."

하지 않아도 될 말까지 아는 대로 모두 말하는 건 사실 좋지 않다. 아는 만큼, 보이는 만큼 다 얘기한다고 해서 그 사람이 변하는 것도 아니다. 상대방이 조리해서 먹고 소화할 수 있을 만큼의 양을 줘야만 그게 영양분이 될 수 있다. 철주가 지금 보라에게 얘기한 것은 보라에게는 소화는커녕 체할 만한 분량의 음식이었다.

"유진 씨는 처음 봐서 이렇게 느낌표와 물음표를 해놨어요. 느낌으로는 1이나 4인데, 어쩌면 5나 9를 선호할지도 모른다고 생각했거든요. 1과 4는 '스키조이드 포지션(schizoid position)'이라고 할 수 있는 곳이에요. 자리에 있기는 하지만 절대 눈에 띄고 싶지 않은 사람이 선택하는 자리죠. 주빈의 시야에서 완전히 벗어나 있는 사각지대. 그 자리에 앉아 있으면 식사시간 내내 그 사람이 거기 있었는지도 알 수 없죠. 거기를 선호하는 사람은 혼자 있는 게 좋고, 다른 사람과 관계 맺는 것에 대한 욕구가 적은 편이에요. 그에 반해 5나 9는 시야에서 벗어나고 싶다는 마음은 똑같아요. 하지만 필요한 경우 관심의 대상이 되고 싶다는 욕망은 남아 있어요. 그래서 고개를 돌리면 주빈과 눈이 마주칠 수 있는 포지션에 가 있는 것이죠. 유진 씨는 그런 면에서 회피성이나 의존성 기질이 많다고 할까요? 경계심도 많고 신경도 많이 써요. 밥을 먹는 내내 가운데 자리에서 무슨 일이 벌어지고 있나 신경 쓰고 있겠죠. 도리어 자기 테이블 사람들과는 별 대화가 없을지도 몰라요. 혹시 자기 얘기를 하거나 자기를 불러주지 않을까, 아니면 부를까 걱정하는 그런 상태로 있는 거예요. 밥을 삼켜도 밥알이 위에서 서 있는 기분이 들 정도로 피곤할 거예요. 애매하고 피곤한 인생이죠. 그렇지만 1이나 4를 선택한 사람에 비해서는 변화의 가능성이 열려 있다는 점에서 저는 긍정적이라고 생각해요. 간절히 원한다면 변할 수도 있을 것이라고. 그런데 변하기란 쉽지 않겠죠."

철주는 열심히 설명했다. 배가 사르르 아파왔다. 철주는 말을 마치고 화장실로 갔고 융단폭격을 받은 세 사람은 조용히 아무 말 없이 음악을 들으면서 잔을 기울였다. 갑자기 속속들이 발가벗겨져버린, 막장 드라마에서 출생의 비밀이 폭로된 등장인물들의 당황스러움 속에서 마냥 앉아 있었다. 서로 눈도 마주치지 못하고. 철주가 돌아왔다. 아직도 할 말이 있는지 철주는 말을 이어갔다.

"버나드 쇼가 이렇게 말했죠. 세상이 자기를 행복하게 해주지 않는다고 불평하는 것은 이기적인 병이다. 왜 행복을 소비하려고만 들고 생산할 생각은 하지 않는가. 멋진 말이라 가끔 써먹죠. 세상에는 행복을 생산할 줄 모르고 누가 갖다 주기만을 기다리는 사람이 있죠."

"제가 그렇다는 건가요?"

"글쎄요. 혹시 《백설공주》 좋아해요?"

"네? 동화 말인가요?"

"예."

"저는 《백설공주》는 사실 계모의 이야기라고 봐요. 이 이야기에는 두 가지 상징이 있어요. 하나는 백설공주, 행복을 생산하지 못하고 누가 와서 구해주기만을 기다리는 구원 환상의 핵심이 백설공주입니다. 백설공주는 그냥 누워서 왕자가 오기만을 기다리지 어떤 노력도 하지 않아요. 그런데도 타고난 미모로 왕자와 결혼을 하죠. 한마디 말도 나눠보지 않고요. 말이 안 되는 일이에요. 미모면 모든 게 다 되는 더러운 세상이죠. 그리고 다른 하나는 왕비. 이 여자 좀 생각해봅시다. 재취로 들어왔죠, 배운 건 별로 없죠, 역시 내세울 건 미모뿐이죠. 그런데 사람들은 뒤로 수근거렸을 거예요. 백설공주의 친엄마가 훨씬 예쁘고 거기다가 지혜롭고 우아했다고요. 그러니 아침마다 마법 거울에게 물어봤겠죠. 누가 제일 예쁘냐고. 그게 이 사람에게는 정말 중요한 의식이었을 거예요. 자기 방을 나와서 왕비로서, 요즘으로 보면 퍼스트레이디죠. 그 역할을 잘 수행하려면 이 세상에서 왕비님이 제일 예뻐요, 라는 말을 듣지 않고는 하루를 시작할 수 없었던 거예요. 그런데 유진 씨는 그런 말을 해주는 사람이 있나요?"

"글쎄, 없는 것 같은데요. 게다가 전 미모가 있는 것도 아니고."

"왜 미모가 없다고 생각해요? 평균 이상이신 것 같은데."

"치켜세우지 마세요."

"그렇게 여긴다면 더 불행한 거구요. 보라 샘보다는 나은 거 같은데. 그런 왕비한테 거울이 이제는 백설공주가 더 아름답다고 했단 말입니다. 매일 거울의 말을 보약, 아니 마약같이 맞고 나와서 하루를 버티던 왕비 입장에서는 그냥 나보다 한 명 더 예쁜 아이가 생겼고 낳은 정 기른 정이라는데 기른 정 입장에서 보면 잘된 일이야, 라고 여기기에는 너무나 힘든 일이 벌어진 셈이죠. 자존감이 와장창 깨져버리는 그런 끔찍한 경험을 한 거예요. 그래서 비록 자기 배로 낳지 않았다 해도 자기가 십수 년 키운 딸을 죽여야겠다고 결심하게 되었죠."

"그래서요."

"그럴 정도로 바닥이 없는 자존감으로는 살기 힘들다는 얘기예요. 또한 분노의 원천이 될 수도 있고요. 기른 딸을 죽일 결심을 할 정도로."

"어떻게 하면 되죠? 오늘 저녁에는 내가 죽고 싶었어요. 정확하게 말하면."

철주는 씩 웃으면서 술을 따랐다.

"한 잔 드시고, 내일 놀러 가는데 같이 가실래요? 제가 보여드릴 게 있어요."

프로이트는 우울증은 자신을 향한 공격성이라고 했다. 무의식적 공격성이 타인을 향해 투사되지 않고 자신을 향하게 되면서 자신을 파고들어가서 파괴해버릴 정도로 공격을 해대는 상태, 그래서 내가 나를 공격하고 또 그 공격을 내가 방어하는 내란으로 소진되어버린 상태가 우울증 환자의 모습이라고 했던 것이다. 지금 유진의 모습이 그랬다. 드러난 우울증이 있는 것은 아니었다. 그렇지만 지금 발화하기 시작한 공격의 포문이 그녀의 성질대로라면 밖을 향하지 못하고 십중팔구 자신을 향할 것이 분명하다. 오랜 내전에 그녀의 정신이 황폐해지고 난민이 들끓는 잠비아나 우간다같이 되는 것은 시간문제였다. 기회가 왔을 때 손을 내민 줄 아는 것, 그것이 바로 회복될 수 있을 것이라는 희망이다. 물에 빠진 사람이 누군가 던져준 로프를 양보하고 혼자 힘으로 살아보겠다고 발버둥만 치는 것은 좋은 방법이 아니다.

유진이 결심만 하고 행동으로 옮기지 못한 것이 벌써 몇 번인가. 이렇게 기회는 우연히 찾아온다. 물에 휩쓸려 가면서 누군가 뛰어들어 구해주기만을 기다려왔지만 안타깝게도 그런 사람은 아무도 없었다. 그런데 철주를 알게 되었다. 예상하지 못했다. 지금은 너무 절망적이다. 힘이 빠져서 이대로 죽을 것만 같다. 유진은 본능적으로 지금은 뭐라도 잡아야 할 때라는 것을 느꼈다. 그가 따라준 술을 단숨에 들이켜고는 말했다.

"한번 가보죠. 좋아요."

이제 변화가 가능하다. 시동이 걸린 셈이다.

#5 인생의 레이더 감도 줄이기

네 사람은 철주가 모는 차를 타고 도시를 벗어났다.

"어디로 가는 거예요?"

모두들 정확히 어디로 가는지도 모른 채 무작정 철주의 차에 올라탔다. 그것도 밤새 술을 마시고 헤어졌다가 옷만 갈아입고 다시 만난 상태. 꾸벅꾸벅 졸다 보니 어딘지 알 수 없는 곳을 달리고 있었다.

"피곤하면 좀 더 자요. 깨어나면 새우잡이 배에 팔려 있고, 뭐 그런 건 아니에요."

철주는 졸리지도 않은지 쉬지 않고 운전을 하고 있었다.

"졸리지 않으세요?"

"장이 안 좋아 술을 줄였더니 잠도 주네요."

철주는 요새 잠을 자면 혹시 장운동이 줄어 증상이 더 나빠질까 봐 극도로 잠을 줄이고 있는 중이었다. 철주는 운전을 하면서도 장의 운동 상태를 점검하는 것을 게을리하지 않고 있었다.

"한 시간은 더 가야 하니까 좀 더 자요. 알아서 갈 테니까."

유진은 그 시간에 집에 돌아와서 뭘 입고 나갈지 고민했다. 청바지에 간단한 티셔츠를 입고 갈지, 니트에 스커트를 입고 나가야 할지, 운동화를 신을지 스니커즈나 단화를 신을지 한참을 고민하다가 결국 10분 늦게 와서 미안한 상태였다. 하지만 차에 오르고 나자 긴장이 풀어져서 곯아떨어졌는데 한참 자고 난 다음에 보니 다들 자고 철주 혼자 깨서 운전을 하고 있었다. 그러니 유진의 성격으로는 몸 둘 바를 모를 상황이 벌어진 셈이다. 그러나 다시 몰려오는 졸음을 이겨내지 못하고 유진은 곧 잠에 빠져들었다.

유진이 눈을 뜨니 커다란 레이더가 설치되어 있는 건물 앞이었다.

"여기가 어디죠?"

이어서 사람들이 하나둘 눈을 비비며 부스스 일어나자, 미리 도착해서 바람을 쐬고 있던 철주가 다가와 설명했다.

"제가 아는 분이 운영하는 레이더 연구소 겸 훈련소예요. 신형 레이더를 개발하고, 배를 몰거나 레이더를 조작하는 사람들을 교육하는 일도 하죠."

"여기는 왜 왔는데요?"

"들어가보면 알아요. 두 사람은 저 위로 올라가면 경치가 좋으니까 산보나 하고 오든지. 유진 씨 때문에 온 거니까."

철주는 유진을 데리고 연구소 안으로 들어갔다.

"여기는 오생근 박사님, 여기는 김유진 씨."

"안녕하세요."

"처음 뵙겠습니다."

"자, 설명해주세요."

"내가 뭐 설명할 게 있나요. 김 박사님이 알아서 해주세요. 벌써 몇 번째예요. 저는 안쪽에서 교육이 진행 중이라서. 거기는 돈이 나오거든."

"에이, 이따가 한잔해요. 제가 좋은 거 한 병 가져왔어요."

"좋지요."

오 박사가 나가고 나자 철주는 자리에 앉아 유진을 옆에 앉히고는 레이더 화면을 가리켰다.

"화면을 보세요. 이게 여기서 반경 15킬로미터 내에 있는 바다 위 물체를 잡고 있는 거예요. 보이죠?"

"네."

"영화에서 봤을 거예요. 휙휙 하고 한 바퀴 돌 때마다 잡히는 물체들이 보여요. 지금은 10미터가 넘는 물체만 잡도록 감도를 조정해놓았어요. 서북쪽에 배가 한 척 있고, 남동쪽에도 세 척 있죠? 그러면 이제 이 배들의 좌표와 허가를 받고 어업을 하는 배들이 기록되어 있는 해도 위의 좌표를 맞춰보면 돼요. 간단하죠? 자 이번에는 감도를 낮춰볼게요."

철주가 감도를 30미터로 낮췄다. 남동쪽에 있던 배 세 척이 모두 사라졌다.

"배가 많이 줄었죠? 이번에는 반대로 해볼까요?"

감도를 3미터로 높였다. 그러자 화면이 파리 떼처럼 번쩍거리는 점들로 가득 찼다.

"작은 어선들이 모두 다 잡힌 거예요. 앞바다에서 낚시하는 배를 비롯해서 양식장에 먹이 주는 배도 다 잡히죠. 이걸 하나하나 다 대조해볼 수 있을까요? 숫자도 숫자지만 아주 작은 배들은 신고도 없이 그냥 나가는 경우도 많아요."

"아, 그러네요. 그런데 이걸 왜 제게 보여주는 거예요?"

"지금 유진 씨 심리를 본인 눈으로 확인하게 해주려는 거예요. 유진 씨 마음이 바로 이런 상태예요. 확인하지 않아도 될 것까지 다 확인해서 보려고 감도를 지나치게 높여놨어요. 단 하나의 조그만 실수도 용납하지 않는 거죠. 만일 이렇게……."

철주가 감도를 내려서 10미터로 조정했다. 그러자 화면에서 점멸하던 작은 점들이 일거에 사라졌다. 그리고 다시 서서히 감도를 올리자 점들이 점점 많아지기 시작했다.

"유진 씨는 사람들의 시선에 촉각을 곤두세우고 있어요. 그리고 그 진의를 파악하는 데 분주하죠. 그러다 보니 도리어 타이밍을 놓치게 돼요. 하나하나 순서대로 파악하다 보니 정말 중요한 큰 배는 놓치는 거예요. 그러니까 후회하겠죠. 그런데 후회하고 나면 사실은 이렇게 레이더의 감도를 현실적으로 수정해야 하는데, 실제로는 거꾸로예요. 가혹할 정도로 높이는 거죠. 비현실적인 수준으로 말이에요. 이러면 일일이 확인하는 데 많은 시간과 에너지가 소모돼요. 그러니까 인생이 피곤해지는 거죠."

철주는 유진에게 가운데로 앉도록 권유했다.

"지금부터 천천히 제가 한 말을 생각해보세요. 그리고 지금껏 만났던 사람들, 예민하게 반응했던 상황들을 돌이켜보면서 레이더의 다이얼을 돌려가며 확인해보세요. 그걸 통해서 앞으로 어떻게 해야 할지 한번 느껴보세요."

철주는 유진을 남겨두고 밖으로 나갔다. 유진은 천천히 점멸하고 있는 레이더를 바라보고 앉아 있었다. 무엇이 자신을 힘들게 하고 있었는지 눈앞에서 무엇을 놓치고 있었는지 확인해보려고 애를 쓰기 시작했다. 검은 화면에 시선을 고정시켰다. 만감이 교차하기 시작했다.

나보다 남을 먼저 생각하는 사람들의 마음의 레이더 감도는 최고조다. 무시하고 넘어가거나 대수롭지 않게 생각해도 될 타인의 시선과 행동, 사소한 말 하나하나를 의미 있는 것으로 포착해 해석한다. 그리고 그 신호가 자신에게 미칠 영향에 대해 반응을 준비한다. 그러니 인생이 피곤할 수밖에 없다. 대범한 사람은 비중이 큰 일들만 마음의 레이더에 포착되도록 세팅을 해놓는다. 그 외의 일은 아예 정보로 취급하지 않는다. 선택과 집중이라는 효율성의 추구. 그러나 유진 같은 사람은 그렇게 살지 못한다. 레이더를 최대한 높여서 무엇 하나 놓치지 않으려고 한다. 피곤하고 힘들더라도 만에 하나 실수로 놓치는 것이 싫은 성격이다. 거절하는 것도 부탁하는 것도 싫다. 부탁했다가 거절당하는 낭패를 보느니 차라리 혼자 힘들게 일하는 게 낫다고 여긴다. 이런 식의 삶은 피곤하다. 그러나 너무 오랜 기간 익숙해져서 어디서부터 어떻게 고쳐야 할지 대부분은 알 수 없어 한다. 피곤하고 힘들지만 그냥 그대로 익숙한 것이 낫다고 여기고 안주한다. 변화의 과정 속에서 불가피하게 생길 수밖에 없는 충돌과 갈등을 겪기 싫기 때문이다. 또한 그 비용을 치를 만큼 죽도록 힘든 것은 아니라는 판단으로 마지막 순간에 머뭇거리게 된다. 철주는 유진 같은 성격의 사람은 변화의 시작을 이렇게 레이더의 감도 조작을 통해 예민한 삶이 얼마나 피곤하고 비효율적인지, 자신의 에너지를 얼마나 소비시키는지 알려주는 데서 시작하고 싶었다.

"뭐 하고 있어?"

"어, 잠시 교육. 여기 경치 좋지?"

"아주 좋은데. 이런 데를 숨겨놓고 있었냐? 치사하게."

영수와 보라가 산책을 하고 돌아와서 철주가 나오기를 기다리고 있었다. 철주가 트렁크에서 아이스박스를 열어 맥주 캔을 하나씩 꺼내 던져줬다.

"해장이나 하자고. 시원하게 한잔."

"좋지요."

세 명은 맥주를 시원하게 한 잔씩 마셨다. 점심때가 훌쩍 넘은 시간에 처음 들어가는 칼로리 함유 물질이었다. 그래서 그런지 몸이 순식간에 흡수하는 것만 같았다.

"캬, 좋네. 이제 우리는 뭐 할 건데?"

"놀자고 온 거야. 드라이브도 겸해서."

"뭐 하고 놀게?"

"이거."

트렁크에서 박스 안을 뒤적이던 철주는 리모트 컨트롤 자동차를 꺼냈다.

"와, 이런 취미도 있어요?"

"옛날에 좀 만들어서 갖고 놀았지. 몇 개 안 남았는데 오늘 갖고 놀게. 이거 잘 나가."

철주는 리모트 콘트롤 자동차 몇 대를 꺼내 연구소 주차장에 늘어놓았다. 꽤 넓은 주차장은 아스팔트 포장이 되어 있어서 초보자들이 원격 조작을 하기에 안성맞춤이었다.

영수와 보라는 철주가 가르쳐준 대로 조종하기 시작했다. 조용하고 넓은 주차장에서 종이컵을 세워놓고 조작 테크닉을 겨루다 보니 시간이 금방 흘러갔다. 그러던 중 유진이 연구소에서 나왔다.

"레이더 잘 봤어요?"

"네, 이제 돌아가서 제 인생의 레이더 감도를 조정하도록 노력해봐야겠어요."

유진은 감을 잡은 듯이 말했다.

"느낌을 유지하는 게 중요해요. 그리고 유진 씨한테 하나 더 보여 줄 게 있어요."

철주는 유진에게 갖고 온 차를 하나 더 꺼내 보여줬다.

"이게 뭐죠?"

"제가 만들다가 만 자동차인데, 위에 검은 판이 보이죠? 이게 태양열 집열판이에요."

철주가 자동차를 양지 바른 곳에 가져다 놓았다. 스위치를 켜자 차가 서서히 움직이기 시작했다. 그러나 10미터쯤 가다가 그늘진 곳으로 들어서자 서서히 서버리고 말았다.

"충전이 안 된 건가요?"

"이 자동차는 충전지가 없어요. 배터리를 달지 않은 자동차예요."

다시 양지 바른 곳에 놓자 차는 움직였다. 그리고 점점 속도가 붙었지만 해가 없는 구역으로 들어가자 더 달리지 못하고 서버렸다

"배터리를 달아봤는데 너무 무거워서 안 나가더라고요. 일종의 실패작이죠."

"네…… 그런데요?"

"유진 씨를 보면 레이더 문제도 있지만 이 자동차처럼 배터리가 없다는 게 문제예요. 그리고 무엇보다 유일한 동력원을 태양열에 의존하고 있어요."

"그게 무슨 얘기죠?"

"유진 씨는 인정을 원해요. 그것도 남의 인정. 누가 당신을 사랑해주고 인정해주고 관심을 가져주기를 바라죠. 태양열처럼요. 그래서 집열판이 그쪽을 향해서 놓여 있으면 잘 나갈 수 있어요. 이 차처럼요."

철주가 양지에 차를 갖다 놓았다. 차는 다시 움직였다. 그러다가 다시 응달로 들어가자 멈춰 섰다.

"그러다 저렇게 응달로 들어가면 멈춰 서요. 달리는 동안 충전이 돼야 하는데 그게 안 된 거예요. 자기 힘으로 갈 능력이 없으니 서버리고 말죠. 유진 씨 같은 성격의 사람들의 특징이에요. 자가 발전이 안 되는."

"그럼 어떻게 하죠? 제가 혼자 나가야 하는 건가요? 무소의 뿔처럼 혼자서?"

"안타깝지만 사람은 잘 안 변해요. 그게 문제죠. 기본적으로 외부의 인정이 있어야 움직이기 시작해요. 우주 소년 아톰처럼 가슴에 원자로가 탑재되어 있으면 좋겠지만 그게 불가능하죠. 현실적으로 가능한 것은 아마도 관성을 잘 이용해서 재빨리 응달을 통과하는 것, 또한 좋은 배터리를 장착해서 달리는 동안 무슨 수를 쓰더라도 추운 응달과 겨울을 지낼 수 있는 에너지를 비축해놓는 거예요. 심리학 용어로 그런 배터리를 자존감이라고 하죠. 유진 씨에게 선물하고 싶은 것이 배터리예요. 유진 씨에게는 좋은 레이더가 있어요. 그러니 태양열이 어디에서 올지 금방 찾을 수 있을 거예요. 태양열이 있을 때 충분히 그 빛을 만끽하고 즐기세요. 그 힘으로 달리세요. 그러면 어두운 곳에 왔을 때에도 멈추지 않고 달릴 수 있을 거예요. 그 힘이 지속되면 달리는 힘으로 두 번째 배터리를 하나 더 달아서 번갈아서 가는 거예요. 어때요? 괜찮은 아이디어죠? 사실 제가 얼마 전에 배터리를 새로 주문했어요. 전에는 너무 커서 무게 때문에 달 수 없었는데 기술이 좋아져서 가볍고 센 놈이 나왔어요."

자존감이 낮은 사람들은 배터리가 없거나 닳아버려 성능이 너무 떨어지는 사람들이다. "괜찮아, 잘하고 있어", "이 정도면 잘한 거야"라고 말해주는, 자신 안의 배터리가 돌아가야 세상의 응달을 통과해 나아갈 수 있다. 배터리가 없는 사람은 응달에서 멈춰 설 수밖에 없다. 일단 멈추고 나면 낮은 자존감은 더욱더 땅으로 곤두박질치고 만다. 이제 철주는 유진의 배터리에 점프 케이블을 연결해 시동을 걸어주려고 한다. 백 마디 말보다 한 번 제대로 보는 것이 변화의 확실한 방아쇠가 된다.

철주가 태양열 자동차를 집어서 주머니에서 꺼낸 배터리를 장착했다. 잠시 해가 비치는 곳에 두고 충전을 한 다음에 스위치를 눌러 출발시켰다. 자동차는 달리기 시작했다. 해가 있는 곳에서 한동안 주행을 시킨 다음에 드디어 그늘진 구역으로 차를 몰았다. 자동차는 멈추지 않고 나아갔다. 속도는 조금 떨어졌지만 서지 않고 응달을 통과해 다시 해가 비치는 곳으로 나왔다. 지켜보던 영수와 보라, 철주는 아이처럼 환호성을 질렀다.
 자동차를 뚫어지게 쳐다보던 유진은 석양으로 변해 붉게 타오르기 시작하는 태양과 노을의 따가운 빛이 자신의 가슴을 관통하는 것을 느꼈다. 두근두근, 에너지가 충전되는 기분. 그리고 그것을 간직해서 자신만의 에너지로 만들어갈 수 있겠다는 낙관적인 기대. 응달에 오래 머물게 되면 어댑터를 들고 노사이드를 찾아가 사람들을 만나면 금방 쾌속 충전이 될 수 있을 것 같은 느낌. 그것이 그녀의 가슴을 두근거리게 했다.

뒤늦게 찾아온 사춘기 혹은 열병

수동적인 삶에서 능동적인 삶으로

"회사 그만두고 싶어 미치겠어요."
"그럼 뭘 하고 싶어요?"
"글쎄요. 분명한 건 이 회사에서 뼈를 묻을 사유는 없다는 것 정도? 자기계발 하라지만 회사가 요구하는 것은 톱니바퀴예요. 저는 그렇게 살기 싫어요."

"경계에 머무르는 사람이 많다. 그리고 어느 한쪽에서도 만족스럽지 않다. 그렇지만 그것이 인생이다. 평형은 아주 잠깐일 뿐이고 인생은 불완전하다. 끊임없이 파도가 치는 바다에서 왜 출렁거리느냐고 한탄을 하기보다 물결의 흐름을 잘 타는 것이 낫지 않을까?"

#1 뒤늦게 찾아온
직장인 사춘기

"〈서른 즈음에〉 틀어주세요."
"누구 버전으로?"
"김광석 말고 또 있나요?"
"김광석도 좋지만 오리지널리티를 따지자면 곡을 원래 만들었던 강승원 버전이 낫지. 한번 들어볼래요?"

철주가 지금은 구하기 어려운 CD라고 자랑하며 '우리 동네 사람들'의 처음이자 마지막 앨범을 꺼내 플레이어에 집어넣었다.

또 하루 멀어져 간다.
내뿜은 담배 연기처럼.
작기만 한 내 기억 속에 무얼 채워 살고 있는지.
점점 더 멀어져 간다.

머물러 있는 청춘인 줄 알았는데. 비어가는 내 가슴속엔…….

"목소리가 더 탁하고 통기타 하나만 가지고 녹음한 게 가난하게 느껴져요."

"김광석 버전은 처연한 느낌이 있지만 그 안에 결기와 힘이 느껴지는 반면에 이 버전은 서른 즈음이 아니라 마흔 즈음의 분위기랄까? 애늙은이 기분? 소주 두 병쯤 마시고 혼자 자취방 구석에 앉아서 담배 피우면서 부르는, 괜히 이러다 죽는 게 아닌가 싶은 궁상맞음?"

"웃기신 거 같아요. 매번 느끼지만 대장은 시인을 하셨어야 할 것 같다는 생각이 들어요. 매번 은유와 비유가 절묘하세요."

"왜 그러세요. 저 이래 뵈도 이과 나온 남자예요. 시는 무슨 얼어죽을 시."

철주는 오늘 배달된 우편물을 뒤적이고 있었다. 대부분 공과금 고지서나 광고를 위한 디엠들뿐이었다. 편지지에 쓴 글로 나누던 진정한 소통이 멸종된 게 벌써 몇 년 전이란 말인가. 반갑지 않은 고지서들뿐이라 빠른 속도로 챙길 것과 버릴 것을 분류해나가던 철주의 손이 갑자기 멈췄다. 네모난 우편물 봉투는 빳빳한 고급 재질로 만들어져 있었다. 손으로 뜯기 어려워 주방으로 가서 가위를 가져와 열어보고는 순간 얼굴을 찌푸렸다. 철주는 우편물을 쓰레기통에 버리려다가 잠시 망설이고는 주방 구석에 던져 넣고 자리로 돌아와 앉았다. 그리고 새로 음악을 바꿔 틀었다.

"요건 어때요, 〈스물 그리고 서른〉."

> 스무 살 땐 설레임 세상이 예뻤다.
> 사랑이 쉬웠듯이 약속도 그랬다.
> 커피와 담배처럼 진하고 또 독한
> 젊은 밤이 지날 땐 나도 몰래 눈물이 흘렀다.
> 벌거벗은 채로 세상을 맞서도 두려움 느낄 수 없었고…….

"이승열 노래인데 난 이것도 좋더라고요. 그런데 왜 마흔을 위한 노래는 없는 거지?"

"가사만 들으면 무슨 민중가요 같은데, 뭐랄까, 아주 궁상맞지는 않아서 저도 좋은데요."

승현은 얼마 전부터 드나들기 시작해서 요새 단골이 된 손님이다. 이 식당에서 초짜 손님이 단골이 되는 과정에서 의미 있는 행동의 변화는 이런 것들이다. 먼저 혼자 가게를 찾는 것에 두려움이 없어진다. 바에 앉아 있는 누군가와 대화를 나눌 수 있다는 기대가 있기 때문이다. 처음에는 그런 기대로 혼자 온다. 그 안에서 하루의 피곤을 소소한 수다와 마음 편한 웃음과 공감의 피드백으로 풀 수 있다.

그런데 신기한 것은 진성 단골이 된 손님들은 어떨 때에는 다른 손님이 별로 없을 만한 시간에 찾아온다는 것이다. 그냥 아무하고도 얘기하지 않은 채, 혼자 바보가 된 것같이 맥주 한 병을 앞에 두고 철주와 의례적인 인사만 나누고 앉아 있다. 들려오는 음악에 귀를 기울이지도 않는다. 책을 읽기도 하고, 멍하니 프로젝터 스크린을 볼 때도 있다. 그냥 그렇게 한 시간이고 두 시간이고 앉아 있다가 간다. 처음에는 철주가 미안했다. 말동무를 해주지 못해서. 그런데 이상한 것은 혼자 있다가 일어나는 표정이 나빠 보이지 않는다는 것이다. 나중에 들어보니 처음에는 혼자 오더라도 누가 있는 것이, 대화를 나눌 수 있는 것이 좋았는데, 어느 정도 내공이 쌓이고 나면 도리어 혼자서 음악 듣다가 가는 것이 편안해진다는 것이다. 누구랑 얘기를 나누면 흐릿하던 것들이 정리가 되고, 갑갑한 것이 풀리며 후련한 마음이 든다. 그렇지만 결국 내가 남에게 얘기하는 것만큼 나도 상대방이 하는 말을 듣고, 그의 감정을 담아야 한다는 부담이 생긴다. 어떤 날은 수지타산에서 마신한 감정이 저자를 보는 날도 생기게 된다. 그에 비해 혼자 있다가 가는 날은 혼자서 천천히 상념과 잡생각들이 알아서 빠져나가게 둔다. 마치 건물 옥상의 물탱크를 청소하듯이. 시간은 걸리지만 이렇게 물을 한 번 빼주고 나면 마음이 가벼워지는 것을 느끼게 된다. 바로 그 흔치 않은 경험을 이 공간에서 하게 되면 더 이상 혼자 노는 것이 두려워지지 않게 된다.

그런 사람들이 하나둘 늘기 시작하면서 노사이드에 찾아오는 손님들 중 진짜 단골이 된 사람들은 서로 알아서 사인을 보낸다. 혼자 놀고 싶은 사람은 들어와서 조금 멀찍이 앉아 목례만 한다. 그러면 웃고 떠들던 사람들도 그 사람의 자유로운 선택을 인정하고 그 사람을 이야기의 흐름에서 빼준다.

승현의 경우는 단골 초입 단계다. 아직은 사람들과 대화를 나누는 것이 좋아서 음악 이야기를 하고 하루 동안 벌어진 일들에 대해 시시콜콜 얘기할 사람을 찾는다. 이제는 혼자 오는 것이 익숙하고, 냉장고에서 자기가 먹고 싶은 맥주를 꺼내 들고, 장부에 표시하는 것까지는 알아서 하는 경지에 이르렀지만 아직은 혼자 와서 아무도 없을 때의 심심함과 무료함을 잘 견디지 못한다. 그래서 철주와 대화를 하길 원한다. 지금이 그런 시간이다.

"회사 그만두고 싶어 미치겠어요."

"음, 오늘이 며칠이더라……. 24일이구나."

"네?"

"승현 씨가 회사 얘기를 하는 빈도가 늘어나는 기간은 정확히 매달 10일부터 시작해요. 그래서 오늘쯤에 피크를 치죠."

"그래요? 몰랐어요. 제가 그렇게 회사가 지겹다는 말을 많이 했나요?"

"많이 한 것은 아니고요. 그냥 다른 날에는 재미있는 얘기도 많이 하는데, 매달 요맘때가 되면 한숨 쉬는 빈도도 늘어나고, 일단 들어올 때의 발걸음이 달라요."

"어떤데요?"

승현은 그동안 철주가 자신을 지켜본 것이 흥미로웠다. 마치 손금을 읽어달라면서 손을 내미는 소녀와 같은 설렘으로 철주를 빤히 쳐다봤다. 승현도 그가 전에는 잘나가는 정신과 의사였다는 말을 들었다. 그렇지만 아직까지 한 번도 철주가 그녀에 대해서 얘기를 해준 적이 없었다. 오늘이 바로 그날인가 하는, 그동안 쏟아 부은 돈에 대한 보답을 받는 날인가 하는 생각을 했다.

"승현 씨는 기복이 있어요. 처음에 여기 왔던 날이 기억나네요. 친구들하고 왔죠? 아무 말 없이 맥주만 마시다가 갔어요. 음악을 신청하기도 했고요. 그러다가 회사 얘기가 나오면 목소리를 높였죠. 마음에 들지 않는 상사, 일의 의미도 모른 채 무작정 시키는 일만 하는 날들. 그리고 무엇보다 새로운 것이 없다는 푸념."

"지금도 그건 마찬가지예요."

"그런데 월말에는 기분이 좋아요. 새로 산 물건을 가져와서 우리에게 보여주기도 하고. 아무래도 씀씀이도 커져요. 내 입장에서는 좋은 시기죠. 저런 표정이 있었나 싶을 때가 있어요. 그러다가 요맘때가 되면서 점차 얼굴 표정이 안 좋아져요. 얼굴이 팽팽해지고, 별일 아닌 일에 신경질적인 반응을 보일 때도 있어요. 처음에는 혹시 월경과 관련이 있나 싶었죠. 그런데 그런 것 같지는 않더군요."

"예, 맞아요. 전 그쪽은…… 무딘 편이죠."

"그래서 드는 생각인데…… 혹시 그 회사 급여 지급일이 언제죠?"

"25일이요. 그건 왜요?"

"아, 그래서 그랬군요. 승현 씨는 환자예요. 월급이라는 마약에 중독된."

철주는 승현이 월급이라는 마약에 중독되어 있다는 것을 깨달았다. 20세기 초만 해도 많은 회사가 주급제였다. 일주일 단위로 사람을 고용할 정도로 안정성이 떨어졌다. 반면 현대사회는 월급제를 기본으로 한다. 한 달을 살아가면서 많은 사람들은 일에서 보람을 느끼지 못하거나 성취감을 얻지 못할 때 떠나고 싶다는 욕망을 강하게 갖는다. 그 욕망이 최고조에 오를 때 신기하게도 통장으로 월급이 들어와 포만감을 준다. 마치 마약처럼 월급은 불안감을 가시게 하고, 불쾌감을 사라지게 한다. 비록 일주일 안에 공과금, 카드 대금, 적금이나 보험금 등으로 빠져나가버리고 말지만 통장에 찍힌 얼마간의 돈은 그렇게 욕하고 떠나고만 싶던 회사라는 둥지에서 발을 떼지 못하고 머무르게 하는 데 큰 힘을 발휘한다.

한 달 약효가 가는 이 월급이라는 마약. 진짜 마약이 그렇듯이 약효가 떨어질 때쯤 되면 금단 증상이 생긴다. 짜증이 늘어나고, 불쾌해지고, 세상이 전부 부정적으로 보이기 시작한다. 사람에 따라서는 공격성이 늘고, 충동을 억제하지 못하는 경향이 관찰되기도 해서 대인관계에 어려움이 생기기도 한다. 그러다가 순간적으로 좋아지게 된다. 문제는 근본적인 변화는 없다는 것이다. 중국의 서민들이 아편에 중독되었던 것은 삶이 고단하고 힘들었기 때문이다. 아편굴 속에서 세상을 잊고 지내고 싶었다. 밖에 나가기를 거부하고 그 안에서 죽는 게 낫다고 여겼다. 그 정도까지는 아닐지 모르지만 월급도 근본적으로는 다르지 않다. 그저 잠시 안도감과 낙관적인 마음이 들게 해줄 뿐. 그게 문제다.

"맞는 말 같기도 하네요. 전부 동의할 수 있는 건 아니지만요."
"승현 씨는 뭘 하고 싶어요?"
"글쎄요. 분명한 건 이 회사에서 뼈를 묻을 각오는 없다는 것 정도? 별로 재미없어요. 이제 5년차거든요. 처음 2년은 이 어려운 세상에 취업이 되었다는 것만으로도 감지덕지했죠. 3년이 지나기 시작하니까 뻔한 거예요. 하고 싶은 일이 있지만 내게 주어진 일은 정말 중등과정만 무난히 졸업한 사람이면 할 수 있는 일이죠. 1년 농사 짓듯이 일을 해요. 시기는 일민 헤야 헤요. 일의 중요성이나 시급성보다 윗사람이 원하는 방향으로 가야 하고, 거래처가 원하는 방향으로 바꿔야 해요. 금세 지었다가 금세 허무는 모래성을 쌓는 기분이랄까? 지쳐요. 제가 만날 하는 레퍼토리죠. 회사에서는 성장을 위해 자기계발을 하라지만 제게 요구하는 것은 거대한 기계를 돌리기 위한 톱니바퀴가 되라는 것이에요. 저는 그렇게 살기 싫어요. 회식도 가기 싫고, 회의에서 하라는 것까지만 해요. 절대 시킨 일 이상은 하지 않아요. 월급 받은 만큼만 일한다는 마음으로 다녀요."

"톱니바퀴라……. 그런데 톱니바퀴가 돼서 기계가 잘 돌아가게 하는 것도 쉬운 일은 아닌데. 어떤 톱니바퀴는 잘못 끼여 들어가서 기계 전체를 서게 만들기도 하지."

"맞아요. 저는 좋은 톱니바퀴, 딱딱 맞물리는 톱니바퀴도 되지 못하는 것 같아요. 사실 아침 아홉 시에서 저녁 여섯 시에 퇴근할 때까지 80퍼센트는 난 여기에 어울리는 사람이 아니라는 생각을 하고 있을걸요."

"그래요? 회사에서도 좋아하지는 않겠네. 그리 인기 있는 직원은 아닐 듯."

"그렇죠. 그러니 같이 놀아줄 친구도 없이 밤마다 여기 오는 거죠. 올해 말이 되면 5년 동안 든 적금이 만기가 되거든요. 그동안은 지금 여길 그만둬도 딱히 할 것도 없어서 참고 있었어요. 이제는 만기 딱 되면 확 그만둬버릴 거예요."

"그런 말 하는 사람 많이 봤지만 실행에 옮기게 되는 사람은 드문데. 그러길 바라요. 추운 길바닥이라도 밖으로 나가고 싶다고 꿈은 꾸지만 막상 더럽고 남루한 방 안이라도 따뜻한 이불 속을 박차고 나올 때는 여러 가지로 계기가 필요하더라고요. 아침에 눈을 떠서 일어나려고 하다가 30분만 더 자고 나서, 라는 마음에 눈을 붙였다 뜨면 어느새 점심때가 되고, 뒹굴뒹굴하다 보면 해가 지는 걸 보면서 그날은 포기하고 다음을 기약하는 게 더 흔한 상황이던데. 승현 씨는 잘할 수 있겠죠?"

"그럴까요? 저지를 수 있을까요?"

"결정을 하려면 오늘 열두 시 전에 하시죠. 지금에 대한 불만이 최고조로 오를 시간이잖아요. 신데렐라의 열두 시 자정처럼. 내일 아침 열 시 입금이 되면, 풍선에서 허탈하게 바람이 빠지듯이 한 달 동안 세운 계획에 대한 펌프질도 멈추게 되지 않을까요?"

"설마요. 차곡차곡, 언젠가는 떠날 마음으로."

승현이 이렇게 말은 하지만 같은 말을 지난달, 또 그 지지난달 이 날쯤에 했던 것을 철주는 기억한다. 그래도 맞춰준다. 상태가 너무 안 좋을 때 직면을 하는 것도 좋은 접근법이 아니라는 것을 오랜 경험을 통해 알고 있기 때문이다. 어딘가 가고 싶은 곳, 하고 싶은 것을 꿈꿀 수 있다는 것은 꼭 행동에 옮기지 않는다고 해도 심리적으로는 의미가 있는 일이다. 인간이 꿈을 꿀 수 있다는 것은 한국인에게 제주도가 있는 것과 같다. 철주는 어쩌다 한 번 제주도를 갈 때마다 만일 이 작은 땅덩이에서 제주도가 없었다면 한국인의 삶이 얼마나 각박하고 살벌했을까 하는 상상을 하고는 했다. 서울에서 한 시간 남짓이지만 비행기를 타고 찾아갈 수 있는 섬이 나라 안에 있다는 것, 북쪽으로는 막혀 있고 삼면이 바다로 갇혀 있는 반도에서 옴짝달싹 못하면서 오글오글 모여 살고 있는 이 나라에서 제주도의 푸른 밤을 상상하고 또 어쩌다 한 번씩 그 상상을 실현할 수 있다는 것은 한국인에게는 축복이다. 마찬가지로 사람이 꿈을 꾼다는 것은 숨통과 같다.

밤에 꾸는 꿈은 무의식의 표현으로 의식적으로 통제할 수 있는 영역이 아니다. 미녀와 연애하는 꿈을 꾸겠다고 아무리 암시를 걸어도 그런 꿈을 꿀 수 없다. 그렇지만 혼자 상상을 하는 백일몽은 무엇이든 가능하다. 상상을 하는 것만으로도 마음은 잠시나마 즐거워질 수 있다. 돈이 드는 것도 아니고 누워서 잠이 들어야만 할 수 있는 것도 아니다. 잠시나마 즐거운 상상을 해본다는 것은 그저 당의정일 뿐이라고 폄하하기에는 영양가가 있는 당의정이다. 현실의 고통과 핍진함에서 잠시 붕 뜨게 해주면서 한편으로는 현재 상황을 객관화시켜주기도 하고, 다른 한편으로는 앞으로 다가올 미래에 대해 그나마 낙관적인 기대를 하게 하는 데 일조하기 때문이다. 그런 면에서 승현의 그런 상상이 아주 밉지 않았고, 이곳의 역할이 바로 거기에 있다고 여기며 철주는 비어 있는 승현의 잔을 마침 자기가 마시려고 한 산토리 히비키 위스키로 채워주었다. 오늘 이 한 잔을 마시고 집에 가면 무의식은 지금의 백일몽과 다른 꿈을 선사할지 모른다. 그리고 내일 아침이 되면 또다시 매일이 시작되고 승현은 조직이라는 기계의 톱니바퀴가 되려고 안간힘을 쓸 것이다. 속으로는 어떻게든 벗어나고 싶지만 용기가 없어서, 아니면 기회가 되지 않아서 일단은 그 안에 머무를 것이다. 벗어나고 싶어도 변화가 두려워서, 혹은 사실은 조직 안에서 인정받고 싶지만 욕심과 기대만큼 인정받지 못한다는 결핍감 때문에 소속감을 느끼지 못하고 있는지도 모른다. 무엇이 원인이건, 철주의 눈에 승현에게는 계기가 필요했다. 진정한 변화를 위해서는 그 변화에 수반되는 동요와 불안정을 참고 넘어갈 만한 정도의 동기, 혹은 절박함이 있어야만 한다. 그러나 아직까지 승현에게는 그만 한 동기가 보이지 않았다.

이때 경찰 한 명이 문을 열고 들어왔다. 소변이 급해서 들어온 것처럼 급하게 문을 벌컥 열고 들어와 두리번거렸다. 가게에 몇 번 왔던 경찰이었다. 분위기가 좋다면서 비번인 날에는 한두 번 와서 술도 마신 적 있는, 이 동네 지구대에서 순찰 근무를 하는 경찰이다. 그런데 화장실이 목적이 아니었다. 바 안쪽에 깊숙이 앉아 있는 철주를 발견하고는 불이라도 난 듯이 큰 소리로 외쳤다.

"아, 계셨네요. 큰일 났어요. 저랑 같이 가시죠."

#2 그 배우가 제 남자 친구라고요!

번화가는 오늘도 흥청망청 시끌벅적하다. 경찰이 앞장서고 철주와 승현이 뒤를 따랐다. 경찰이 사람들이 모여 있는 장소로 달려갔다.

"모셔왔습니다!"

사람들이 웅성거리면서 철주가 걸어오는 것을 바라보았다. 놀라고 당황해하는 동시에 재미있는 구경거리에 촐망촐망 호기심 어린 눈빛들을 한 것을 보니 흔한 상황은 아닌 것 같았다.

'촬영하다가 누가 다쳤나?'

워낙 드라마나 영화 촬영이 많은 동네라 철주는 배우와 구경꾼이 시비가 붙었거나, 중간에 누가 다쳤나 하는 짐작을 했다. 그러나 그런 상황이었다면 바로 병원으로 데려가지 경찰이 굳이 철주에게 오지는 않았을 것이다. 일단은 원경에서 상황을 파악해보는 것이 좋다. 철주는 걷는 속도를 늦추고 천천히 시야를 넓혀가면서 주변에서 벌어지는 일들을 주시했다. 사람들이 이제 다시 처음에 주시하던 곳으로 일제히 시선을 돌려 고정했다.

사람들이 쳐다보고 있는 건물 옥상에는 거대한 광고판이 있었다. 맥주 광고로 젊은 남녀가 상대방을 바라보며 맥주를 마시는 사진이었다. 남자 모델은 3년 전까지는 아이돌 스타의 리더였다가 지금은 배우이자 솔로 가수로 활동하고 있는 김영빈이었고, 여자 모델은 신인 배우로 긴 머리와 호리호리한 몸매, 청순한 이미지로 CF모델로만 지난 6개월 동안 20억 원을 벌었다고 소문이 난 안미란이었다. 인터넷에서는 두 사람이 사귀고 있다는 소문까지 돌아서 이 맥주 광고는 핫한 이슈였다.

"저걸 왜 저렇게 열심히들 보는 거지?"

"저기, 이리 좀 오세요. 저 위에 사람이."

위를 올려다보았다. 광고판 앞 옥상 꼭대기 난간에 여자 한 명이 아슬아슬하게 서 있었다. 흥미로운 것은 광고 속 안미란의 옷과 머리 모양이 같았다. 안미란이 입고 있는 비키니형 탑과 스키니진에 그녀의 트레이드마크인 긴 생머리를 약간 웨이브지게 한 것이 안미란이 아닐까 하는 착각이 들 정도였다.

"정신과 의사라고 하셨죠?"

"전직이라고 했죠. 지금은 술집 주인이고요."

"하여튼요. 응급 상황이에요. 소방서 대원들도 위험해서 도저히 접근을 못 하겠다고 하네요. 옥상에 올라가면 바로 뛰어내리겠다고 해요. 그 누구냐, 저기 남자 모델, 김영빈의 팬인데, 김영빈이 자기를 배신하고 다른 여자를 사귄다고 절대 그럴 수 없다면서 김영빈을 빨리 데려오지 않으면 죽어버리겠다는 거예요."

"그래요? 언제부터 저러고 있는 건데요? 날도 쌀쌀한데."

"한두 시간 되었을 거예요."

밑에서 올려다보니 밤바람이 차서 하얀 얼굴이 점점 새파랗게 변해가고 있는 것 같았다. 그대로 두면 추위를 견디지 못하고 무슨 일이라도 저지를 것만 같았다.

"그런데 저를 왜 부르셨죠?"

"글쎄, 사실 저도 잘 모르겠어요. 저희가 설득을 해봤는데 말이 안 통해요. 자기가 김영빈의 애인이라고, 김영빈이 자기를 못 알아보고 안미란과 사귀고 있다고 주장을 하는데 미친 거 맞죠? 당신은 그런 사람이 아니라고 수백 번 얘기를 했는데 이러다가 우리가 미치겠어요. 여기서 사람 떨어져 죽어나가면 큰일이에요. 우리 서장님 다음 달에 승진심사 받으셔야 하는데. 왜 이리 재수도 없으시냐."

"난 끼어들기 싫은데."

"그러지 마시고요."

"난 이제 남의 삶에 끼어들지 않기로 했어요. 저러다 떨어지면 나한테 다 뒤집어씌울 거잖아요. 내가 몇 번을 당했는데."

서장이 옆에 서 있다가 다급히 말했다.

"사람 하나, 아니 둘 살린다는 마음으로 좀……. 부탁합니다."

"둘이요?"

"저 미친년, 아니 저 여자하고 저까지요. 우리 애들이 이제 대학생하고 고2예요. 여기서 끝낼 수 없어요. 제가 정말 많은 편의를 봐드릴게요."

"음, 그러면…… 저한테 신세 지시는 겁니다. 이것부터 약속해줘요. 제 차 번호 알려주면 가게 근처에 세워놓아도 딱지 안 떼기. 어때요?"

"그건…… 관할이 다른데."

"나도 지금 이거 내 관할이 아니잖아요."

"하여튼 제가 어떻게든 손을 써볼 테니까 일단 올라갑시다."

서장이 철주의 등을 떠밀어 건물 안으로 들어가게 했다. 엘리베이터를 타고 올라가면서도 철주는 별 생각이 없었다. 사실 지금까지 자살 시도자를 수백 명 만나보았다. 그러나 현장에서 만나본 적은 한 번도 없었다. 자살을 시도하고 실패해서 외래로 오거나, 응급실을 통해서 입원해 있는 환자만 봤을 뿐이다. 물론 진료 중에 죽어버리겠다고 위협해서 철주를 식겁하게 한 환자들도 많았다. 그렇지만 병원이라는 자기 홈그라운드 안에서 벌어지는 일이었기 때문에 어떻게든 해결할 수 있었다. 그렇다고는 해도 철주가 할 수 있는 일은 입원시키거나 보호자에게 알려서 주의를 기울이도록 하는 정도였다. 병원 밖에서 벌어진 일은 원칙적으로 주의 의무를 다하고, 경고와 예방을 했으면 책임질 일이 없었다. 지금 철주는 옥상으로 올라가면서 동물원 사파리에서 살던 사냥꾼이 처음으로 아프리카 사바나의 국립공원에서 사자를 잡으러 엽총을 들고 랜드로버를 타고 나갈 때의 두근거림을 느꼈다.

옥상에서 문을 지키고 있던 경찰이 철주가 도착하자 비켜주었다. 이제 시작이다.

"안녕하세요?"
"누구세요?"
"영빈 씨 친구라고 하셨죠?"
"네, 제가 영빈 씨 여자 친구예요. 거기는 누구세요? 영빈 씨는 왜 안 와요?"

첫 단추는 잘 끼워진 것 같다. 이름을 물어본 뒤 빨리 내려오라고 하거나, 위험한 짓을 왜 했냐고 추궁하는 것은 상대방을 자극할 뿐이다. 이름을 말한다는 것은 신원을 노출한다는 것인데, 지금 저 여성이 자신의 정체성을 현재의 상태에 맞춰 어떻게 형성하고 있는지 알 수 없기 때문에 별다른 의미가 없다. 경찰에게는 중요하겠지만. 또 왜 했느냐, 빨리 내려와라, 라고 종용하는 것도 지금의 상황에서는 별 효과가 없는 방법이다. 아직 기차에 타지도 않은 사람에게 부산에 왜 가느냐, 빨리 가라, 라고 닦달하는 것과 같다. 일단 그녀가 원하는 정체성을 인정하고 신뢰의 문을 열게 하는 것이 첫 단추를 꿰는 일이다. 거기까지는 성공.

"맞구나. 긴가민가했습니다. 저는 영빈이 매니저로 일하는 김철주라고 합니다. 안녕하세요? 영빈이가 지금 지방에서 촬영 중이에요. 그거 알죠? 〈그 남자 미쳤다〉라는 미니시리즈. 그래서 연락을 받고 제가 부랴부랴 왔어요."

"아, 그랬구나."

"그쪽은 성함이 어떻게?"

"저는 손미영이에요. 영빈 씨가 요새 갑자기 연락이 끊겨서 놀랐어요. 제 얘기 들으셨죠? 저랑 영빈 씨 관계에 대해서요."

"네, 누가 있다는 건 알았지만 영빈이가 원래 말수가 없어요. 또 아이돌 하다가 독립했잖아요. 그게 사생활 간섭 때문이었어요. 뭐, 저보다도 잘 알겠지만. 우리 회사랑 계약할 때 처음부터 사생활은 터치하지 않기로 하고 서명했거든요. 대신 자기도 스캔들 안 나게 관리 잘하겠다 그랬고. 그런데……."

"그랬구나. 그래서 모르셨구나. 그런데 미란이 그 계집애는 뭐예요? 같이 극장도 가고."

철주는 중요한 오해가 있었다는 듯이 큰 손짓으로 이마를 치며 말했다.

"아, 그거요! 오해가 여기서 생기는 거예요. 그거 이 맥주 회사가 부탁한 거예요. 영빈이가 미영 씨한테 얘기 안 했나요? 일종의 노이즈 마케팅이랄까. 이 광고 시리즈의 붐업을 위해서 파파라치 같은 형식으로 사진을 찍어서 광고회사에서 인터넷 포탈 뉴스 사이트로 뿌린 거예요. 아, 이게 이런 부작용이 있구나. 그리고……."

"네? 조금 크게 말하실래요?"

미영이라고 자신을 소개한 여인은 난간에서 철주 쪽으로 자연스럽게 몇 걸음 걸어 나왔다. 철주가 의도적으로 얼버무리면서 작게 말하기 시작한 덕분이다. 이제 미영은 철주가 정말 매니저라고 생각하고 철주의 말에 귀를 기울이고 있는 것 같았다. 철주는 임기응변으로 해대는 거짓말에 스스로도 놀랐다. 하지만 일단 위기를 극복하는 것이 우선이니 어쩔 수 없었다.

"이거 어떡하죠? 조금 있으면 이 소식 듣고 벌떼같이 기자들이 몰려올 텐데. 영빈이가 그걸 좋아할까요? 그동안 숨겨왔던 애인이라면 고이 간직하고 싶을 텐데. 그 친구 그런 거 정말 싫어할 텐데."

"그런 거였군요. 그것도 모르고."

"요새 촬영이 너무 많았고요, 또 휴대전화도 촬영하다가 물에 빠뜨려서 고장 났어요."

"그래서 연락을 해도 못 받았군요. 텔레비전에서는 저한테 윙크도 하고 저와 통하는 암호를 주고받기는 했는데."

"암호요?"

"네, 인터뷰 끝에 옷깃을 털거나 만지거든요. 그게 저랑 영빈 씨 사이의 사인이에요."

"몰랐습니다. 그 친구 기발하네요. 하여튼 기자들이 몰려오기 전에 내려가는 게 어떨까요? 며칠 동안은 어차피 연락이 안 돼요. 지방 촬영 내려가서 밤샘 촬영하고 있어요."

"그래야겠네요. 오해를 풀어주셔서 고마워요."

"자, 이쪽으로."

미영은 서서히 철주 쪽으로 다가왔다. 지쳤는지 긴장이 풀어져서 그랬는지 걸어오다 제풀에 주저앉았다. 철주가 입고 있던 외투를 벗어 그녀의 어깨 위에 얹어주었다. 경찰이 달려오자 철주가 저지하고 직접 부축을 하고 밑으로 내려갔다.

"아이구, 이거 감사합니다. 경찰서로 끌고 가. 이년을, 그냥."

"저기 서장님, 제 부탁 들어준다고 했죠?"

"네……"

무슨 큰 요구를 하는 줄 알고 서장이 멈칫했다.

"이렇게 하죠. 잘 끝났으니까 이거 없던 일로 하면 안 될까요? 조서 꾸미고 그러면 실제 사건이 되는 거니까, 어찌 되었건 처벌을 해야 하고, 또 그러면 뉴스에 나오고……. 또 그러면 늑장 대응에, 민간인이 끼어들어 데리고 나온 꼴이 되고. 저도 그러면 불편해지고, 서장님도 불편해지고."

"그래서요?"

"이 아가씨 신병은 제가 인도하는 것으로 하고, 보호자나 좀 찾아주세요. 제가 며칠 데리고 있을게요. 처벌은 하지 말죠. 처벌할 사안이 아니라 치료받을 사안이라는 생각이 들어서."

"음, 글쎄."

옆에 있던 경찰이 끼어들었다.

"서장님, 그렇게 하시죠. 없던 일로 하는 것도 좋을 것 같아요."

"서장님, 딱지 얘기도 없던 일로 할 테니까. 어때요?"

서장은 그제야 철주를 바라보고는 고개를 끄덕이며 말했다.

"그렇게 합시다. 내가 김 사장님 믿고 갑니다. 생각해보니 그게 맞는 말 같기도 하고. 어이, 이 순경, 상황 정리하고 들어와."

#3

두 부
서로의 거울이 되어주는 건 어떨까요?

"따뜻하게 한 잔 마셔요."

철주는 미영에게 따뜻한 칵테일 브랜디 에그녹을 만들어줬다.

술잔을 두 손으로 쥔 미영은 천천히 마시면서 물었다.

"여기는 어디죠?"

"제가 부업으로 하는 가게예요."

"부업?"

"쉿!"

옆에서 듣고 있던 영수가 황당해하자, 철주가 영수를 급히 돌아보며 입술 위에 손가락을 대며 그의 입을 막았다.

"아, 그렇구나. 몸이 따뜻해지는 것 같아요. 제가 바보 같죠? 영빈 씨 마음도 모르고 이런 소동을 벌였으니. 정말 고마워요."

"별 말씀을요. 제가 영빈이 올라오면 자초지종을 다 설명할게요. 이것도 나중에 술자리에서 웃으면서 할 얘기가 될 거예요. 그죠?"

"그랬으면 좋겠어요. 그런데 먹고 나니 좀 졸리네요."

미영은 바 위에 엎드려 몇 분 만에 잠이 들었다.

"벌써 자? 무지 긴장했었나 보네."

"아, 내가 스틸녹스를 반 알 정도 넣었어. 수면제 들어가니 자는 게 당연."

"그랬구나."

철주는 미영을 보호하기 위해 일단 데리고 오기는 했지만 앞으로의 계획에 대해서는 막막했다. 이때 승현이 얘기했다.

"그런데 어떻게 데리고 내려오신 거예요? 정말 신기해요."

"일종의 망상을 다루는 방법 중 하나인데, 제일 중요한 건 그 사람에게 망상이 갖는 의미를 이해하고 받아들이는 거예요."

망상이란 상식적인 설명으로는 흔들리지 않는 잘못된 믿음이라고 정의할 수 있다. 미영이 영빈과 애인이라고 굳게 믿는 것도 망상일 가능성이 높다. 처음에는 호기심으로 시작하지만 그와 관련된 정보가 쌓이고 그것들이 모여서 하나의 스토리를 만들어내게 되면 '그럴지도 모른다'는 어느새 '그렇다'가 되고 '그래야만 한다'로 진화한다. 이 수준이 되면 웬만한 설득이나 회유로는 단단하게 체계가 잡힌 망상의 스토리텔링을 깨기란 쉽지 않다. 특히 그 망상이 한 사람의 정신세계의 중심을 차지하게 되면 더욱 그렇다. 미영이 그랬다. 아까 미영이 얘기한 것으로 미루어볼 때 영빈은 미영 안에서 서서히 자리를 잡기 시작했을 것이다. 처음에는 그저 팬이었다. 그러나 팬클럽 활동을 하면서 그를 따라다니고 그가 하는 말 하나하나를 음미하고, 그의 사생활과 연예계 생활의 일거수일투족을 함께하면서 그녀는 자신의 삶과 그의 삶을 동일시하게 된다. 그러다 보면 현실의 삶보다는 그와 함께하고 있다고 상상하는 백일몽의 세계가 훨씬 실감나는 상황이 될 수 있다. 여기서부터는 자가 증식을 한다. 이야기가 이야기를 낳는다. 꿈이 꿈을 만든다. 어느새 현실의 남루하고 초라한 삶이 악몽으로 느껴지고, 영빈의 애인이 되어 영빈을 기다리는, 숨겨진 애인 역할을 하는 꿈의 세계가 현실을 지배할 수 있다. 〈매트릭스〉나 〈인셉션〉과 같은 영화가 현실의 정신세계에서 벌어질 수 있다는 것이다. 그게 망상의 세계다. 그리고 망상을 밖에서 접하는 사람은 이해하기 어려우나, 망상을 갖고 있는 사람은 현실 세계보다 망상의 세계 안에서 더 행복할 수 있다. 적어도 망상에 빠진 그 동안에는.

그렇기 때문에 미영이 갖고 있는 철옹성과 같은 망상, 자살하겠다고 결심할 만큼의 배신감을 느낄 정도로 진행된 망상의 문을 열고 그녀의 마음의 세계로 들어가기 위해서는 망상으로 쌓인 벽을 단번에 부수려고 해서는 안 된다. 벽을 두드리면 망상은 더욱 튼튼해질 뿐이다. 〈센과 치히로의 모험〉의 가오나시가 모든 것들을 자기 안으로 집어넣어 점차 괴물이 되어가듯이, 스토리텔링을 갖춘 체계화된 망상을 가진 사람에게는 망상을 부수기 위해 던져주는 모든 현실의 큐는 망상의 소재가 된다. 마치 미영이 인터뷰 끝날 때 영빈이 별 생각 없이 옷깃을 터는 행동을 자기에게 보내는 신호라고 믿어버리는 것처럼.

철주는 망상으로 진단하고 입원시키는 것이 아니라 미영이 스스로 문을 여는 길을 택했다. 그녀의 망상을 인정하는 것이다. 철주는 자기 정체성을 바꿔 미영에게 다가갔다. 절망감에 빠져 있던, 누구도 자신을 이해해주지 않는다고 여기던 미영에게 이런 어처구니없는 방법은 의외로 효과가 있었다. 사실 그녀에게는 영빈과 철주의 관계를 시험해볼 수많은 방법이 있었을 것이다. 영빈에 대해 철주보다 수백 배 많은 정보를 알고 있으니 말이다. 철주가 조금만 어설프게 대해도 매니저가 아니라는 것을 알아낼 수 있었다. 그러나 미영은 그러지 않았다. 망상 혹은 집착을 갖고 있는 사람의 특징이 이렇다.

'너무 멀리 온 게 아닐까?' 불안과 두려움이 엄습한다. 하지만 현실로 바로 돌아가는 것은 망상 속의 삶이 주는 쾌감을 버려야 하기에 용납하기 어렵다. 그냥 가게 된다. 망설임 속에서 고민한다. 누구라도 와서 건져주기를, 그리고 퇴로를 만들어주기를 바라면서 그 찬스를 기다린다. 영빈의 매니저라고 자처하고 나타난 철주, 의심스럽지만 의심을 하지 않은 이유도 아마 거기에 있었을 것이다. 미영에게 필요한 것은 현실로 서서히 안전하게 돌아갈 수 있는 퇴로이다. 누군가 그 문을 열어주기를, 아니면 최소한 문을 두드려주기를 기다리고 있었을 것이다. 철주가 그 문을 두드린 것이다. 밖에서 돌을 던지거나, 열쇠장이를 불러 강제로 따는 방식이 아니라 문을 열어도 위험하지 않은 사람이라고 안심을 시켜 직접 문을 열게 했다. 그렇다고 트로이의 목마처럼 성 안으로 들어간 다음에 목마 안의 그리스 병사들이 나와서 트로이의 백성들을 죽이고 밖에서 기다리던 병력이 몰려들어오게 하려는 것은 아니다.

밖에서는 비합리적이고 말도 안 되는 것에 집착하고 있는 것으로 보일 수 있지만 정작 본인에게는 그 망상의 스토리텔링이 정신체계의 크랭크 축과 같은 역할을 하고 있다. 그러므로 그 축을 뽑아버리면 집 전체가 무너져버리는 참담한 일이 벌어지기 십상이다. 미처 수술을 통해서 병이 되는 조직은 모두 깨끗이 제거하는 데 성공했으나 정작 환자는 사망하고 만 상황이 벌어지는 것과 같다. 그러므로 망상을 해결하는 방법은 서서히 쪼그라뜨리는 것이다. 정신세계의 마루 한가운데를 차지하고 있던 놈을 조금씩 작게 만들고 위치를 옮겨서 점점 눈에 띄지 않게 할 수 있다면 현실적으로는 성공했다고 할 수 있다.

한편으로 망상적인 집착에 빠져 있다는 것은 대단한 에너지가 한쪽 방향으로 몰려 있다는 것을 의미한다. 그 힘을 좋은 방향으로 돌릴 수만 있다면 미영의 삶은 지금과는 다르게 전개될 수 있지 않을까? 그러기 위해서는 어떻게 해야 할까? 철주의 눈이 승현을 향했다.

"승현 씨가 같이 있어보면 어떨까?"

승현의 눈이 휘둥그레졌다

"네?"

철주가 절묘한 수가 생각났다는 듯 씨익 웃는데, 입꼬리가 15도쯤 올라갔다.

"승현 씨가 이 아가씨랑 한동안 같이 지내보면 어떻겠냐는 거죠."

"네? 왜요?"

승현은 황당해하지 않을 수 없었다. 어떻게 조금 전까지 죽겠다고 옥상에 올라갔던 사람을 집에 데려가라는 것인지 철주의 속내를 이해하기 어려웠다.

"나를 매니저로 아는 한 또 죽겠다고 하지는 않을 거예요. 오해했다고 했으니까. 그러니까 그런 걱정은 하지 마시고. 두 사람이 같이 지내면 서로에게 도움이 될 것 같아서."

"무슨 도움이요?"

"서로가 서로를 보면서 미러링을 할 수 있겠다 싶어요."

"미러링?"

"상대방의 거울이 돼준다고 할까? 다만 모습이 그대로 비치는 거울이 아니라 다른 방식으로 반사를 해주는 그런 거울. 말로 설명하기는 어려운데, 승현 씨에게 필요한 게 요 아가씨에게 있을 것 같고, 요아가씨에게 필요한 게 승현 씨에게 있을 것 같아서. 이 친구 가족이 파악돼서 연락될 때까지 며칠만 부탁하면 안 될까?"

승현은 종잡을 수 없었다. 철주가 도대체 무슨 말을 하는지 알 수 없었다. 하지만 옥상에서 자살하려던 사람을 데리고 내려와서 저렇게 고분고분하게 만든 사람이라면 한번 믿어봐도 될 것 같았다. 혹시 자신에게도 뭔가 변화의 실마리가 풀릴지도 모른다는 기대감도 들었다. 그래도 망설여지기는 마찬가지였다. 승현이 주저하고 있는 것을 눈치 챈 철주가 미끼를 던졌다.

"최소한 이 친구를 맡아주는 동안, 술값은 안 받을게요. 숙박료 대신. 어때요?"

"그래요? 한번 해볼까요?"

승현은 밑져야 본전이라는 생각이 들었다. 그리고 철주나 영수가 했던 말 중에, 기회가 왔을 때 잡아야 한다, 의외로 거기서 정체된 삶이 풀릴지 모른다, 라는 말이 갑자기 머릿속에 떠올랐다.

#4 감탄사의 삶에서 쉼표의 삶으로

"언니 왔어요?"

"시작했어?"

"시작한 지 10분 지났어요."

"아, 짜증나. 본방 사수해야 하는데 늦었네. 꼭 퇴근하려고 하면 짜증나게 일을 시켜."

"언니가 일을 깔끔하게 잘하나 보지."

"쳇. 보자고."

미영이 승현과 같이 지낸 지 일주일이 되었다. 미영이 좋아하는 김영빈이 주연으로 나오는 드라마를 보기 위해 승현도 부랴부랴 집에 돌아왔다. 전 같으면 시큰둥하고 그런 건 뭐하러 보나 싶었는데, 미영과 같이 지내다 보니 어느새 승현도 김영빈이 좋아지게 되었다. 누군가를 좋아하고 응원하는 기분이 이런 것인 줄 몰랐다. 언제나 움츠려 있고, 최소한의 것만 하고 지내던 승현이 본방 사수를 위해 달리면서 가슴이 두근거리고, 드라마가 끝나면 게시판에 들어가 사람들이 올린 글을 읽으면서 토론을 하는 재미가 보통이 아니었다. 좋아하는 것을 위해서 일도 빨리 마무리 짓기 위해 적극적으로 처리하다 보니 도리어 속도가 붙고 일 자체가 재미있게 느껴지는 기현상도 벌어졌다. 여전히 회사가 재미없기는 마찬가지였지만.

승현과 같이 지내면서 미영은 승현의 안정감과 남에 대한 배려가 신기했다. 원래 올빼미 체질이라 늦게까지 텔레비전을 보다가 자고 아침에 늦게 일어나는데, 자신이 깨지 않도록 조용히 출근 준비하고 나가면서 먹을 것까지 챙겨놓고 나가는 승현에게 고맙기도 하고 놀랍기도 했다. 미영은 체계적이지 않고 무엇이든 꽂히면 당장 해버려야 하는 성격이었다. 미영의 엄마도 그랬다. 미영이 이렇게 연락을 끊고 사라진 지 일주일이 되어가는데도 연락도 없다. 서울에 올라와 자취를 하면서 대학 편입을 준비하던 미영이 잘 알아서 하고 있을 것이라 여기며 자기 살기 바쁜 사람이었다. 지방 소도시에서 아버지가 일찍 돌아가시고 엄마는 보험 판매를 하면서 미영을 키웠다. 미영은 공부를 썩 잘했지만 수능을 보기 일주일 전에 교통사고가 나서 전신 타박상으로 며칠간 입원을 하는 바람에 성적이 너무 나오지 않았다. 결국 집에서 가까운 지방 전문대학에 장학금을 받고 들어가게 되었다. 미영은 인생이 이렇게 꼬일 수도 있겠구나 싶었다. 어쨌든 낙천적으로 받아들이고 빨리 졸업해서 돈이나 벌어야겠다고 결심했다. 그런데 도리어 엄마가 난리였다. 서울에 있는 4년제 대학으로 편입하라고 등을 떠밀어 올려 보냈다. 휴학을 시킨 것도 엄마였다. 미영은 내심 잘되었다 싶었다. 그때부터 영빈이 속한 그룹을 좋아해서 쫓아다니고 싶어 엉덩이가 근질근질했기 때문이다.

미영은 영빈이 왜 그리 좋은지 스스로도 이해할 수 없다. 물론 지금도 영빈이 자기를 좋아한다는 생각이 들기는 한다. 그렇지만 승현을 보니 뒤에서 영빈을 응원하고 팬으로서 좋아하는 것이 영빈과 자신 모두를 위해 더 좋을지 모른다는 생각이 조금씩 들기도 한다. 그리고 영빈에게 부끄럽지 않은 사람이 되어 그 앞에 다시 서는 그날을 앞당기는 것이 더 멋질 것이라는 환상을 갖게 되었다. 어제부터 미영은 다시 학원을 다니기 시작했다.

"참, 언니 저 내일 저쪽 집 방 뺄게요. 그런데 정말 괜찮겠어요?"

"그래. 잘 생각했어. 혼자 사는 거 심심했거든. 저녁에 집에 들어오면 누가 있다는 게 좋네. 신경 쓰지 말고 들어와."

미영이 고시원을 정리하고 승현과 합치기로 한 것이다. 이렇게까지 빨리 진전이 될 줄은 사실 철주도 예상하지 못했다. 기대했던 것이 너무 쉽게 이루어져서 속도 조절을 해야 하나 망설일 정도였다. 사람이 변하는 것은 쉬운 일이 아니다. 관성의 힘이 그만큼 크기 때문이다. 그래서 변하고 싶지만 변하는 데 드는 비용과 귀찮음, 변화 과정의 괴로움이 싫어서 '불편하지만 익숙한 것'에 머무르게 되는 경우가 많다. 그 장벽을 뚫는 계기가 필요하다. 작은 물꼬의 트임이 큰 강의 흐름을 바꾸는 시작이 된다. 철주는 두 사람이 서로의 다름을 인식하며 옆으로 5도씩만이라도 움직일 수 있기를 기대했다.

승현은 수동태적 삶을 살고 있었다. 직장인 사춘기였다. 사춘기란 정체성을 형성하는 시기다. 사회적 인간으로 정체성을 형성하는 것은 성인기의 중요한 일 중 하나다. 에릭슨은 청소년기의 발달 과제를 정의하면서 정체성 형성에 필요한 두 가지 요소로 탐색(exploration)과 소속감(commitment)을 들었다. 자기에게 주어진 경계 밖을 탐색하며 새로운 경험을 하고 원래 주어졌던 가치관 이외의 새로운 것들을 경험하면서 자기만의 것을 만들어가는 과정이 탐색이다. 또 가족이 아닌 사회 공동체 어딘가에 자신이 속해 있고, 집단 안에서 요구하는 것을 이행하고 그 안에서 보람을 느끼고 또한 동시에 보호받고 있다는 안정감을 경험하면서 사회 속의 '나'를 이해하게 되는 것이 소속감이다. 이 두 가지를 모두 잘 이루어내면 '내가 누구이고 어디로 가고 있는지'를 나름대로 투명하게 인식할 수 있다.

그런데 탐색은 계속 하고 싶지만 아직 어딘가에 소속되고 싶지 않은 상태에 머무르는 사람이 있다. 이런 상태를 유예기(moratorium)라고 한다. 승현은 아마도 이런 상태가 아니었을까? 직장에 소속감을 느끼면서 살기에는 자기가 아깝다고 여겼거나, 아니면 조직을 신뢰할 수 없어서 몸과 마음을 맡기면서도 그 안에서 자신의 발전과 성장을 함께할 용기를 내지 못했는지도 모른다. 한편, 소속감은 형성되어 있지만 탐색을 포기한 경우도 있다. 이를 조기마감(foreclosure)형이라고 한다. 너무 착하게만 사는 유형이다. 주어진 대로, 원래 이렇게 살아야 한다고, 미션을 성실하게 수행하는 것에 만족하면서 산다. 조금이라도 빗나가거나 탐색을 하다가는 큰일이 나는 줄 안다. 이런 경우 겉으로 볼 때에는 잘 빚어진 정체성을 갖고 있는 것 같지만 어느 순간 '이건 내 인생이 아니야'라는 깨달음에 직면하면서 어울리지 않는 시기에 느닷없는 탐색을 선언하는 시점이 오고는 한다. 마지막은 두 가지가 모두 제대로 이루어지지 않은 상태인데 혼란(confusion)이라고 한다. 늘 붕 떠 있는 기분으로, 도대체 어디로 흘러가는지도 모르겠는 상태로 멍하게 있지만 그렇다고 뭔가 새로운 것을 탐색하러 돌아다닐 용기는 없는 유형. 하지만 답답하고 힘든 마음은 사라지지 않아서 좌충우돌, 어디에도 무엇에도 만족하지 못하고 세상의 불공평함과 불합리함에 대해서 자기중심적인 토로를 하기만 하는 그런 사람.

미영이 이런 혼란의 상태였는지 모른다. 그래서 혼란을 돌파할 방법으로 영빈을 사랑하고 있다는 애정 망상을 만들어 허구 속의 이데올로기라도 붙잡아 세상의 풍파에 휩쓸려 존재가 흔적도 없이 사라지는 것만은 막고 싶었을 것이다. 이럴 때 미영에게 필요한 것은 소속감 혹은 안정감이다. 반면 승현은 비록 조직에서 소속감은 느끼지 못하지만 기본적으로 성실한 사람이다. 과도하게 배려를 하는 게 문제일 정도라 이런 사람과 함께하면 미영도 보호받고 있다는 느낌을 받을 수 있어 정서적으로 안정될 수 있다. 철주는 바로 이런 부분들이 서로에게 도움이 될 수 있으리란 것을 본능적으로 느꼈다.

혼란은 균형이 깨지면서 온다. 그래서 사람들은 어떻게든 최대한 안정적으로 지내기를 원한다. 비록 만족스럽지 못하고 힘든 상황이라도 변화가 주는 불편함이 손익계산서에 더 큰 영향을 미치기 때문이다. 이럴 때 필요한 것은 인간의 삶 자체가 끊임없이 안정과 혼란 사이에서 널을 뛸 수밖에 없다는 사실을 인정하는 것이다.

평형은 끊임없이 위협받는다. 집단에 소속되어 있으면 집단이 제시하는 가치관에 자아가 매몰되어버릴까 봐 두려워 저항하게 된다. 그렇지만 막상 집단 밖으로 나오면 그 누구도 보호해주지 않는 황량한 벌판에 서 있는 것 같아 불안해진다. 분리된다고 느끼는 순간 자신의 연약함은 오롯이 개인의 문제가 되어버리기 때문이다. 그래서 경계에 머무르게 되는 사람이 많다. 그리고 어느 한쪽에서도 편안함을 느끼지 못한다. 그렇지만 그것이 인생이다. 여기서 평형을 이루는 순간은 아주 잠깐일 뿐 불완전한 것이 인생이라는 사실을 받아들이면 조금 더 적극적인 자세로 변할 수 있다. 만일 바다가 잔잔하지 않고 끊임없이 파도가 친다면? 그때에는 바람과 물결을 잘 읽어서 서핑을 하면 된다. 왜 출렁거리느냐고 한탄을 하기보다 물결의 흐름을 잘 타는 것이 낫지 않을까? 이를 위해서 자신과 전혀 다른 삶을 살아가는 대상을 거울로 삼아보는 것도 좋은 방법 중 하나다.

미영과 승현에게 철주가 기대한 것이 바로 그것이었다. 한 사람은 수동적 삶에서 능동적 삶으로, 다른 한 사람은 감탄사와 느낌표로 범벅인 삶에서 쉼표와 마침표가 적절히 들어간 삶으로 시프트 하기를 바랐다. 특히 미영은 영빈에게 투사한 과도한 정서를 차차 자신에게 돌릴 수 있을 것이었다.

#5
이 가게도 이제 접을 때가 되었나

"오늘 좀 많이 마시네. 무슨 일 있나?"
"아니, 그냥 오늘 좀 당기네."
"형한테 고민 있으면 얘기를 해."
"개한테 라면을 끓여달라고 하겠다. 돌팔이 내과 의사한테 고민 상담을 하게."
"그럼 저한테라도 하세요."
"허이구, 보라 샘 됐네요. 별 고민 없어요. 아무 걱정 없이 살아요. 무섭죠? 너무 고민이 없어 보여서."

"없으면 말고."

오늘 저녁은 웬일인지 한가하다. 영수와 보라만 단출하게 가게 지정석에 앉아서 연방 음악을 골라 틀면서 즐기고 있다. 보통 철주는 새벽까지 자리를 지켜야 할 때가 많아서 저녁 시간에는 술을 자제하는 편이다. 그런데 오늘은 맥주에 위스키를 섞어서 폭탄주를 만들어 마시는데 속도가 꽤 빠르다. 한 시간 남짓에 벌써 다섯 잔이 넘어갔다. 그것도 가지가지 만들어 먹는다면서 한번은 기네스 흑맥주에 그레이 구즈 보드카를 한 잔 넣기도 하고, 호가든 에일맥주에 캐네디안 로얄 위스키를 섞는 등 배 속에 들어간 주종이 열 가지를 넘어섰다.

오랫동안 철주를 지켜봐온 영수는 아슬아슬한 기분이 들었다. 사실 짚이는 부분이 없는 것은 아니었다. 그날 오후 영수의 병원으로 전화가 왔다. 일찍부터 가게에 나와서 자리를 지키고 있는 것도 그 전화에 대한 책임을 져야 할 것 같았기 때문이다. 아홉 시가 넘어가면서 조금씩 긴장은 줄어들었지만 경계의 수위를 낮추기는 어려웠다. 문이 열릴 때마다 가장 먼저 고개를 돌려 누가 들어오나 보는 것도 영수였다. 다시 문이 열렸다.

"어서 오세요!"

올 것이 왔다. 칠십대의 여인이 문을 열고 들어왔다. 단정한 투피스 정장에 은발로 보이는 단발머리를 잘 정돈해 뒤로 묶었다. 자켓 왼쪽 가슴에는 은 브로치가 달려 있고, 작은 핸드백을 들고 있었다. 어두운 바에 적응하지 못해 두리번거리다 잠시 후 안쪽에 있는 사람들을 발견하고 다가왔다.

"다음에 뭐 듣고 싶은 거 없어?"

철주는 CD를 뒤지면서 다음에 들을 곡을 고르고 있었다. 영수는 노인을 보자마자 불시에 내무반에 들어온 사단장을 만난 이등병처럼 의자에서 튀어 올라 노인을 향해 달려갔다.

"어머님, 오셨군요. 조심하세요."

"누구…… 아, 영수구나."

철주는 그제야 영수가 부축한 노인의 정체를 확인하고는 그 자리에 굳은 듯이 꼼짝도 않고 노인을 응시했다. 노인도 영수를 바라보다가 안쪽의 철주를 발견했다.

"네 가게가 여기구나. 생각보다는 크구나. 굶어 죽지는 않니?"

"걱정하지 마세요. 굶어 죽어도 조용히 죽을 테니까."

"넌 엄마를 보고 첫 마디가 죽겠다는 말이니?"

"굶어 죽지 않느냐고 시작한 게 누군데요. 여기는 뭐하러 왔어요?"

"내가 왜 왔겠니? 알면서 왜 그래."

"난 몰라요. 그리고 여기는 어떻게 알았어요?"

"나도 눈이 있고 귀가 있어. 너 하나 찾는 게 뭐 어렵겠니."

영수는 고개를 들지 못하고 술만 홀짝이고 있었다. 보라는 도대체 무슨 일이 벌어지고 있는지 감을 잡기 어려웠다.

"학술원 회원 되신 거 축하하는 모임이잖니. 아들로서 그 정도는 축하해주러 올 수 있지 않니? 아버지가 얼마나 영광스러워하시는데."

"영광은 혼자 보시면 되고, 저하고는 의절했는데 제가 거길 왜 가요. 어머니를 여기로 보낸 것도 그 사람이죠? 그러고도 남아요."

"그 사람이 뭐니 아버지한테. 그리고 내가 알아서 온 거다. 아버지는 내가 여기 온 것도 모르신다. 해외 학회 가셨다."

"아, 어머님, 아버님이 학술원 회원 되셨어요? 야, 그거 정말 영광스러운 건데. 전국의 학자 중에 1년에 몇 명 안 되는 거지요? 저라도 갈까요? 어디 뷔페에서 하나요?"

영수가 어색함을 깨기 위해 끼어들었다.

"정신과 의사 중에서는 처음이라고 하지. 영수야, 네가 오면 고맙지. 의국에서 정년퇴직한 지도 10년이 되었지만 고맙게도 축하 모임을 만들어준다고 하더라. 이번 일요일 신라호텔이야."

"정신과요?"

보라는 놀라서 영수를 바라보았다.

"아, 보라 샘은 몰랐구나. 철주 아버지가 김윤영 교수라고."

"헉, 교과서에 이름 박혀 있는 그 교수님이요? 그분 아들?"

"어, 그렇지. 무지 잘나가는 놈이었다니까. 이대째 모교에서 교수가 된……."

철주가 영수를 매섭게 쩌려보았다.

"야, 조용히 해. 별것 아닌 거 가지고. 하여튼 어디서 하는 건 알았으니까 화환이라도 하나 보내지요. 전 가지 않을 겁니다. 더욱이 의국에서 하는 행사에 제가 왜 갑니까?"

"이번 기회에 다시 생각을 해봐라. 이 우중충한 곳에서 평생을 보낼 거니?"

"제 인생 제가 알아서 하니까 어머니는 그만 가보세요."

"네 말 들을 때까지 난 못 간다. 영수야, 목 탄다. 물 한 잔만 다오."

철주 어머니가 자리에 앉았다. 꼿꼿이 앉아 있는 자태가 쉽게 물러서지 않을 기세였다. 어머니의 그런 행동을 수백 번은 보아온 철주는 앞으로 벌어질 일이 훤히 예상되었다.

"이 가게도 이제 접을 때가 되었나, 젠장."

철주는 옷을 집어 들고 나가버렸다. 철주는 도대체 어디로 가려는 것인가. 의국에서 어떤 일이 벌어졌기에 이 정도의 앙금이 생겼을까. 나가는 철주와 뒤돌아보지도 않고 그대로 앉아 영수가 따라주는 물을 마시기 전에 유리잔의 청결을 점검하고 있는 철주의 어머니를 보며, 보라는 궁금한 마음에 가슴이 쿵쿵 뛰었다.

에필로그

당신의 삶에도 변화와 행운이 함께하길!

이제 문을 닫으려고 한다. 여기까지 열 명의 손님이 등장했다. 큰 잘못을 저질렀거나 결정적 실수를 한 사람은 아무도 없다. 굳이 그들의 잘못을 대자면 세상이 그들에게 요구한 것을 최대한 잘 지키고, 기대치를 만족시키기 위해 너무 노력했다는 것. 열심히 살고, 하라는 대로 하기만 하면 행복해질 줄 알았다는 것. 우리는 그렇게 배워왔다. 그러나 세상은 녹록지 않은 곳이다. 깊고 넓은 주류의 물살은 중심에 성공적으로 합류한 운 좋은 일부에게만 속도를 허용한다. 나머지는 중심에 끼어들려 해도 이전에 합류한 이들이 만든 또 다른 물살로 인해 물가로 밀려나면서 상처를 입거나 뭍으로 튕겨져 나가버리기 일쑤다. 여기에 등장한 사람들도 그랬다. 나름 열심히 살아왔다. 그런데도 행복해지지 못했다. 만족할 수 없었다. 인정받고 있다는 생각, 잘하고 있다는 충족감을 느낄 수 없었다. 도리어 이런저런 증상이라는 혹만 생겼다.

증상이란 차선의 타협이다. 빵빵하게 부풀어 오른 풍선이 터지지 않기 위해 가장 약한 부분이 불쑥 솟아올라 원형의 매끈함을 깨는 것과 같다. 그 부분을 애써 누르면 다른 한쪽이 부풀어 오르거나, 급기야는 풍선이 빵 하고 터져버릴 것이다. 이렇듯 증상은 나름의 의미를 갖는다.

누군가 최선을 다하려고 노력한다. 그러다 어느 순간 한계에 부딪힌다. 이럴 때 한계에 다다른 사람은 밀려오는 요구와 밑에서부터 치밀어 올라오는 욕망에 지금껏 살아온 방식으로는 더 이상 적절히 부응하지 못한다는 것을 깨닫는다. 그 순간 증상이 발생한다. 욕망과 사회의 요구에 온몸으로 저항한다. 산산이 부서져 자아가 흔적도 없이 파괴되어버리기보다, 차라리 괴롭고 힘들더라도 증상을 안고 사는 것을 무의식적으로 선택한다. 비굴하더라도 살아남는 것을 택한 것이다. 물론 무의식적으로 일어난 일이라 의식은 그런 거래가 물밑에서 일어난 것을 전혀 모른다. 강박적인 민수에게 불면증이 생긴 것도, 윗사람의 요구를 철저히 따르는 프레젠테이션 백전백승의 미수가 폭식증으로 먹고 토하는 것을 반복했던 것도, 태조가 어느 순간 징크스에 빠져 헛방망이질을 하는 것도 모두 그들이 원래 증상이 생길 정도로 나약하거나 어딘가 태어날 때부터 결함이 있어서 그런 것이 아니다. 이들 모두 평균 이상으로 잘 살아오던 이들이다. 상황이 바뀌거나 버틸 수 없는 한계란 누구에게나 오기 마련이다.

매에는 장사 없고, 아무리 단단한 나무 막대기라도 여러 번 부딪히면 부러질 수밖에 없는 것이 세상의 이치다. 그런데도 사회는 죽어도 죽지 않는 슈퍼맨이 되라 한다. 그냥 나무가 아니라 절대 부러지지 않는, 30년쯤 바닷물에 절어 천년 동안 이어질 절의 대들보가 될 나무가 되기를 원한다. 개인의 욕망은 만족을 모르지만, 사회가 개인에게 요구하는 것도 끝이 없다. 또 요구를 충족시키지 못했을 때의 처벌은 냉혹하다. "이 정도면 잘했지?"라고 내놓아보지만 "더 내놔!", "정말 이게 최선을 다한 거야?"라고 몰아붙일 뿐이다. '떡 하나 주면 안 잡아먹지'의 호랑이가 연상되는 사회다. 지치지 않을 수 없다. "이젠 됐어"라는 말은 개인이 할 말이지 사회와 세상이 먼저 해주지 않는다. 오히려 적당한 선에서 한계를 인정하고 불완전함을 받아들이는 것을 게으름, 나태, 의지박약이라 교육하고 세뇌해왔다. 이 세뇌가 인간을 불행하게 만드는 근원이다. 생겨먹은 대로 살지 못하게 들들 볶는다.

그런데 더 무서운 것은 이를 외부의 압력으로 느끼는 것이 아니라, 자신의 내적 기준이라고 믿을 정도로 내재화되어 있다는 것이다. 그러니 '피하고 싶다', '저항하고 싶다'는 지극히 정상적인 바람이 '나는 못났어', '역시 나는 안 돼'라는 자기 비하의 세계로 질적 변환이 되는 황당한 상황이 돼버린다. 이러한 인식으로 인한 고통은 크고 깊다. 그리고 이 고통을 피하기 위해 다른 고통을 선택한 것이 바로 증상이다. 차라리 잠을 못 자는 것, 먹고 토하는 것, 공을 못 휘두르는 것, 아내와 잠자리를 하지 못하는 것이 '열심히 해왔는데도 이것밖에 못하는 걸

보니 나는 못난 놈이야. 숨 쉴 자격도 없어'라고 통렬히 아파하는 것보다 낫다고 무의식적으로 선택한 것이다.

여러분들이 이 책에 나오는 증상들을 그런 의미에서 이해했으면 하는 바람을 갖는다. 아이돌을 사랑하는 것을 넘어서 그가 자신을 사랑한다는 망상을 가졌던 미영이 좋아지는 과정은 실제 의료 현장의 그것과는 사뭇 다른 점이 분명히 있다. 그래서 이 책을 픽션의 틀을 빌려 구성한 것이다. 본문에 언급된 증상을 구체적이고 현실적인 증상으로 보는 것도 좋지만, 그보다 사회적으로 현대인이 처한 마음의 아픔과 성장 과정의 진통을 상징적으로, 동시에 어느 정도 극적으로 표현한 우화적 시도라고 감안해주기를 바란다.

철주도 그랬다. 정신과 의사는 우월하거나 완벽한 존재가 아니다. 그러나 의사가 되려는 무의식적 동기 중 하나는 자신이 무엇이든 할 수 있는 전능한 존재가 되려는 것이라는 해석이 있듯이 지난 몇 년 전까지 철주의 삶도 그러했으리라. 하지만 그도 삶의 한계에 부딪혔고 남들보다 조금 먼저, 정신없이 뛰어가던 트랙에서 벗어났다. 그의 변신은 충격요법이었지만 철주는 모두가 그래야 한다고 생각하지는 않는다. 비록 진료실을 벗어났지만 그가 가게를 열고, 사람들을 만나고, 도움을 주는 일을 계속하는 것은 모든 사람이 지금 하던 일을 멈추고 가던 길에서 벗어나는 것이 백 점짜리 답안은 아니라고 믿기 때문이다. 그보다 작은 변화의 시작, 발상의 전환을 가질 수 있도록 하고, 하루의 깨달음이 그날 하루로 끝나지 않도록 피드백을 하고 변화에 대한 불안감을 다스릴 수 있는 작은 공동체의 형성, 뒷받침으로도 그들의 삶에서 차선책으로 증상을 선택할 정도의 일은 많이 줄어들 것이라 여긴 것이다.

    내가 이 책을 쓰게 된 의도 역시 철주의 생각과 크게 다르지 않다. 열심히 사는 이들에게 조금 더 나은 삶을 생각해볼 수 있도록 한 뼘의 여유 공간을 주고, 진료실이 아닌 밖의 공간, 훨씬 자유로운 환경에서 삶 전체를 바라보며 조언해줄 수 있기를 바라기 때문이다. 이 책이 완벽한 답안이 되지 못하듯이 책 안에서 철주의 노력도 마법적인 변화를 주는 것은 아니었을 수 있다. 그런 의문을 기반으로 다음 편에서 이 책에 등장한 이들의 성장과 변화를 지켜보는 것도 모든 등장인물들에 조금이나마 공감했던 독자들이 갖게 되는 기대가 아닐까 한다.

    말미에 철주에게 중요한 삶의 화두와 벽이 제시되었다. 철주는 이제 어떻게 이 상황을 벗어날 수 있을까. 그리고 그를 의지하는 많은 이들, 그가 의지하는 친구들의 모습은 이제 어떤 궤적을 그리게 될까. 내가 만든 인물들인데도 궁금해지지 않을 수 없다. 등장인물은 저자의 머릿속을 나와 종이 위에 활자로 찍히는 순간 독립적 생명력을 갖고 살아 움직이기 시작한다고 한다. 이제 독자 여러분의 머릿속으로 들어간 인물들은 여러분과 만나 숨을 쉬기 시작했다. 그리고 얼마 지나지 않아 내게 돌아올 것이다. 그 과정을 통해 나도 변하고 여기 나왔던 철주와 다른 인물들도 변화할 것이다. 그 변화는 다음 이야기에서 확인할 수 있기를 바란다.

　마지막으로, 여러분은 지금 이대로도 잘하고 있다. 충분히 그렇게 생각할 자격이 있다. 그러나 뭔가 미진한 것이 있다면, 정체되어 있거나 무리를 하고 있다는, 숨이 턱까지 차올라오는 느낌이 든다면, 그때는 그대로 가기보다 잠시 멈춰 서서 둘러보고 작은 변화를 줄 곳을 찾아보자. 증상이라는 괴물이 여러분의 삶에 뙈리를 틀고 서식하기 시작하기 전에. 이 책이 앞으로 그럴 것이듯, 또한 여러분의 삶에도 변화가 함께하기를.

2011년 봄
하지현

정신과 의사 하지현 심리 에세이
심야 치유 식당

첫판 1쇄 펴낸날 2011년 3월 30일
14쇄 펴낸날 2020년 6월 11일

지은이 하지현
발행인 김혜경
편집인 김수진
편집기획 이은정 김교석 조한나 이지은 유예림 김수연 유승연 임지원
디자인 한승연 한은혜
경영지원국 안정숙
마케팅 문창운 정재연
회계 임옥희 양여진 김주연

펴낸곳 (주)도서출판 푸른숲
출판등록 2003년 12월 17일 제 406-2003-000032호
주소 경기도 파주시 회동길 57-9, 우편번호 10881
전화 031)955-1400(마케팅부), 031)955-1410(편집부)
팩스 031)955-1406(마케팅부), 031)955-1424(편집부)
홈페이지 www.prunsoop.co.kr
페이스북 www.facebook.com/prunsoop   **인스타그램** @prunsoop

ⓒ하지현, 2011
ISBN 978-89-7184-854-8(03810)

* 이 책은 저작권법에 의해 한국 내에서 보호를 받는 저작물이므로
  무단 전재와 복제를 금합니다. 이 책 내용의 전부 또는 일부를 사용하려면
  반드시 저작권자와 ㈜도서출판 푸른숲의 동의를 받아야 합니다.
* 잘못된 책은 구입하신 서점에서 바꾸어 드립니다.
* 본서의 반품 기한은 2025년 6월 30일까지 입니다.

이 도서의 국립중앙도서관 출판시도서목록(CIP)은 e-CIP 홈페이지(http://www.nl.go.kr/ecip)와
국가자료공동목록시스템(http://www.nl.go.kr/kolisnet)에서 이용하실 수 있습니다. (CIP2011001266)